Markus Gürne/Bettina Seidl

Der Wirtschaftsvirus

MARKUS GÜRNE/BETTINA SEIDL

DER WIRTSCHAFTS-VIRUS

Wie Corona die Welt verändert und was das für Sie bedeutet

Econ

MIX
Papier
FSC FSC® C083411

Redaktionsschluss: 20. Mai 2020

Econ ist ein Verlag
der Ullstein Buchverlage GmbH

ISBN 978-3-430-21041-6

Gesetzt aus der Sabon und Helvetica LT Std
bei LVD GmbH, Berlin
Druck und Bindearbeiten: CPI books GmbH, Leck

Inhaltsverzeichnis

Vorwort

In unserer Heißwasser-Stunde, wie wir den Moment des wohlverdienten Kaffees nach unserer Redaktionskonferenz nennen, wenn das Thema der abendlichen Sendung »boerse vor acht« finalisiert und die Grafiken in Auftrag gegeben sind, diskutierten wir lebhaft über ein Virus.

Das war am Mittwoch, den 12. Februar 2020. An diesem Tag lag das Zentrum der mit dem Coronavirus Infizierten zwar immer noch in China, aber es gab bereits außerhalb der Volksrepublik erste Fälle von Menschen, die nachweislich an Covid-19 erkrankt waren. In Europa und auch in Deutschland. Die Behörden gaben an diesem Tag die Zahl der in Deutschland positiv Getesteten mit 16 an. Das Robert-Koch-Institut ging einem Vermerk auf der Internetseite des Bundesgesundheitsministeriums zufolge davon aus, dass all diese Infizierten isoliert und in Behandlung seien. Die Gefahr für die Bevölkerung wurde noch als gering eingestuft.

Der Fernsehsender Phoenix, der gemeinsame Ereignis-Kanal von ARD und ZDF, übertrug eine Stellungnahme des Bundesgesundheitsministers Jens Spahn (CDU): »Es ist aktuell noch nicht absehbar, ob sich aus einer regional begrenzten Epidemie in China eine weltweite Pandemie entwickelt oder nicht. Die Situation, wie wir sie heute in Deutschland haben, zeigt aber, dass wir gut vorbereitet sind und dass wir aufmerksam mit dem Thema umgehen. Wir haben die Dinge unter Kontrolle, befinden uns aber gleichzeitig in einer dynamischen Lage.« Dynamische Lage, aber unter Kontrolle. Das klingt nach Sicherheit.

Unsere Fernsehwand in der Redaktion zeigt neben Phoenix und mehreren anderen TV-Sendern auf einem Bildschirm immer nur ein einziges, ebenso dynamisches Bild. Eingefangen von einer unserer Kameras, die auf eine ganz bestimmte Anzeigetafel gerichtet ist. Darauf die wohl bekannteste Kurve Deutschlands, die jeden Tag anders aussieht und allabendlich über unsere kleine Sendung auf vielen Fernsehbildschirmen zu sehen ist: der Verlauf des Deutschen Aktienindex mit dem kurzen Namen DAX. Der elektronische Handel schloss an diesem Tag bei bis dahin unübertroffenen 13 750 Punkten.

Wir diskutierten, wie es sein könne, dass sich ein Virus weltweit ausbreitet und zugleich die Börsenkurse von einem Rekordwert zum nächsten eilen. Unser Schluss war, dass die Erfahrung der Finanzmärkte mit vergangenen Viren wie SARS, Ebola und MERS, die seit 2002 aufgetaucht und vergleichsweise entspannt verlaufen waren, alle wieder darauf setzen ließ, dass dieser Coronavirus mit dem neuen Namen SARS-CoV-2 sich in dieser Kette einreihen würde. Und offenbar sah ja auch die Politik am 12. Februar 2020 noch keinen Anlass, sich selbst und auch der Bevölkerung Sorgen zu machen. Ein paar Tage später, am 17. Februar, erreichte das Leitbarometer der deutschen Börse 13 795 Punkte – der nächste Höchststand. Wie sich erst später herausstellen sollte, war die Rekordserie an den Börsen damit beendet. In den Nachrichten wurde berichtet, dass einige von der Bundeswehr aus China zurückgeholte Deutsche ihre vierzehn Tage währende

Quarantäne in einer Kaserne der Bundeswehr im rheinland-pfälzischen Germersheim beenden konnten. Bundesgesundheitsminister Jens Spahn kommentierte das diesmal so: »Eine Quarantäne ist für alle Beteiligten keine einfache Situation. Aber sie war notwendig, um die Rückkehrer selbst, ihr Umfeld und die gesamte Bevölkerung zu schützen. So konnten gleich zu Beginn zwei Infizierte entdeckt und separat klinisch behandelt werden. Das zeigt einmal mehr: Diese Epidemie bekommen wir nur in den Griff, wenn wir vorsichtig, aber angemessen reagieren.« Das klang schon etwas ernster, aber noch nicht besorgniserregend.

Am darauffolgenden Wochenende wurde klar, dass mit der Ausbreitung des Virus in Norditalien eine neue Lage entstanden ist, deren Ernst und Folgen noch nicht abzusehen waren. Eines aber war offensichtlich: Dieser Virus wird sich in sehr kurzer Zeit nicht nur in Italien, sondern überall in Europa ausbreiten.

Am Montag, den 24. Februar, war es mit der guten Börsenstimmung vorbei. An diesem Tag diskutierten wir, Bettina Seidl als Chefin vom Dienst und Markus Gürne als Moderator der Sendung, in unserer Heißwasser-Stunde, welche Folgen auf uns alle zukommen würden. Dass es in einem hoch entwickelten und führenden Industrieland der Welt zu Engpässen und großen Sorgen wegen fehlender Atemschutzmasken kommen könnte, die Cent-Beträge ausmachen, dass in einem Land wie Deutschland ausgerechnet Toilettenpapier gehortet werden könnte, das hatte niemand von uns geahnt. Ich hatte eine leise Vorstellung von den Hygiene-Maßnahmen, die kommen könnten. Maßnahmen, wie ich sie in meiner Auslands-Korrespondentenzeit im Nahen Osten kennengelernt hatte, bevor es für einige Jahre nach Südasien mit festem Wohnsitz in Neu-Delhi ging: wenig anfassen, oft Hände waschen, Abstand halten, Toilette desinfizieren. Und nicht in Panik geraten.

Was uns Sorgen machte, waren die Auswirkungen auf einen ganz wichtigen Teil unserer Gesellschaft, an den viele nicht immer denken, der uns aber das Leben in Wohlstand ermöglicht, das die allermeisten führen können: unsere Wirtschaft. Wir diskutierten über unterbrochene Lieferketten und Lieferengpässe, über die Möglichkeit einer Rezession und welchen Effekt das auf die Arbeitsplätze hat. Bei allen zu erwartenden Negativwirkungen schlussfolgerten wir dennoch, dass wir mit unserem Wirtschaftssystem, der sozialen Marktwirtschaft, trotz aller Unkenrufe und Kritik doch besser dastehen als viele andere Industriestaaten. Es erinnerte uns an ein Zitat, das dem früheren britischen Premierminister Winston Churchill zugesprochen wird: »Demokratie ist die schlechteste aller Regierungsformen – abgesehen von all den anderen Formen, die von Zeit zu Zeit ausprobiert worden sind.« In diesem Sinne mag unsere soziale Marktwirtschaft mehr schlecht als recht funktionieren. Aber sie hat sich als vorteilhafter herausgestellt als das marktliberale System der USA oder der Sozialismus.

Politik, Wirtschaft und Finanzen – die Zusammenhänge zwischen diesen drei Bereichen und dazu noch die Auswirkungen auf die Gesellschaft und auch auf die einzelnen Bürger*innen zu erklären, das setzen wir uns bei unserer Sendung abends um kurz vor acht jedes Mal zum Ziel. »Wir erklären Zusammenhänge« ist unser Motto seit 2012. Ab sofort erweiterten wir es um einen Virus namens SARS-CoV-2 und seine Auswirkungen, deren Ausmaß uns an diesem Tag noch nicht klar war.

Danach überschlugen sich die Ereignisse. Pausenlos gab es eine neue Lage. Nicht nur nachrichtlich, sondern auch gesellschaftlich, wirtschaftlich, politisch. Der Virus und die Schutzmaßnahmen stellten Gesellschaften auf den Kopf, bremsten Wirtschaften, die unter Volldampf liefen, aus, teilweise bis zum Erliegen. Das Leben stand im wahrsten Sinne des Wortes still, und wir alle erlebten unwirkliche Situationen, die sich später in den Geschichtsbüchern wiederfinden werden. Wenn wir gerade wieder Weltgeschichte live erleben, dann in einem dunklen Kapitel und in der Hoffnung, dass diese Krise, ausgelöst durch einen kleinen Virus, am Ende zumindest glimpflich ausgehen wird.

Was kommt da auf uns zu, können wir das bewältigen, was bedeutet das für Deutschland, für Europa, am Ende für die ganze Welt? Was bedeutet es für uns als Gesellschaft, für uns alle, die einzelnen Bürger? Die Antworten sind nicht nur komplex, sie müssen in Zusammenhänge gebracht, sie müssen erklärt werden, damit ein klares Bild entsteht. Am besten in einer Sprache, die möglichst viele verstehen. Um zu verstehen, was ist, müssen wir begreifen, was war, damit wir eine Chance haben zu wissen, was werden kann. Begreifen – das kommt im wahrsten Sinne des Wortes von greifen, anfassen. Der Virus aber ist unsichtbar, die Gefahr ist daher nicht wirklich begreiflich, die weiteren Auswirkungen sind nicht fassbar. Das hat die meisten von uns kalt erwischt, Politiker, Experten, uns alle – selbst viele Virologen haben den Virus zunächst unterschätzt.

Wir versuchen, durch unsere journalistische Arbeit Wirtschaft verständlich zu machen mit anschaulichen Beispielen. Das ist unser Anliegen jeden Tag: unsere immer komplexere Welt ein Stück weit zu vereinfachen und damit begreifbarer zu machen. Die Komplexität der Coronakrise braucht mehr Platz, als eine kurze Sendung bieten kann. Mehr Platz bietet uns dieses Buch.

Daher waren wir hocherfreut, als der Econ Verlag mit der Frage an uns herantrat, ob wir ein erklärendes Buch über den Coronavirus und die Auswirkungen für die Wirtschaft schreiben könnten. Seither schreiben wir gegen die Zeit.

Inmitten eines breiten Nachrichtenstroms, der gerade Geschriebenes ein paar Tage später schon wieder veraltet erschienen ließ. Allein die Zahl der weltweit Infizierten: 300 000, 600 000, anfangs verdoppelte sich die Zahl alle drei Tage. Dann in etwas langsamerem Tempo, aber in beängstigenden Dimensionen: eine, zwei, drei, vier Millionen. So ging es weiter: mit der Zuspitzung der Lage in vielen Ländern, mit dem verzweifelten Kampf der Ärzt*innen, der Regierungen, mit Rettungspaketen, mit den Nöten von Unternehmen und Selbstständigen, mit der steigenden Zahl von Hilfesuchenden und Arbeitslosen. Gleichwohl aber hoffen wir, indem wir beschreiben und erklären, was der Virus mit unserer Gesellschaft macht, wie er Wohlstand und Wirtschaft bedroht, mehr als einen Zwischenstand zu liefern. Wir wollen zeigen, wie diese Pandemie mit all ihren Auswirkungen die Welt verändern wird, nicht nur kurzfristig, sondern nachhaltig. Diese Pandemie zeigt uns schonungslos auf, welche Teile unserer Gesellschaft und Wirtschaft schon lange krank sind und warum verabreichte Mittel der Politik und der Notenbanken in früheren Krisen zwar die Schmerzen weggedrückt, aber nie die zugrunde liegenden Ursachen geheilt haben. Wir erklären, an welchen Stellen unser Wirtschaftssystem Schwächeanfälle erlitten und Geschwüre bekommen hat, wodurch es anfällig für Krankheiten wurde, auch für SARS-CoV-2.

Dabei gibt es gesunde Medizin. Die ist zwar bitter, in mancher Hinsicht auch gefährlich, sie hat zudem ihren Preis. Nicht nur in Geld, sondern auch in anderen Währungen: Disziplin, Verzicht, Achtsamkeit. Ein Patentrezept zu finden ist schwierig. Dazu muss man viel suchen und genau verstehen, was schiefgelaufen ist, wo Fehler begangen wurden. Aber dann kann auch die Genesung gelingen, mit einem Heil- und Kostenplan, der unser Gemeinwesen, unsere Wirtschaft wieder flottmacht. Das gilt genauso für unsere Nachbarn in Europa und unsere Partner in der Welt. Ohne deren Gesundung wird es nicht gehen. Das ist kein nationales Projekt. Es ist ein gemeinsames Projekt. Dazu braucht es einen starken Staat. Ebenso Solidarität. Wir müssen auch berücksichtigen und anerkennen, dass Teile der Gesellschaft eine andere Wirtschaft vehement fordern, wie die Bewegung *Fridays for Future*, während nach wie vor andere Nationen vor allem damit beschäftigt sind, unter Einsatz aller Mittel, auch Waffen, ihre Interessen zu verteidigen. Manches wird aufhören, vieles anders sein müssen, wenn wir erhalten wollen, was uns wichtig ist. Alles hat auch – und vor allem – mit Wirtschaft zu tun. Wir werden viel investieren müssen, um unseren Wohlstand zu erhalten, wir werden teilen müssen, um wirtschaftlich gesund zu bleiben. Wir werden vieles anders machen und einiges endlich lassen müssen, um Wirtschaft und Gesellschaft und damit allen Bürgern eine gute Zukunft zu ermöglichen in einem besseren Wirtschaftssystem.

Mit diesem Buch wollen wir die Fehler der Vergangenheit vor allem deshalb aufzeigen, damit wir sie nicht noch einmal wiederholen. Wir wollen bestehende Errungenschaften herausstellen, die bisher unter Wert erachtet wurden. Ins eigene Land blicken und auch über den Tellerrand hinaus, schauen, wie es die anderen machen – ob sie es vielleicht besser machen. Vor allem aber wollen wir Lösungen mit den vorhandenen Werkzeugen und den nötigen Ideen entstehen lassen. Wir verbinden damit die Hoffnung, dass in der nahen Zukunft unser Wirtschaftssystem ein besseres, widerstandsfähigeres ist, das Frieden, Freiheit und Sicherheit ermöglicht – und Wohlstand für mehr Menschen als heute.

Einleitung

Der Coronavirus hat uns schwer getroffen. Mehr als vier Millionen Menschen wurden bis Mitte Mai infiziert. Rund 300 000 Menschen starben. Weltweit.

Shutdown für Millionen Menschen. *Shutdown* für Tausende Unternehmen. Jetzt ist die Wirtschaft infiziert. Sie ist es nicht erst seit Corona. Handelskriege, Zölle und vorherige Krisen haben ihr bereits schwere Vorerkrankungen zugefügt, Covid-19 gab ihr den Rest. Ab auf die Intensivstation. Infusionen von Staat und Notenbank, altbekannte Notfallmedizin. Man ist ja krisenerprobt. Corona ist nicht der erste Wirtschaftsvirus, der uns zeigt, wie verletzlich unsere globalisierte Welt geworden ist. Die deutsche Wirtschaft war schon auf Du und Du mit diversen Krisen, beginnend mit der Ölkrise in den 1970ern, der DotCom-Krise im Jahr 2000 sowie zuletzt der Finanzkrise 2008/2009 und der darauf folgenden Eurokrise. Allesamt Krisen, die ihre Spuren hinterlassen haben, schmerzhafte wie heilsame. Krisen, die über Länder und Kontinente hinweg bis nach Deutschland reichten. Die zu Einschnitten bei international tätigen Großkonzernen und Banken genauso führten wie bei mittelständischen Firmen oder Handwerksbetrieben. Sogar bei uns allen, bei uns Verbrauchern und Durchschnittsmenschen, ist jede dieser Krisen angekommen. Sei es in der Ölkrise durch explodierende Spritpreise oder durch steigende Arbeitslosenzahlen nach DotCom-, Finanz- und Eurokrise.

Und mit jeder Krise wurde deutlicher, dass die Errungenschaften unserer Wirtschaft, unsere Stärken, längst Schwachstellen geworden sind: die Exportkraft der deutschen Wirtschaft. Unsere internationalisierte, voll vernetzte Welt ist anfälliger geworden für Schocks auch in anderen Teilen der Welt. Ist irgendwo auch nur etwas Sand im Weltwirtschaftsgetriebe, knirscht es auch bei uns. Weil wir die Welt zum Dorf gemacht haben, mutiert ein Virus zum Weltvirus, eine Krise zur Weltkrise. Und so konnte der Coronavirus in Siebenmeilenstiefeln den Erdball umrunden, im Rekordtempo Millionen Menschen infizieren und im Vorbeieilen die Wirtschaft gleich mit.

Der Coronavirus und seine wirtschaftlichen Folgen mit den vielen ausgelösten Kettenreaktionen sind für uns alle innerhalb weniger Wochen im Alltag sichtbar geworden. Anfangs nur in Form von leer gekauften Supermarktregalen, wo sonst Toilettenpapier, Mehl oder Spaghetti lagerten. Dann in Form von Flugverboten, Kontaktverboten und Homeoffice. Plötzlich war der Virus überall, ganz nah, in der Lebenswirklichkeit eines jeden Einzelnen. Gesprächsthema Nummer eins.

Die Heftigkeit und schnelle Zuspitzung dieser Krise hat Panik geschürt: Werden Medikamente jetzt knapp, wenn doch fast alles aus China kommt? Ist unsere Firma stark genug, das durchzustehen? Reicht das Kurzarbeitergeld eigentlich zum Leben? Wie zahle ich als Student jetzt meine Miete, wenn ich nicht mehr kellnern kann? Verliere ich meinen Arbeitsplatz? Ist mein Erspartes in Gefahr, meine Altersvorsorge? Wie hilft uns eigentlich die EZB – oder hilft die nur den Banken? Wie viel Geld hat unser Staat – und wie lange reicht das? Wenn die Angst immer mehr Raum einnimmt, nicht nur wegen der eigenen Gesundheit, sondern auch aus Sorge vor einer Infektion der Wirtschaft, fragen wir uns schon beim Aufstehen am Morgen: Werden wir das überleben – sowohl wörtlich als auch wirtschaftlich? Wird uns diese Krise so lange nachhängen wie schon die Finanzkrise? Oder gar länger? Diese Verletzlichkeit der deutschen Wirtschaft stellt unser Erfolgsmodell der Exportwirtschaft auf den Prüfstand. Sie stellt damit unser ganzes Wirtschaftssystem infrage. Müssen wir vielleicht komplett neu denken? Wenn das Gröbste dieser Pandemie überstanden ist, wird sich die Welt die Gewissensfrage stellen müssen: Macht sie weiter mit der Doktrin des größer, schneller, globalisierter? Oder findet sie einen neuen Weg mit neuen Stärken, um für künftige Krisen besser gewappnet zu sein?

Es besteht die große Gefahr, dass Europa als Einheit diese Krise nicht überleben wird. Der Coronavirus hat den solidarischen Gedanken auf eine harte Probe gestellt. Deutschland zeigte sich in der Unterstützung Italiens anfangs so gar nicht europäisch, verhängte ein Exportverbot für Atemmasken und Schutzbrillen, als dort schon Massen von Menschen starben. Wenig solidarisch auch die ablehnende Haltung gegenüber Corona-Bonds. Dabei muss Europa inmitten des Zollwettrüstens zwischen den USA und China klar werden, dass es Solidarität zum Überleben braucht. Deutschland allein wird untergehen. Nur in einem geeinten Europa hat es eine Chance, zu bestehen. Nur welche Rolle wird es darin spielen?

Die medizinischen Langfristfolgen des Coronavirus sind

noch nicht bekannt – ebenso wenig die Langfristfolgen für Wirtschaft und Gesellschaft. Was bedeutet der Virus für unser angezähltes Europa? Wie kann sich unser geschwächtes Wirtschaftssystem immunisieren? Wie wird es mit den irrsinnigen Schulden, die wir zur Krisenbewältigung machen müssen, fertig? Manch einer glaubt, es wird schlimmer als nach Lehman. Dabei hatte uns bereits die Pleite der amerikanischen Investmentbank an den Rand des finanziellen Kollaps gebracht. Daher muss man fragen: Wird unsere Wirtschaftswelt das überstehen? Sie wird sich auf jeden Fall neu erfinden müssen. Nur wie?

Corona – Ein Virus infiziert die Welt

Der Coronavirus kam schleichend. Das ist die Natur eines Virus. Er nistet sich unbemerkt in den Körper ein und entfaltet erst nach einer Inkubationszeit seine ganze Kraft. Wie wir heute wissen, fing sich ein Händler Anfang Dezember 2019 auf einem Markt in Wuhan den Virus ein, eine Übertragung von Tier zu Mensch. Wuhan? Immerhin eine 11-Millionen-Metropole, doch die Wenigsten in Deutschland hatten zuvor von dieser Stadt gehört. Ende Dezember berichten chinesische Ärzte von einer ungewöhnlichen Häufung einer SARS-ähnlichen Lungenkrankheit. In den sozialen Medien tauchen Warnungen auf. Doch die Behörden in Peking beschwichtigen: Es gebe keine Mensch-zu-Mensch-Übertragung.

In dieser Ignoranz geht der Flugverkehr weiter. Kommen Geschäftsleute aus China nach Deutschland. Kehren italienische Touristen von Reisen aus China zurück, deutsche Urlauber aus Italien heim. Und mit dabei ein gefährliches Handgepäck: In ihrem Körper haben sie einen Virus namens Corona. Bis dahin noch immer unentdeckt.

Am 11. Januar 2020 gibt es in China den ersten Todesfall. Bis zum 20. Januar haben sich schon mehr als 200 Menschen in der Volksrepublik infiziert, erstmals auch jemand im Ausland. Zumindest sind das die bekannten, die offiziellen Zahlen. Doch noch immer ist der Standpunkt der Regierung in Peking: Der Virus sei nicht hochansteckend, bislang sei kein Mensch durch einen anderen infiziert worden.

Das Gefährliche eines Virus ist: Er dringt in Körperzellen ein und programmiert sie so um, dass sie selbst Viren herstellen. Explosionsartig vermehren sich dann die Viren im Körper. Wenn der Organismus sie bemerkt, bildet er Antikörper. Dann erst kommt es zu ersten Krankheitssymptomen, mit einer Verzögerung von mehreren Tagen. Doch schon in der Inkubationszeit ist der Mensch hochansteckend und verbreitet den Virus.

Die Infektionswelle nimmt in China weiter zu. Am 23. Januar sieht sich die Volksrepublik gezwungen, Wuhan abzuriegeln. Die zentralistische Regierung in Peking muss eingestehen, dass sie keine Kontrolle über den Virus hat. Die folgenden Wochen zeigen stattdessen: kompletten Kontrollverlust.

Am Anfang war Ignoranz

Zu der Zeit kommen in einem kleinen Bergdorf in der Schweiz gerade die Mächtigsten der Mächtigen zusammen: zum jährlichen Weltwirtschaftsforum in Davos. Es sind die einflussreichsten Politiker und Wirtschaftsbosse der Welt. Noch ahnt kaum jemand, wie dramatisch schnell sie durch Corona ihrer Macht beraubt werden. In dem Risikobericht, den das Forum traditionell jedes Jahr veröffentlicht und dort vor den großen Gefahren der Welt warnt, ist von der Gefahr einer Pandemie wie Corona noch nichts zu lesen. Auch die

Bundesregierung sieht zu dieser Zeit nur ein sehr geringes Gesundheitsrisiko für die Menschen in Deutschland. Gesundheitsminister Jens Spahn sagt, falls der Virus in Europa auftauche, gebe es entsprechende Pläne. Wichtig sei dann, schnell die Infektionskette ausfindig zu machen und alle Betroffenen rasch zu informieren. »Dazu ist unser Gesundheitssystem in Europa inzwischen in der Lage«, sagt Spahn damals. Eine Erkrankung wie diese sei damit schnell unter Kontrolle zu bekommen.

Ein Trugschluss. Es gelingt weder am Ursprungsort in China, obwohl innerhalb kürzester Zeit mehr und mehr Städte abgeriegelt werden. Schon am 25. Januar wird die ganze Provinz Hubei dicht gemacht, womit knapp 60 Millionen Einwohner unter Quarantäne stehen. Die größte Quarantäne der Menschheitsgeschichte. Es gelingt auch in vielen anderen Ländern nicht. Alle unterschätzen die Wirkkraft und Gefährlichkeit des Virus weiterhin, selbst dann noch, als China Mitte Februar über 1000 Tote meldet. Der Virus wird immer noch als etwas weit Entferntes wahrgenommen, das für den Rest der Welt keine echte Gefahr darstellt. Es gab ja bereits einige Epidemien. Aber SARS blieb weitgehend auf Asien beschränkt, Ebola auf Afrika. Oft hörte man in den Anfängen der Corona-Epidemie: Der Erreger stammt ja von einem Fischmarkt, auf dem auch Wildtiere illegal verkauft werden. Zum Verzehr. Fledermäuse, Schlangen, Gürteltiere. Tiere, die wir nie essen würden. Dabei schwingt mit: China – das ist eine andere Welt; so etwas kann es bei uns nicht geben, nicht in unserer hoch entwickelten Welt, in der alles hygienisch sauber und medizinisch auf dem neuesten Stand ist; so etwas gibt es höchstens in Entwicklungsländern. Dass Länder wie China oder Südkorea, wo die Zahl der Erkrankten auch sehr früh in die Höhe schnellte, technologisch teils viel weiter sind als wir, das blenden viele aus oder sie wissen es vielleicht gar nicht. Es ist eine Mischung aus Selbstüberschätzung und Ignoranz oder positiv ausgedrückt Naivität, die bis Mitte Februar noch vorherrscht. In Europa, der Wiege des Penicillins und der Impfstoffe, wähnt man sich immun und in Sicherheit. Aufgrund dieser Illusion der Psyche kann der Virus weiter seiner Wege gehen.

Sprung in die Wirtschaft

Auch der Infektionssprung zur Wirtschaft ist extrem kurz und schnell. Doch wird auch hier die wirtschaftliche Schlagkraft des Coronavirus zunächst kaum wahrgenommen – jedenfalls in der westlichen Welt. Es wird ausgeblendet, dass in den betroffenen chinesischen Millionenstädten auch viele deutsche, französische, amerikanische Firmen tätig sind. Hubei ist ein Zentrum der Autoindustrie, hier laufen fast zwei Millionen Pkw pro Jahr vom Band. Entsprechend viele Autokonzerne – auch ausländische – sind betroffen von der Quarantäne. Tesla muss eine Fabrik schließen. Volkswagen unterbricht die Produktion. Die Elektronikbranche gerät in den Sog. Hersteller von Smartphones fürchten Beeinträchtigungen, weil die Lieferketten unterbrochen werden. Analysten warnen, die Auswirkungen der Corona-Infektion könnten die weltweite Mobiltelefon-Produktion 2020 um zehn Prozent drücken. Wichtige Zulieferer von Apple warnen vor Engpässen. Jeden Tag findet der Coronavirus neue Infektionswege in die Wirtschaft. Täglich gibt es neue Hiobsbotschaften. Für den Moment bleiben sie noch beschränkt auf einzelne

Hersteller, deren Aktien einbrechen. Die von Tesla zum Beispiel oder die der Lufthansa. Aber insgesamt ist die Stimmung an den Börsen weiterhin gut. Sogar sehr gut. Das wichtigste Börsenbarometer in Deutschland stand noch nie so hoch seit seinem Start vor mehr als dreißig Jahren. Der Virus hat auch an den Finanzmärkten eine gewisse Inkubationszeit, bis er sich zeigt. Zwar gilt die Börse gemeinhin als ein guter Indikator für künftige Entwicklungen, als eine Art Frühwarnsystem. Aber das versagt. Die Gefahr der vielfältigen und verzweigten Kettenreaktionen, die vom Coronavirus ausgehen, haben zu der Zeit nur wenige auf dem Radar. Wie bei der medizinischen Verbreitung des Virus, der nach und nach alle Organe angreift, wenn er nicht durch Antikörper gestoppt wird, so bleibt auch der Wirtschaftsvirus für die Wirtschafts- und Finanzwelt zunächst unsichtbar. So war es in China. So war es in jedem Land, in dem sich der Virus erst einnistete und dann ausbreitete. Wegen langer Lieferketten tauchen die Probleme, die Corona den vielen Unternehmen verschiedenster Branchen bereitet, verspätet auf. Punktuell werden Produkte und Vorprodukte knapp, der Nachschub für die Weltwirtschaft kommt ins Stottern. Aber es scheint alles zu bewältigen zu sein. Lediglich die Pharmabranche wird früh nervös. Auch einige Verbraucher, weil schnell publik wird, dass 90 Prozent der Wirkstoffe für Generika, also Nachahmerpräparate von Medikamenten, aus China kommen. Zwei bis drei chinesische Hersteller beliefern die ganze Welt mit Arznei.

Italien – Der Crash geht los

Panik kommt erst auf, als der Virus in Italien ausbricht und Regionen im Norden des Landes abgeriegelt werden. Ab da ist klar: Auch wir sind verwundbar. Italien ist nah, ein beliebtes Urlaubsland für viele Deutsche. Und mit Italien sind wir auch wirtschaftlich stark verbandelt. Ab diesem Zeitpunkt brechen die Kurse an den Börsen ein. Tag für Tag. Woche für Woche. Binnen vier Wochen verliert der DAX fast 40 Prozent an Wert. Der schnellste Crash aller Zeiten. Nicht einmal in der globalen Finanzkrise 2008/2009 ging es so schnell bergab. Einen vergleichbar schnellen Absturz gab es nur 1929 beim sogenannten »Schwarzen Freitag«, auf den eine schwere Weltwirtschaftskrise folgte, die »große Depression«. Auch die Nervosität ist auf einem Rekordstand. Messbar an der Schwankungsbreite der Aktienkurse, der Volatilität. Sie ist ein Risikobarometer für die Börsen. Und an dem ist deutlich abzulesen: Die Unsicherheit war noch nie so groß.

Unterdessen rast der Coronavirus weiter um die Welt – Iran, USA, Australien. Vielleicht ist er schon da in jedem hintersten Winkel der Erde angekommen, ohne dass wir es wissen. Er rast auch durch die Weltwirtschaft: Als Erstes sind Airlines und Touristikkonzerne betroffen, weil massenhaft Flüge gestrichen und Reisen abgesagt werden. Technologiefirmen, weil ihre Lieferketten sich in Nichts auflösen. Alle Konzerne mit starkem China-Geschäft, wie die Autobranche. In China brechen die Autoverkäufe im Februar 2020 um 80 Prozent ein. Die Maschinen- und Anlagenbauer geben sich anfangs noch zuversichtlich, weil ihre Vorprodukte auf dem Seeweg aus China angeliefert werden – und die Schiffe sind rund sechs Wochen unterwegs. Probleme würde es daher nur mit Verzögerung geben, wiegelt der Branchenverband VDMA im Februar ab. Nach und nach aber verhängen mehr und mehr Länder Quarantäne oder Kontaktverbote, verbieten Großveranstaltungen. Fußballspiele finden ohne Zuschauer statt. Messen werden erst verschoben, dann abgesagt. Die internationale Touristikmesse ITB in Berlin ist die Erste. Das hat man noch mit Fassung getragen. Wer mag sich schon über Urlaub informieren in Zeiten von Corona? Dann aber folgt die Hannover-Messe. Ein schwerer Schlag für die Industrie. Es ist die größte Industriemesse der Welt, mit mehr als 220 000 Besuchern und über 6000 Ausstellern. Hier werden normalerweise die wichtigen Großaufträge für die nächsten Monate abgeschlossen. Umsatz, der in Zukunft fehlt.

Eine abgesagte Messe zieht viele weitere Branchen in Mitleidenschaft. Hotels, die normalerweise Messebesucher beherbergen. Messebauer. Gastronomie. Allen geht Umsatz verloren. Und mit jeder neuen Krankmeldung aus der Wirtschaft geht es mit den Börsenkursen weiter bergab. Es gibt ein erstes Rettungsangebot der EZB – doch die Wirkung verpufft zunächst. Zu klein im Umfang, nach dem Dafürhalten der Börse, und in dieser Art Krise nicht angemessen. Dazu bedarf es flankierender Konjunkturprogramme des Staates.

Die Zahl der Neuinfektionen wird nun von der Welt genau verfolgt, wie der tägliche Blick morgens und abends aufs Fieberthermometer: Wie krank sind wir schon? Wie krank ist China noch? Immer getragen von der Hoffnung, dass die Zahl der Infizierten sinkt. Doch das Fieber steigt und steigt, exponentiell. Die Zahl der Infizierten geht in die Tausende und Hunderttausende. Steigt die Körpertemperatur über

42 Grad, droht der Tod – gibt es eine solch kritische Temperatur eigentlich auch für diesen Wirtschaftsvirus?

Inmitten der Unsicherheit reißen die wirtschaftlichen Kettenreaktionen nicht ab, und sie werden auch für jeden im Alltag sichtbar. Als die Schulen schließen, stellt sich vielen Eltern die Frage: Wohin mit meinen kleinen Kindern? Viele müssen unbezahlten Urlaub nehmen – was nicht ohne Folgen fürs Konto bleibt. Mit Einführung der Kontaktsperre in Deutschland am 22. März heißt es: alle auf Abstand. Jeder kann jetzt vor der eigenen Haustür sehen, was zuvor China und Italien und viele andere Länder erlebt haben: Restaurants und Cafés, Kaufhäuser und Boutiquen, Friseure und Physiotherapie-Praxen – alles geschlossen. Alle Geschäfte, die nicht dringend zum Leben notwendig sind. Deutschland im *Lockdown*. Einen offenkundigeren Beweis, dass die deutsche Wirtschaft leidet, gibt es nicht. Nur wenige Läden wie Lebensmittelgeschäfte, Apotheken und Drogerien dürfen noch verkaufen, in Berlin auch Buchhandlungen und Fahrradläden, in Hessen Baumärkte. Was lebensnotwendig ist, davon hat jedes Bundesland eine etwas andere Vorstellung.

Unser Alltag verändert sich radikal. In Supermärkten werden Einkaufswagen rationiert. Eine Art Ampelsystem für den Einlass. Nachrichten verfolgen ist jetzt eine Dauerbeschäftigung. Selbst das Radiohören fühlt sich anders an. Gibt es eigentlich keine Verkehrsnachrichten mehr? Der ADAC zieht eine positive Bilanz aus der Corona-Kontaktsperre: Das erste staufreie Osterwochenende seit Jahrzehnten. Das meiste Leben läuft jetzt digital und online. Arbeiten im Homeoffice. Einkaufen im Onlineshop. Freunde treffen im Netz. Schulaufgaben per E-Mail. Fernsehen gegen die Langeweile. Deshalb hat die Krise wie jede Krise auch Gewinner. Sie heißen Netflix und Co. Profiteure sind auch Social-Media-Plattformen, IT-Firmen mit Software für Videokonferenzen, Biotech- und Pharmafirmen mit der Aussicht auf die Entwicklung eines Super-Impfstoffs. Nicht alles ist down in der Wirtschaft. Amazon stellt 100 000 Mitarbeiter zusätzlich ein. Viele sind jetzt im Internet auf der Suche nach dem, was knapp ist: Desinfektionsmittel, Atemschutzmasken, Fieberthermometer, WC-Papier. Erstaunlicherweise steigen nicht bei allen Onlineshops die Verkaufszahlen. Bei Modehändler Zalando geht die Nachfrage zunächst zurück. Über die Gründe kann man nur spekulieren. Der Chef des schwäbischen Freizeitmodeherstellers Trigema, Wolfgang Grupp, glaubt: »Wenn ich nur noch zu Hause bin, kann ich aus dem Kleiderschrank leben.« Da brauche man keine neue Mode. Die Menschen dürften sich aber auch aus psychologischen Gründen zurückhalten beim Online-Kauf: aus Angst vor der wirtschaftlichen Zukunft. Aus Sorge, in der Coronakrise den Job zu verlieren. Eine ungewisse Zukunft lähmt Konsumlust, erst recht bei eher verzichtbaren neuen Kleidungsstücken.

Wirtschaftsexperten und Politiker sprechen es jetzt klar aus: Die Rezession ist unvermeidbar. Wirtschaftsminister Peter Altmaier (CDU) rechnet mit einem Wirtschaftsabschwung, der mindestens so stark ist wie 2009. Damals wütete die Finanzkrise und fraß sich in viele Bereiche unseres Wirtschaftssystems. Es könnte sogar noch düsterer werden, errechnen die Wirtschaftsforscher des Münchener ifo-Instituts. Die Wirtschaftsleistung könnte sogar bis zu 20 Prozent zurückgehen, wenn die Wirtschaft drei Monate stillstehen muss. Jede Woche Stillstand koste die deutsche Wirtschaft 42 Milliarden Euro, errechnen die ifo-Wirtschaftsforscher.

Wenn sich ein Virus im Körper ausbreitet, über die Blutbahnen, entzündet sich alles und es besteht die Gefahr einer Blutvergiftung. Ohne Beatmungsmaschine, ohne Intensivstation droht der Exodus. Das Gleiche droht der deutschen Wirtschaft: gefährliche Kettenreaktionen bis hin zu Pleiten. Deshalb feuern Europäische Zentralbank (EZB) und Bundesregierung jetzt auch aus allen Rohren, um gegen die Auswirkungen des Virus vorzugehen. Die EZB mit einem 750 Milliarden Euro schweren Notfallprogramm. Die Regierung schnürt ebenfalls 750 Milliarden Euro zu einem Hilfspaket – das größte in der deutschen Geschichte. Der Inhalt: Schutz für Mieter, Kredite für Unternehmen, Zuschüsse für Selbstständige. In vielen Ländern gibt es jetzt solche wirtschaftlichen Anti-Corona-Medikamente von Regierungen und Notenbanken. Das gibt den Börsen wieder Auftrieb.

Zwar verschulden sich die Staaten dafür erheblich. Aber eine Konkurswelle hinzunehmen, wäre lebensbedrohlich für den Wirtschaftspuls. Banken müssten Kreditausfälle abschreiben und könnten selbst in Not geraten. Dadurch könnte sich die ohnehin extreme Lage weiter zuspitzen zu einer Finanzkrise. Die südlichen Euroländer leiden in Sachen Corona noch weit mehr als Deutschland. Daher schwebt auch eine neue Eurokrise wie ein Damoklesschwert über uns. Das gilt es, um jeden Preis zu verhindern. Doch trotz des gigantischen Rettungspakets ist die Gefahr noch nicht gebannt. Es verhält sich genauso wie bei den medizinischen Schäden durch den Coronavirus. Die Langfristschäden für die Wirtschaft sind noch nicht absehbar. Sie werden noch lange auf uns lasten. Ebenso die Schulden. Es ist durchaus möglich, dass es am Ende heißt: OP gelungen, Patient tot.

Wirtschaftliche Zukunft auf Messers Schneide

Die wirtschaftliche Zukunft ist schwarz. Tiefschwarz. In vielen Wirtschaftsbereichen stocken die Geschäfte, selbst dann noch, als die Corona-Schutzmaßnahmen immer weiter gelockert werden. Sicher, es gibt beachtliche Hilfsprogramme. Der Rettungsschirm bietet aber keinen allumfassenden Schutz. Viele Betriebe werden trotzdem aufgeben müssen oder zittern um ihre Existenz. Dem Deutschen Industrie- und Handelskammertag (DIHK) zufolge sind mehr als 10 Prozent der Mittelständler von einer Pleite bedroht. Laut einer Umfrage befürchten sogar 20 Prozent der deutschen Unternehmen das Aus für ihre Firma. Denn: Wenn der Umsatz für Wochen bei null liegt, wie sehr helfen da Kredite, die später nur mühsam wieder getilgt werden können? Eine große branchenübergreifende Pleitewelle könnte sich aufbauen, schon im Herbst – Insolvenzen, die durch die Hilfsprogramme nur verschleppt werden. Kleinbetriebe, Selbstständige und Freiberufler bekommen immerhin direkte Zuschüsse vom Staat, die sie nicht zurückzahlen müssen. Doch ob das ausreicht, ist fraglich. Die Hilfsgelder sind gedacht für Fälle akuter Not, um Rechnungen zu bezahlen, Mieten zu überweisen – kurz: um gerade so zu überleben. Wie groß die Not ist, zeigt die Flut der Anträge, die bei den

Ämtern eingehen. In Baden-Württemberg werden in der Anfangszeit bis zu 300 Anträge gestellt – pro Minute. In Berlin brechen beim ersten Ansturm die Server zusammen.

Trotz Rettungspaketen von Bund und Ländern gibt es Sorgen über Sorgen, Fragen über Fragen. Ob das Geld reicht. Ob man seine Mitarbeiter halten kann. Ob die beantragten Hilfen rechtzeitig kommen. Über allem steht das noch größere Fragezeichen: Wie soll es eigentlich weitergehen? Das gilt auch für Großkonzerne. Bei der Lufthansa standen 95 Prozent der Flugzeuge am Boden, weshalb die Airline nur mit Staatshilfen und Staatseinstieg gerettet werden kann. Der Mittelstand fühlt sich zunächst gar vergessen vom Bund. Für ihn stehen nur die Fördertöpfe der staatlichen Kreditanstalt für Wiederaufbau (KfW) offen, für die der Bund zwar bürgen will, anfangs allerdings nur für 80 bis 90 Prozent der Kreditsumme. Das Problematische daran: Ob die Kredittöpfe angezapft werden können, entscheiden die Hausbanken der Firmen. Die werden nicht nur überrannt von Tausenden Anfragen, weshalb die Geldinstitute sogar ihre Ruheständler zurückholen, um die Arbeit zu bewältigen. Sie müssen auch für eine Kreditvergabe die Bonität des Kreditsuchers prüfen. Schwierig bei Unternehmen, deren Absatzmärkte weggebrochen oder Lieferketten gerissen sind. In der Krise ist kaum jemand mehr kreditwürdig. Weil es sich Banken nicht leisten können, auf Schulden sitzenzubleiben, sind Kreditzusagen zunächst fraglich. Als Unternehmens- und Bankenverbände Alarm schlagen, sichert der Bund schließlich 100 Prozent Kreditbürgschaft zu. Der Staat ist eben noch kreditwürdig.

Die Angst, dass die Coronakrise über eine Pleitewelle in eine Bankenkrise mutieren könnte, ist groß. Die Erinnerung an den langen Ansteckungsweg von der amerikanischen

Subprime- über die Finanz- zur Schuldenkrise ist noch allzu gegenwärtig. So wie der Spuk der Lehman-Krise bis in die heutige Zeit reicht, so könnte auch die Coronakrise noch zehn Jahre nachwirken.

Die Zukunft ist vor allem eines: ungewiss. Gewiss ist derzeit nur die desolate Lage auf dem Arbeitsmarkt. Immer mehr Menschen verlieren ihren Job, Neueinstellungen werden gestoppt. Der April-Bericht der Bundesagentur für Arbeit (BA) weist einen Anstieg der Arbeitslosen innerhalb eines Monats um mehr als 300 000 auf 2,644 Millionen aus. Es könnten über drei Millionen werden im Jahresverlauf 2020, prognostiziert das Institut für Arbeitsmarkt- und Berufsforschung (IAB), die Forschungseinrichtung der Bundesagentur für Arbeit. Deutschland erlebt in Sachen Jobs eine »Vollbremsung«, wie es das ifo-Institut ausdrückt.

In den Vereinigten Staaten aber ist die Lage noch weit hoffnungsloser. In den ersten acht Wochen der Coronakrise melden sich 36 Millionen Menschen arbeitslos. Mehr als ein Fünftel der Arbeitskräfte. So schlimm war es in keiner Krise zuvor, selbst in der Finanzkrise nicht. Damals, im Oktober 2009, lag der Rekord bei 15 Millionen. Das Ende der aktuellen Arbeitsmarktkatastrophe ist noch nicht in Sicht. Der amerikanische Notenbanker James Bullard rechnet mit möglicherweise 46 Millionen Entlassungen und einer Explosion der Arbeitslosenquote von 3,5 Prozent in der Vor-Corona-Zeit auf 30 Prozent. Im April waren es offiziell bereits 15 Prozent, wegen Fehlern bei der Datenerhebung vielleicht auch 20 Prozent. Das hat sich bereits deutlich in den privaten Konsumausgaben niedergeschlagen.

In Amerika spielt sich neben der Tragödie in den Krankenhäusern auch ein wirtschaftliches und soziales Drama ab. Arbeitslosengeld gibt es nämlich nur für 12 bis maximal 26 Wochen und je nach Bundesstaat nur einen Höchstbetrag von rund 1500 Dollar. Das wirklich Dramatische aber ist, dass in den Vereinigten Staaten mit dem Job meist auch die Krankenversicherung verloren geht. Millionen Amerikanern wird damit der Zugang zum Gesundheitssystem verwehrt – und das in Zeiten, in denen eine Krankenversicherung noch nie so überlebenswichtig war. Die Rettungspakete der Regierung über nunmehr 2,7 Billionen Dollar – umgerechnet rund 2,5 Billionen Euro – versprechen zwar direkte Zuschüsse, aber erst einmal nur für vier Monate. Was macht das mit der größten Volkswirtschaft der Welt, deren Kraft zu zwei Dritteln auf Konsum gebaut ist? Die US-Regierung hat die Gefahr erkannt und das Arbeitslosengeld bis November aufgestockt – bis zur US-Wahl.

In Deutschland ist die Situation komfortabler für die Menschen. Kurzarbeit verhindert erst einmal den totalen Jobverlust. Das stützt den Konsum und dämpft den Wirtschaftsabschwung von der Nachfrageseite her. Doch Sorgenfreiheit bedeutet das nicht. Anfangs stand die bange Frage im Raum, ob die Arbeits- und Sozialämter all die Anträge schnell genug bearbeiten können. Immerhin haben Unternehmen bis Ende April für mehr als zehn Millionen Menschen Kurzarbeit angemeldet – für mehr als 20 Prozent der Erwerbstätigen also. Dreimal mehr als im gesamten Krisenjahr 2009. Um die Antragsflut abzuarbeiten, musste die Bundesagentur Amtshilfe aus anderen Behörden anfordern. Rund 8500 Sachbearbeiterinnen und Sachbearbeiter kümmerten sich um die Anträge, 14-mal mehr als im Normalfall. Diese Krise ist in jeder Hinsicht voller Superlative.

Im europäischen Vergleich ist das Kurzarbeitergeld allerdings jedoch nicht gerade üppig, nur 60 Prozent des entgangenen Nettolohns, mit Kindern sind es 67 Prozent. Damit sind wir laut einer Studie der Hans-Böckler-Stiftung Schlusslicht in Europa. Zwar hat die Bundesregierung im Eilverfahren für die Coronakrise eine Erhöhung des Kurzarbeitergeldes beschlossen, ab dem vierten Monat kompensiert der Staat nun 70 Prozent, nach sieben Monaten 80 Prozent des Lohnausfalls (wer Kinder hat, bekommt jeweils sieben Prozentpunkte mehr). Allerdings kann Deutschland damit lediglich zum Mittelfeld aufschließen. Im europäischen Ranking greifen von den 15 Ländern aus der Studie vier Staaten – Irland, Dänemark, die Niederlande und Norwegen – sogar mit 100 Prozent unter die Arme. Teils sind die Zahlen nicht vergleichbar, weil in einigen Ländern großzügigere Leistungen mit einer kürzeren Bezugsdauer einhergehen. Teils wird der Einkommensverlust in Deutschland auch durch tarifvertragliche Regelungen ausgeglichen. Doch gerade für Beschäftigte im klassischen Niedriglohnsektor gilt das oft nicht. Sie werden mit dem Kurzarbeitergeld nicht lange über die Runden kommen.

Immerhin gibt es auch eine gute Nachricht, die sich hinter der rekordhohen Kurzarbeiterzahl verbirgt: dass viele Betriebe ihre Mitarbeiter unbedingt halten wollen, sicherlich auch eine Folge des Facharbeitskräftemangels. Das birgt die Hoffnung, dass Deutschland, anders als die USA, ohne Massenarbeitslosigkeit auskommt.

Weltweit droht allerdings die Verarmung noch breiterer Bevölkerungsschichten. So wie bei der Spanischen Grippe, die 1918 und 1919 wütete. 50 Millionen Menschen fielen ihr zum Opfer. Es war eine der verheerendsten Seuchen der Menschheit – die auch viele Parallelen zu Corona aufweist, wie das Deutsche Institut für Entwicklungspolitik (DIE) ausführt. Der Grippevirus war ähnlich infektiös, und er ging ähnlich schnell um die Welt. Damals war die Wirtschaft zwar noch nicht so stark globalisiert wie heute. Aber die Truppenbewegungen des Ersten Weltkriegs dienten als Beschleuniger. Bei der Spanischen Grippe kamen dem DIE-Institut zufolge auf jeden Grippetoten vier Personen, die zwar überlebten, aber verarmten. So führte die Spanische Grippe zu einem globalen ökonomischen Schock.

Ähnlich wie in der aktuellen Coronakrise wurde in der Folge weniger produziert und konsumiert, die Einkommensarmut stieg in vielen Ländern stark an. Auch jetzt ist zu erwarten, dass, selbst wenn es am Arbeitsmarkt wieder aufwärtsgeht, die Menschen erst einmal weniger (Geld) für den Konsum übrig haben werden.

Eine positive Lehre lässt sich aus der damaligen Pandemie aber durchaus ziehen: Länder mit zumindest rudimentären sozialen Sicherungssystemen kamen besser mit den Folgen der Grippe zurecht, weil sie eine starke Verarmung der Bevölkerung verhinderten und die Binnennachfrage stützten. Daher auch der Appell des DIE, die sozialen Sicherungssysteme zu verbessern, nicht nur national, sondern in der ganzen Welt.

Die Billionen-Dollar-Frage

Was sagen die Prognosen nun zu unserer wirtschaftlichen Zukunft? Setzen, Sechs! Auf dem Zeugnis 2020 wird die Weltwirtschaft ein ungenügend erhalten. Der Internationale Währungsfonds (IWF) kommt fast nicht nach bei der Senkung seiner Prognosen. Erst im April sagte er einen Rückgang der globalen Wirtschaftsleistung von 3,0 Prozent voraus, im Juni will er »sehr wahrscheinlich« noch mal nachlegen. Wobei die Weltwirtschaft schon vor Corona krank war, als Folge von Trumps Handelskriegen geriet sie 2019 in die schwächste Phase seit der Finanzkrise. Sie wuchs nur noch um 2,9 Prozent, gemessen am Bruttoinlandsprodukt oder kurz BIP, der wichtigsten Kennzahl zur Darstellung unserer Leistungskraft. Dieses Welt-BIP wuchs also noch um fast drei Prozent – das klingt eigentlich okay, wenn man das in der Regel deutlich langsamere Wachstum von Industrienationen zum Vergleich heranzieht. Aber bezogen auf die Weltwirtschaft war das in Schulnoten bereits eine Vier bis Fünf, weil sich darin verbarg, dass die sonst viel stärker wachsenden Entwicklungs- und Schwellenländer nicht mehr für genug Schubkraft sorgten. Für die Weltwirtschaft gelten halt andere Maßstäbe. Ein Plus von 2,5 Prozent heißt schon Rezessionsniveau, wie frühere Krisen zeigen. Davon waren wir nur ganz knapp entfernt. Die Handelskriege hatten im ersten Schritt zwar vor allem China zugesetzt. Doch weil die Volksrepublik die weltweit größte Exportnation ist, strahlte die Schwäche in den Rest der Welt aus. Der stark auf den Export ausgerichteten deutschen Industrie setzte sie so sehr zu, dass sie bereits 2019 in die Rezession abglitt. Es bestand die Gefahr, dass nicht nur die Industrie, sondern die gesamte deutsche Wirtschaft auf Talfahrt gehen könnte. Neben Italien galt Deutschland als der größte Risikokandidat für den Euroraum. Anfang 2020 kam zwar die Entwarnung der Wirtschaftsexperten: Deutschland sei haarscharf an einer Rezession vorbeigeschrammt, und die Weltkonjunktur helle sich wieder auf. Doch das Aufatmen währte nur kurz. Bis Corona über uns hereinbrach, und die Risiken für die Konjunktur sich potenzierten.

SEITENBLICK
Wann spricht man von Rezession?

Von einer Rezession spricht man, wenn die Wirtschaft mindestens zwei Quartale hintereinander schrumpft, das Bruttoinlandsprodukt also sinkt. Das Charmante an dieser Definition: Sie ist leicht zu verstehen. Genau genommen bezeichnet das aber nur eine »technische Rezession«. Das heißt: Es muss nicht bedeuten, dass ein Land auch in einer echten Rezession, also einer Krise, steckt. Dazu gehört viel mehr: dass zum Beispiel die Arbeitslosigkeit steigt, die Nachfrage einbricht und die Kapazitäten der Unternehmen nicht ausgelastet sind.

Die Billionen-Dollar-Frage ist aktuell nicht mehr, OB die Rezession kommt, sondern WIE SCHLIMM sie wird. Schon jetzt sind 170 der 189 Mitgliedsstaaten des IWF von einem Wirtschaftsabschwung erfasst worden, dabei war bei 160 vor Kurzem noch ein Wachstum zu erwarten. Die Coronakrise hat eine neue Qualität. Weil die Wirtschaft anders als in früheren Krisen von zwei Seiten in die Zange genommen wird: durch Angebot und Nachfrage. Beides sinkt. Weil Unternehmen ihre Geschäfte auf einen Bruchteil der normalen Wirtschaftstätigkeit zurückfahren mussten und auch für längere Zeit noch weniger Produkte und Dienstleistungen anbieten werden. Und weil die Menschen weniger Güter und Dienstleistungen nachfragen, sei es, weil die Verkaufskanäle durch Corona versiegt sind, sei es, weil sie ihren Konsum auf das fürs Leben Notwendige beschränken aus Angst vor einem drohenden Jobverlust – oder weil der Job schon weg ist.

Angebot und Nachfrage – diese beiden Faktoren sind das Herzstück des Marktes, sie halten den Preis im Gleichgewicht – oder eben auch nicht. Der Markt kommt aus dem Takt, wenn es einen Angebots- oder einen Nachfrageschock gibt. Corona hat beides ausgelöst. Deshalb wird diese Krise wohl auch größer ausfallen als alle anderen, befürchten Experten.

Um wie viel größer? Um das vorherzusagen, kann jeder von uns in eine Glaskugel schauen. Die Prognosekraft wäre die gleiche wie die der Experten, der führenden Wirtschaftsverbände und Bankanalysten. Ihre Berechnungen mit vielen Zahlenkolonnen haben nämlich eines gemeinsam: Sie beruhen auf einer mathematischen Gleichung mit vielen Variablen. Mit unendlich vielen Unbekannten. Wie lange wird der Virus noch um die Welt gehen? Welche Länder werden noch erfasst werden und wie stark? Und falls der Virus eingedämmt wird: Wird er wieder aufflammen? Da sagen selbst Wirtschaftsexperten: Virologen können dazu bessere Prognosen stellen als wir. Für die Volkwirte und Ökonomen bleiben auch so noch genügend andere Unwägbarkeiten: Wie lange zieht sich der Ausstieg aus dem *Lockdown* noch hin? Wie oft werden wir Rückschritte machen müssen? Welche Strategie fahren andere Länder?

Die Volkswirte der großen Bankhäuser und Forschungsinstitute geben zu: Es ist wie ein Blindflug. Beim Versuch, den möglichen Schaden zu bemessen, müssen sie mit so vielen (geschätzten) Zahlen jonglieren, dass die Aspekte vieler möglicher Corona-Kettenreaktionen außer Acht bleiben müssen. Die da sind: Kommt es zu einer Pleite- und Verarmungswelle? Mündet die Rezession in eine neue Bankenkrise, Finanzkrise, Eurokrise? Was ist, wenn einzelne Staaten das wirtschaftlich nicht überleben – wie groß ist bei einem solchen Staatsbankrott die Ansteckungsgefahr?

Mehr Gewissheit wird es wohl erst geben, wenn ein Impfstoff oder ein Medikament entwickelt ist. Aber auch dann wird es ein Rennen gegen die Zeit. Denn es dauert, bis ein Wirkstoff in ausreichender Menge für Millionen von Menschen hergestellt werden kann. Schwarzmalerei? Es hat uns doch alle bass erstaunt, dass ein hoch entwickeltes Industrieland wie Deutschland Nachschubprobleme bekommen kann – nein, es geht jetzt mal nicht um Toilettenpapier. Gemeint sind die ganz elementaren Dinge im Kampf der Ärzte gegen Corona: Desinfektionsmittel, Mundschutz, Handschuhe, TestKits, Screeningtests oder Beatmungsgeräte. Ärzte, Pfleger und Arzthelfer, in Krankenhäusern wie in Arztpraxen, ergaben sich in Hilflosigkeit und Wut angesichts der gesundheitsgefährdenden Unterversorgung in unserem Gesundheitssystem. Krisenmanagement in medizinisch heiklen Zeiten – das hat niemand geprobt. Wir haben ja nichts gewusst! Bill Gates, Microsoft-Gründer und Philanthrop, warnte zwar schon vor Jahren davor, dass eine Pandemie uns unvorbereitet treffen könnte. Hören wollte das aber im Vorfeld niemand. Dabei gab es durchaus einen Nationalen Pandemieplan in Deutschland, der die Lagerung von Medikamenten, Impfstoffen und Schutzkleidung vorsah. Doch umgesetzt wurde er nicht, jedenfalls nicht im erforderlichen Umfang. Eine absurde Geschichte dazu steuerte Bremen bei. Die dortige Gesundheitsbehörde hatte vor Jahren – 2009 nach Ausbruch der Schweinegrippe – ein Lager für den Fall einer Pandemie aufgebaut. Allein, die Pandemie blieb aus, das Haltbarkeitsdatum vieler Produkte lief ab, und so löste das Bundesland sein Lager 2016 wieder auf. Mit einem ausreichenden Vorrat an Masken wäre die Krise – auch die wirtschaftliche Krise – wohl in viel kleineren Dimensionen abgelaufen.

V, U, L oder W – Wie buchstabiert man Konjunktur?

Wie schnell sich eine Wirtschaft von einer Krise erholt, darüber wird anhand von Buchstaben diskutiert. V, U, L oder W – die Strichrichtung des Buchstabens beschreibt den Verlauf der wirtschaftlichen Entwicklung. Das V steht für einen schnellen Einbruch, gefolgt von einer ebenso schnellen Erholung ohne echte Talsohle. Anfangs setzten viele noch auf einen V-förmigen Verlauf. Dass nach einer kurzen Unterbrechung alle wieder auf Normalbetrieb schalten können und einen so enormen Nachholbedarf haben, dass die Wirtschaft schnell wieder auf die Beine kommt. Denkbar wäre es ... – gewesen. Wenn der Höhepunkt der Corona-Infektionen schnell überschritten worden wäre, schon im März. Aber das gelang nicht. Und nachdem die USA, immerhin die größte Volkswirtschaft der Welt, von der Infektionswelle voll erfasst wurden, hörte man vom V nicht mehr viel.

Viele hoffen wenigstens noch auf ein U: dass die Tiefphase nur ein wenig länger dauert, und der Aufschwung mit einer kleinen Verzögerung kommt.

Es gilt, mit geballten Anstrengungen von Regierungen und Notenbanken das Horrorszenario zu vermeiden: die L-Entwicklung. Wie der Buchstabenverlauf des L schon zeigt: Eine Erholung kommt dabei ganz lange nicht. Stattdessen lange Rezession, Depression. Befürchtet wird auch eine W-förmige

Katastrophe, bei der die Wirtschaft nach einer vorläufigen Erholung wieder in die Rezession zurückfallen würde, um sich dann erst wieder zu erholen. Dieses Szenario wird momentan für die USA befürchtet, wenn die soziale Distanzierung zu voreilig gelockert wird, Covid-19 wieder aufflammt und die Wirtschaft erneut stillsteht. Davor warnte der Ökonom Nouriel Roubini. Er sprach ganz plakativ sogar von einem dreifachen W, und sein WWW meinte nicht das World Wide Web. Das erste W stand für eine W-förmige Rezession, die sogar in eine L-förmige Depression münden könnte, das zweite W für eine neue Ansteckungswelle, und das dritte für Krieg – englisch: War. Der Ökonom erwartet, dass es dieses Jahr zu einem Krieg mit dem Iran kommt.

Als das unfassbare Ausmaß der Coronakrise deutlich wurde, sprach man in der Wirtschaftswelt oft vom Lehman-Moment. Weil die Folgen für die Konjunktur mindestens so gravierend ausfallen würden wie beim Zusammenbruch der US-Investmentbank im Jahr 2008. Die Bundesregierung ist noch etwas düsterer in ihrer Prognose. Sie erwartet nunmehr einen Wirtschaftseinbruch 2020 von mehr als sechs Prozent, der IWF sogar sieben Prozent.

Die Krise werde die schlimmste Krise seit fast hundert Jahren, sagt Star-Ökonom Kenneth Rogoff schon zu einem sehr frühen Zeitpunkt der Krise, und er hat reichlich Expertise. Rogoff untersuchte die Finanz- und Wirtschaftskrisen der vergangenen achthundert Jahre. Die wirtschaftlichen Folgen seien sogar noch weitgreifender und stärker in der Breitenwirkung als 2008/2009: »Wir erleben die erste wirklich globale Krise seit der Großen Depression 1929.« Selbst der IWF hat sich inzwischen dieser Sicht angeschlossen und spricht von einer Jahrhundert-Rezession, welche die Welt in diesem und dem nächsten Jahr neun Billionen Dollar an Wirtschaftsleistung kosten wird.

Was in den vielen Prognosen nicht enthalten ist: Wie viel Wirtschaftskraft geht verloren, wenn Tausende Menschen sterben? Das führt zu der zynischen Frage: Was ist ein Menschenleben wert? Das Gleiche gilt für die gesellschaftlichen Folgen, die sich durchaus auch in Kosten niederschlagen können, wenn Ausgangssperren länger dauern. Sie werden zu einer psychischen und medizinischen Belastung. Auch für die vielen Menschen, die ihren Arbeitsplatz verlieren. Selbsthilfegruppen oder Vereinsabende fallen aus. Thomas Straubhaar, Professor für Internationale Wirtschaftsbeziehungen an der Uni Hamburg, nennt es die sozioökonomischen Kosten der Isolierungsstrategie. Es ist ein Abwägen: Wohlstand gegen Menschenleben. Aber auch Menschenleben gegen Menschenleben: Die einen sind durch Corona bedroht, die anderen durch die Folgen der Isolation oder wirtschaftliche Nöte, weil etwa die Zahl der Suizide steigen könnte. Eine Katastrophe dieses Ausmaßes wirft viele unmenschliche Fragen auf.

Wie viel Schulden können wir uns leisten?

Derweil versucht die Regierung Not zu lindern, wo es am schlimmsten ist. Die Rechnung für den Staatshaushalt wird länger und länger. Das Gesundheitssystem braucht finanzielle Unterstützung, ein Crash-Programm muss her für Schutzkleidung und flächendeckende Virusscreenings. Dazu die beschriebenen Hilfen für Unternehmen, Freiberufler und Arbeitnehmer. Die steigende Zahl von Arbeitslosen und die Ausweitung der Kurzarbeit schröpft die Kasse der Bundesagentur, die wohl nicht ohne Bundeshilfe auskommen wird. Das Sozialsystem braucht Unterstützung für Bedürftige und Obdachlose. Zugleich sinken die Einnahmen, vor allem die Steuereinnahmen, etwa die aus Mehrwertsteuer und Ertragssteuern wie der Einkommens- oder Gewerbesteuer. Das bringt die Kommunen in Bedrängnis, für die die Gewerbesteuereinnahmen die wichtigste Einnahmequelle sind, und die durch die Ausfälle in noch größere Not geraten können.

Aufgrund der schrumpfenden Beschäftigung werden nicht nur weniger Lohnsteuern, sondern auch weniger Sozialbeiträge gezahlt, was die Rentenkasse und auch wieder die Bundesagentur für Arbeit belastet. »Die Kosten werden voraussichtlich alles übersteigen, was aus Wirtschaftskrisen oder Naturkatastrophen der letzten Jahrzehnte in Deutschland bekannt ist«, resümiert ifo-Präsident Clemens Fuest.

All das ist nur mit reichlich Schulden zu stemmen. Vorsorglich hat der Staat 156 Milliarden Euro Neuverschuldung für 2020 zur Bewältigung der Krise eingeplant. Und die Summe kann noch steigen, im Rahmen des vereinbarten Rettungspakets auf bis zu 356 Milliarden Euro, je nachdem, wie viele Unternehmen von den Darlehen der Kreditanstalt für Wiederaufbau (KfW) Gebrauch machen oder bei wie vielen Unternehmen der Staat über den Wirtschaftsstabilisierungsfonds einsteigt. Alles ist außerdem abhängig von der Frage: Wie lange bleibt Deutschland im ersten Gang? Oder andersherum ausgedrückt: Wann sind alle Unternehmen wieder im Normalbetrieb? Der IWF erwartet, dass der Tiefpunkt im zweiten Quartal 2020 erreicht ist, und schon 2021 eine kräftige Erholung ansteht, für Deutschland zum Beispiel ein Plus von 5,2 Prozent. Doch auch hier gilt die Einschränkung: Alles hängt von der Dauer der Pandemie ab, und jegliche Prognosen sind mit »extremer Unsicherheit« behaftet, wie der IWF warnt. Bis die alte Wirtschaftskraft wieder erreicht ist, wird es noch länger dauern. Manche Branchen sprechen gar von zehn Jahren.

Entscheidend in unserer stark globalisierten Welt ist auch die Frage: Wie lange fahren andere Länder ihr gesellschaftliches und wirtschaftliches Leben herunter? In Großbritannien verfolgte Premier Boris Johnson anfangs das Ziel der »Herdenimmunität«, also den indirekten Schutz vor Ansteckung, sobald ein großer Prozentsatz der Bevölkerung nach erlittener Krankheit immun geworden ist. Doch das bedeutet, auf dem Wege der sogenannten Durchseuchung den Tod vieler Menschen in Kauf zu nehmen. So hielt auch Johnson diesen Weg nur kurze Zeit durch. Schnell machte er die Schotten dicht, weil das britische Gesundheitssystem marode ist und einer Krankenwelle nicht standhalten konnte. Diese Verzögerung führte dazu, dass Großbritannien Zehntausende Tote zu beklagen hat und bei den Lockerungen des *Lockdowns* hinterherhinkt. In den USA blieb Donald Trump seiner Natur treu und brillierte mit nicht gerade durchdachten Äußerungen: Nach Ostern sei der Spuk vorbei, dann mache Amerika die Tore wieder auf. Eine Hoffnung für die Wirtschaft und für die Menschen, die sich nicht erfüllte. Unterdessen wechselte der Virus in den USA auf die Beschleunigungsspur. Die Zahl der Infizierten sprang bereits im März auf über 800 000, womit die Vereinigten Staaten selbst China und Italien überholten.

Unter der Last der vielen Corona-Infizierten brach das auf Profit getrimmte Gesundheitssystem in den USA regelrecht zusammen. Im Zuge der jahrelangen Gewinnmaximierung war die Zahl der Intensivbetten auf 45 000 heruntergefahren worden – landesweit, also für 330 Millionen US-Bürger. Das reichte bei Weitem nicht, um die vielen schweren Coronafälle zu versorgen. New York kollabierte regelrecht. Zum Vergleich: In Deutschland standen vor der Corona-Pandemie 28 000 Intensivbetten zur Verfügung, bis Anfang April wurden sie auf 40 000 erhöht.

Trump hat durch sein zögerndes und beschwichtigendes Verhalten inzwischen nicht nur 1,5 Millionen Infizierte zu verantworten und mehr als 80 000 Tote, er hat auch die Wirtschaft auf dem Gewissen. Für die US-Wirtschaft sieht die Zukunft düster aus. Und weil die Vereinigten Staaten die größte Volkswirtschaft der Welt sind, dürfte das viele andere Länder treffen – auch uns. Amerika ist Deutschlands wichtigster Handelspartner.

Sorgen müssen wir uns vor allem aber um schwächere Länder machen, um Schwellenländer in Südamerika, Afrika und Asien. Dort haben die staatlichen Gesundheitssysteme enorme Defizite. Wenn selbst die USA solche Probleme haben, den Virus effizient zu bekämpfen, dann könnten diese Länder daran zugrunde gehen. Eine der größten humanitären Katastrophen droht. Von den wirtschaftlichen Ansteckungseffekten ganz zu schweigen, die weiteres Leid in diesen armen Ländern auslösen.

An den Finanzmärkten bahnt sich die Schwellenländer-Krise bereits an. Das Kapital flieht von dort in einem dreimal größeren Strom als zu Zeiten der Finanzkrise. Im Februar und März wurden 100 Milliarden Dollar abgezogen, konstatiert der IWF. Das liegt primär nicht nur am Coronaschock, auch der Dollar spielt eine Rolle. In seiner Funktion als

Fluchtwährung wird er durch Krisen stärker, weil immer mehr Menschen ihr Geld in diesen Währungsraum transferieren in dem Glauben, dass es dort eine Krise besser – also ohne Wertverluste – übersteht. Das trifft Schwellenländer doppelt. Zum einen werden ihre Währungen immer schwächer. Zum andern haben sich viele in Dollar verschuldet, weshalb sie an den Schulden schwerer zu tragen haben. Investoren werfen Staatsanleihen aus Schwellenländern bereits in solchen Massen aus ihren Depots, dass die Risikoaufschläge massiv gestiegen sind, diese Länder also auch deutlich höhere Zinsen fürs Schuldenmachen zahlen müssen. Besonders schwierig wird es für Länder, die stark vom Tourismus abhängen oder von Rohstoffexporten, wie Nigeria oder auch Russland. Sie kommen durch die deutlich gesunkenen Rohstoffpreise unter Druck. Der Internationale Währungsfonds (IWF) als Rettungsanker wurde bereits von mehr als 100 Ländern um Unterstützung gebeten – auch das sind schon weit mehr als in der Finanzkrise vor zehn Jahren. Dabei können die Hilfen durch Weltbank, IWF und KfW kaum mehr als ein Trostpflaster sein. Die Gefahr, dass die Schwellenländer-Krise sich auch auf die Weltwirtschaft auswirkt, ist groß.

Kettenreaktionen? Durchaus wahrscheinlich!

Eine große Kettenreaktion könnte auch Italien auslösen. Ein finanzieller Zusammenbruch des Landes ist ein leider wahrscheinliches Szenario. Um die Finanzen der Italiener stand es sowieso schon schlecht, und durch die Coronakrise hat sich das noch verschlimmert. Der inländische Konsum sank auf den Nullpunkt. Und die für Italien so wichtigen Touristen fehlen. Eine Pleite Italiens würde andere Länder mitziehen. Der Finanzmarkt bildete das steigende Risiko ab, Italien musste zeitweise mehr Geld für Kredite zahlen. Risikoaufschlag nennt man das – ein Aufschlag für die gestiegene Ausfallgefahr. Nur die Stützungskäufe der EZB verhindern wohl Schlimmeres.

In Griechenland und Spanien waren die Entwicklungen ähnlich. Auch dort ist der Tourismus eine wichtige Einnahmequelle, von ihm hängen viele Tausend Arbeitsplätze ab. Fällt die Urlaubssaison aus, bricht die Lebensgrundlage der Länder in sich zusammen. In Griechenland ist der Anteil des Tourismus besonders hoch: 30 Prozent der Wirtschaft sind davon abhängig. Zwei Drittel der Hotels sind von der Pleite bedroht. Wenn Europa keinen Weg findet, die Länder vor dem Bankrott zu retten, ist die Eurokrise ganz schnell wieder da. Man könnte auch sagen: Sie war nie weg. Die Folgen des Sparkurses, den die EU damals Italien diktierte, zeigen sich ganz deutlich im kollabierenden italienischen Gesundheitssystem.

Ein nicht zu unterschätzendes Risiko für eine Kettenreaktion ist der Finanzsektor. Dafür reicht schon eine ganz normale Rezession. Denn wenn für Bankkunden die Geschäfte schleppender verlaufen, verdienen auch Banken, Sparkassen und Volksbanken schlechter. Eine Rezession drückt die Einnahmen. Weil alles, was der Bank Geld einbringt, brachliegt: Börsengänge, Anleiheemissionen, Fusionen, Börsengeschäfte der Großkunden wie auch das Kredit- und Einlagengeschäft der kleinen Kunden. Für europäische Banken lief es schon vor Corona miserabel, wegen des ultraniedrigen Zinsniveaus. Eine Pleitewelle bei Unternehmen und Privatpersonen könnte der entscheidende Dominostein sein, der den Untergang anstößt. Vorsorglich erhöhen die Banken bereits ihre Risikovorsorge, legen also Geld für drohende Kreditausfälle zur Seite – was zulasten der Gewinne geht. Sollten die Kredite dann tatsächlich reihenweise ausfallen, spräche man bald wieder wie zu Lehman-Zeiten von der Gefahr einer finanziellen Kernschmelze.

Die lange Zeit des billigen Geldes hat viele Zombiefirmen geschaffen, die sich nur dank günstiger Kredite über Wasser halten konnten und die in einer längeren Krise umfallen würden. Manche von ihnen haben sich über die Börse finanziert – über Anleihen. Man nennt diese Papiere *Junk Bonds*, Müllanleihen, weil sie ein hohes Risiko bergen und schnell wertlos sein können. Wie Müll eben. Weil der Anlagemarkt kaum noch Zinsen geboten hatte, waren *Junk Bonds* bei vielen Investoren beliebt. Bis zur Coronakrise. Seither flüchteten Anleger in Scharen aus diesen Anleihen. Wieder ein Beginn für eine dieser Kettenreaktionen: Weil kaum jemand diesen Unternehmen noch Geld leihen will, droht eine neue Kreditklemme – so wie nach der Lehman-Pleite. Der Internationale Währungsfonds (IWF) warnte im April davor. Die Coronakrise zeige die Schwachstellen an den Märkten auf, hieß es in dem Bericht zur Stabilität des Finanzsystems. Unterstützung sei notwendig, sonst werde das kollabierende Finanzsystem zum Brandbeschleuniger. Die Banken versichern zwar, sie seien gewappnet. Doch vor allem in Griechenland, Zypern, Portugal und Italien haben die Banken überdurchschnittlich viele faule Kredite in ihren Büchern. Daher diskutieren EZB und EU-Kommission wohl auch über eine europäische *Bad Bank* – in die Banken ihre faulen Kredite auslagern können. Sie hätten dann eine unbelastete Bilanz und könnten ihrer ureigensten Aufgabe nachkommen, Unternehmen mit Krediten zu versorgen, um die Wirtschaft wieder aufzubauen.

Dem IWF zufolge besteht die Gefahr durchaus, dass die Institute die Kreditversorgung der Wirtschaft zurückfahren – was die konjunkturelle Talfahrt noch verstärken könnte. Ein weiteres Risiko schlummert in den Banken. Sie besitzen zu viele Staatsanleihen ihrer Heimatländer, wie das Deutsche Institut für Wirtschaftsforschung (DIW Berlin) in einer Studie zeigt. Darunter leide die Stabilität des Finanzsystems. Das sei auch eine Lehre aus der Finanz- und Staatsschuldenkrise im Euroraum gewesen. Doch es sei noch immer nicht gelungen, die ungünstige Verbindung von Banken und Staaten zu reduzieren. »Je stärker Staat und inländische Banken verquickt sind, desto geringer ist die Widerstandsfähigkeit des einen in der Krise des anderen«, erklärt DIW-Ökonomin Dorothea Schäfer. Das kann einen gefährlichen Teufelskreis in Gang setzen. Legt man den Anteil der deutschen Wirtschaftsleistung an der EU-Wirtschaft zugrunde, hätten deutsche Banken fast drei Mal mehr deutsche Staatsanleihen in ihren Büchern. In anderen EU-Ländern ist es noch weit schlimmer. Gerade in kleineren Staaten wie Bulgarien, Slowenien und Zypern halten die Banken mehrere hundert Mal so viele Staatsanleihen ihres Landes, wie gut für sie ist.

Die EZB stärkt die Banken in der Coronakrise vorsorglich, sie akzeptiert nun sogar Ramschanleihen als Sicherheit für Kreditgeschäfte. Das stützt zum Beispiel griechische Banken, die extrem viele inländische Staatsanleihen halten, und hilft ihnen, leichter an Kredite der Notenbank zu kommen.

Die EZB sieht die Situation der Banken im Euroraum durchaus kritisch. Sie rät den Geldinstituten, genauso wie die

Europäische Bankenaufsicht Eba und die deutsche Finanzaufsicht BaFin, vorerst keine Dividenden an ihre Aktionäre zu zahlen. Alle drei mahnen zur Zurückhaltung bei Aktienrückkäufen wie auch bei Boni-Zahlungen an Führungskräfte und Mitarbeiter. Bei den Banken herrscht diesbezüglich Einsicht. Der Hauptgeschäftsführer des Bankenverbandes, Christian Ossig, sagte, auch zum Schutz der Kunden müssten die Institute »verantwortungsvoll mit ihren Kapitalreserven umgehen«. Geld zusammenhalten ist die Devise.

Geld ausgeben dagegen die Devise der Regierungen und Notenbanken. 8,7 Billionen Dollar – umgerechnet rund acht Billionen Euro – haben die Regierungen rund um den Globus bislang an Hilfen mobilisiert. Dazu kommen noch die Billionen der Notenbanken. Das schürt die Angst vor Inflation – Preissteigerungen sind nämlich auch eine mögliche Kettenreaktion.

Nach der Lehman-Pleite blieb sie aus, obwohl die EZB und andere Notenbanken damals auch massiv Geld ins Finanzsystem gepumpt hatten, um es zu stabilisieren. Diesmal könnte aus der Angst Wirklichkeit werden, befürchtet der Harvard-Ökonom Kenneth Rogoff. Was diesmal anders ist? Der große Angebotscrash, durch die vielen unterbrochenen Lieferketten. Das gab es zuletzt in der Ölkrise in den 1970ern. Ein Versorgungsengpass, der sich in Schlangen an den Tankstellen zeigte, und der die Preise insgesamt nach oben trieb. Auch in der Coronakrise kann es solche Engpässe geben. Bei elektronischen Geräten zum Beispiel war das bereits zu beobachten. Apple etwa erhöhte die Preise. Auch bei Nahrungsmitteln gab es deutliche Preissteigerungen, was durch Hamsterkäufe noch verstärkt wurde. Sollten sich Staaten weiter abschotten, sei es infolge der Corona-Pandemie oder durch die wachsenden

Handelsstreitigkeiten, könnte das die Preise weiter hochtreiben, warnt Rogoff. Sollte, könnte – viele Konjunktive.

Andere Wirtschaftsexperten wiegeln denn auch ab. Der ehemalige Wirtschaftsweise Peter Bofinger, Professor für Volkswirtschaftslehre an der Uni Würzburg, hält die Gefahr einer Deflation für wahrscheinlicher. Weil die Verbraucher ihren Konsum massiv einschränken – und das erzeuge eher sinkende Preise. Auch ifo-Präsident Clemens Fuest sieht – derzeit – keine Inflationsgefahr. »Inflationsgefahren würden nur dann bestehen, wenn die Produktion durch Corona über längere Zeit unterbrochen wird und gleichzeitig staatliche Konjunkturprogramme die Nachfrage stützen.« Das allerdings ist nun nicht mehr im Bereich des Undenkbaren.

Wirtschaft ist zu 50 Prozent Psychologie

Das Fatale beim Abwägen aller Kettenreaktionen ist: Selbst wenn der nächste Dominostein gerade fällt, kann man nicht erkennen, wo er den übernächsten trifft. Viele Lücken in der Kette, aber auch viele Verflechtungen liegen im Verborgenen. Und in der globalisierten Güter- und Finanzwelt ist das Dominosystem extrem weit verzweigt.

Was die Vorhersehbarkeit ebenfalls unmöglich macht, ist der psychologische Faktor. Die Coronakrise verunsichert alle ungemein: zuvorderst die breite Bevölkerung in ihrer Rolle als Verbraucher. Werden sie sich in Verzicht üben oder bald schon wieder konsumieren wie früher? Letzteres ist durchaus denkbar, weil wegen des *Shutdowns* nicht alles erhältlich war, und daher ein gewisser Nachholbedarf besteht. Aber eine nicht gerade kleine Menge von Konsumenten wird das Geld weiter zusammenhalten aus Sorge vor einer ungewissen Zukunft.

Besondere Zeiten bringen besondere Verhaltensweisen hervor. Sie fördern auch Irrationalität. Nicht wenige sind in diesen Tagen bereit, astronomische Preise für Atemmasken, Desinfektionsmittel oder sogar Toilettenpapier zu bezahlen, die bei eBay oder Amazon aufgerufen werden. Psychologie spielt aber auch bei den Entscheidern in Politik und Wirtschaft eine Rolle. Unternehmen werden ihre Lieferketten prüfen und gegebenenfalls neu aufstellen, um dem gestiegenen Sicherheitsbedürfnis Rechnung zu tragen. Politiker können bei der Diskussion um Corona-Bonds – sie sind nichts anderes als die schon in der Eurokrise abgelehnten Euro-Anleihen – ihre alten Emotionen aus der früheren Eurokrise nicht komplett außen vor lassen. An den Finanzmärkten ist es nicht anders. Auch sie sind anfällig für Emotionen wie Angst oder gar Panik. Gerade wenn sehr unterschiedliche Einschätzungen zur weiteren Entwicklung kursieren, kippt die Stimmung leicht in die eine oder andere Richtung. Der Herdentrieb ist dann so stark, dass er große Kursbewegungen auslösen kann. Als die Coronakrise nach Europa schwappte, rauschten die Aktienkurse denn auch – angstgetrieben – in atemberaubender Geschwindigkeit nach unten. Wenn wir persönlich betroffen sind, wird der Börsenhandel emotionaler. Computergestützte Handelsstrategien beschleunigten diesen Ausverkauf, und auf dem Weg nach unten verstärkten automatisierte Verkaufsaufträge, sogenannte *Stop Loss Orders*, bei Erreichen bestimmter Kursniveaus den Abwärtstrend.

Psychologie spielt eigentlich überall eine sehr große Rolle, auch und gerade im Wirtschaftsleben. Schon der frühere Bundeskanzler Ludwig Erhard, der Vater der sozialen Marktwirtschaft und des deutschen Wirtschaftswunders, wusste: »Wirtschaft ist zu 50 Prozent Psychologie.«

Die Politik kann und wird das in Zeiten sinkender Zuversicht berücksichtigen. So zielen viele der in der Coronakrise aufgelegten Hilfspakete nicht nur darauf, mit Zuschüssen und Krediten unmittelbar drohende Zahlungsnöte zu lindern. Sie sollen auch dafür sorgen, die Stimmung aufzuhellen. Antidepressiva in Form von Geld. Und zwar reichlich und für viele. Stimmungsaufheller, die vermitteln: Wir schaffen das. An der Börse haben sie bereits zu einer Kurserholung beigetragen.

Jetzt müssen zunächst die akuten Rettungsmaßnahmen greifen. Aber dann sollten wir uns alle die Frage stellen, was wir tun können, damit sich ein solches Krisenszenario wie bei Corona nicht wiederholt. Wir müssen einen Notfallplan entwickeln. Natürlich, damit wir im Falle einer neuen Pandemie besser gewappnet sind. Aber auch, um das Selbstbewusstsein und das Sicherheitsgefühl zu stärken.

Vor allem brauchen wir aber einen Strategieplan, wie unsere Wirtschaft nachhaltig gesunden kann. Die Coronakrise hat uns die Verletzlichkeit unserer Wirtschaft aufgezeigt. Ein »Weiter so« kann es daher nicht geben, es wäre auch der verunsicherten Bevölkerung nicht vermittelbar. Die Frage, die sich nach der Coronakrise noch eindringlicher stellt, ist: In welcher Welt wollen wir eigentlich leben? Müssen wir vielleicht auf den *Reset*-Knopf drücken, um unsere Wirtschaftsordnung neu aufzustellen?

Geld – Macht – Öl: Wir sind krank!

Die Diagnose ist erschütternd: Der Erreger SARS-CoV-2 hat unsere Wirtschaft niedergestreckt. Sie ist so ernstlich erkrankt, dass sie in eine Jahrhundert-Rezession fallen kann, wenn wir nicht aufpassen. Vielleicht sogar, wenn wir aufpassen. Die Erkrankung ist so ernst, dass sie nur mit den geeinten fiskalischen und geldpolitischen Kräften, mit Billionenschweren Infusionen von Regierungen und Notenbanken, wieder gesunden kann. Um die zu erwartenden Risiken und Nebenwirkungen sowie die Chancen auf Gesundung einzuschätzen, bedarf es einer Anamnese des Patienten Wirtschaft. Leidet er an Vorerkrankungen? In welcher Konstitution befindet sich die Weltkonjunktur bzw. befand sie sich, bevor der Coronavirus sie befiel? Die Antworten dienen der Ursachenforschung, sie helfen zu verstehen, warum diese Pandemie eine solch erdrückende Wirkung auf die Wirtschaft haben konnte. Dass Regierungen nicht auf die Wucht dieser Infektionswelle vorbereitet waren, dass sie ihre verheerende Wirkung völlig fehleinschätzten und bei der Wahl der geeigneten Schutzstrategie schlicht überfordert waren, ist nur ein Teil der Wahrheit. Eine Rolle spielte auch, dass die Wirtschaft schon krank war. Dass andere Wirtschaftsviren ihr bereits aufs Heftigste zugesetzt hatten. Und diese Viren heißen Geld, Macht und Öl.

Diesen Befund darf man natürlich infrage stellen. Schließlich haben wir oft genug von dem nach der Finanzkrise einsetzenden zehnjährigen Wirtschaftsaufschwung gelesen, der einherging mit einem ebenso langen Börsenboom. Das gilt zwar eher für die USA, Europa wurde vorübergehend durch Euro- und Staatsschuldenkrise aus der Bahn geworfen. Doch auch in Deutschland ging es, wenn nicht schnurgerade, so doch aufwärts. Zumindest bewegte sich das Leben der Menschen weitgehend in gewohnten Bahnen und es lief eigentlich alles ganz gut. Bis ein US-Präsident Trump die Weltbühne betrat und Sand ins politische und wirtschaftliche Weltgetriebe streute, sodass es aufgrund der Handelskriege schließlich auch bei uns, im deutschen Wirtschaftskreislauf, zu knirschen begann und wir 2019 einen Schwächeanfall erlitten.

Neben dieser akuten Vorerkrankung müssen wir in den Patientenbogen auch noch zahlreiche chronische Krankheiten aufnehmen. Und viele Krisen und Schock-Ereignisse, die uns oder die Weltwirtschaft wenigstens vorübergehend geschwächt haben.

Die Terroranschläge vom 11. September 2001 gehören dazu. 3000 Menschen verloren ihr Leben, als die entführten Flugzeuge in die Türme des World Trade Centers in New York rasten. Sie trafen mitten ins Herz des Kapitalismus, wirkten wie Gift, das sich langsam ausbreitete; ein Gift namens Verunsicherung. Die Börse wurde für fast eine Woche geschlossen, danach brachen die Kurse ein. Zur Verteidigung der US-Wirtschaft gegen den Terror und gegen die Angst vor weiteren Crashs an der *Wall Street* pumpte die amerikanische Notenbank Geld in den Markt und senkte die Zinsen. Die Wirkung des Gifts konnte so an den Finanzmärkten neutralisiert werden. Bis zum nächsten großen

Schockmoment: 15. September 2008. Der Tag, an dem Lehman Brothers pleiteging.

Der Konkurs der Investmentbank kam zwar nicht völlig aus dem Nichts. Schon seit 2006/2007 kriselte es heftig auf dem amerikanischen Immobilienmarkt. Die Akteure am Finanzmarkt wussten auch, dass Lehman durch die Immobilienkrise angeschlagen war. In den ersten Septembertagen 2008 waren Milliardenabschreibungen und -verluste bekannt geworden. Es war klar, dass die Bank am Abgrund stand und nur milliardenschwere Kapitalerhöhungen und Staatshilfen sie würden retten können. Aber die Finanzwelt war nicht darauf vorbereitet, dass die US-Regierung die bedeutende Investmentbank fallen lassen würde. Sie hatte erwartet, dass der Staat sie auffangen würde wie viele andere Geldhäuser zuvor. Die Investmentbank Bear Stearns war mit einem Notkredit gerettet, die großen US-Immobilienfinanzierer Fannie Mae und Freddie Mac waren verstaatlicht worden. Man war sich sicher: Lehman würde die vierte große Rettungsaktion werden. Bis zuletzt bestand diese Gewissheit. Doch sie wurde zerstört.

Dabei gab es im Vorfeld durchaus Warnungen, selbst von hoch qualifizierten Experten: von Wirtschafts-Nobelpreisträger Robert J. Shiller zum Beispiel, von dem ehemaligen IWF-Chefökonom und Harvard-Professor Kenneth Rogoff oder auch von Nouriel Roubini, Ökonom von der New York University.

Selbst der ehemalige Chef der amerikanischen Zentralbank Alan Greenspan – der als Antwort auf die Anschläge des 11. September eine Politik des billigen Gelds betrieb und damit den Grundstein für die Verwerfungen am Immobilienmarkt legte – warnte vor einer bevorstehenden Bankenpleite.

Doch hören wollte diese Stimmen niemand. Sie wurden ignoriert, belächelt oder gar als Dauer-Pessimisten und Crash-Propheten verunglimpft. Deshalb hat die Lehman-Pleite die Finanzakteure genauso kalt erwischt wie der Coronavirus. Für unerwartete Ereignisse hat sich in der Wirtschaftswelt die Bezeichnung »Schwarzer Schwan« etabliert. So nannte der Börsenhändler Nassim Nicholas Taleb in einem Buch, das zum Bestseller wurde, höchst unwahrscheinliche Ereignisse, die bis zu ihrem erstmaligen Auftreten als nicht real gelten. Schwarze Schwäne existieren zwar, und sogar häufiger, als wir denken, hauptsächlich in Australien und Neuseeland. Wer aber noch nie einen schwarzen Schwan gesehen hat, glaubt nicht an dessen Existenz. Sein Auftreten ist bis dahin undenkbar, weil es jenseits des menschlichen Fassungsvermögens liegt. Umso heftiger ist ein solches Ereignis für die Finanzmärkte. Hätten die Verantwortlichen damals gewusst, dass sie mit dem Fallenlassen von Lehman die Finanzwelt kollabieren lassen und die Weltwirtschaft an die Wand fahren, hätten sie eine Bank dieser Größe sicher um jeden Preis gerettet. Doch eine solch katastrophale Kettenreaktion hielten sie für undenkbar, obwohl auch mehrfach vor der Ansteckungsgefahr gewarnt worden war, die über Fehlspekulationen am amerikanischen Immobilienmarkt, reihenweise ausfallende Hypothekenkredite und einen austrocknenden Kreditmarkt den Weg in die Realwirtschaft finden könnte, Rezession und Pleitefälle inklusive.

Ebenso überrascht und geschockt waren die Menschen von der Wucht des Coronavirus. Nicht nur im medizinischen Sinne. Auch die wirtschaftliche Kettenreaktion in dieser Breite und Stärke kam unterwartet. Covid-19 ist der Schwarze Schwan des Jahres 2020. Es gab einfach keine Erfahrungswerte, keinen Beleg für von einem Virus ausgehende Schockwellen für die gesamte Weltwirtschaft. SARS, Schweinegrippe, Ebola – diese vorherigen Epidemien waren auf ferne Länder begrenzt geblieben. Sicher, man hatte erschütternde Bilder im Fernsehen und in Magazinen gesehen, kannte also die fatalen Wirkungen und Leiden vor Ort. Doch es blieb für uns Menschen aus den Industrienationen auf die anderen beschränkt. Wir konnten es ausblenden. Ebenso blieben die wirtschaftlichen Auswirkungen in der allgemeinen Wahrnehmung auf die betroffenen Regionen begrenzt.

Mit dem Coronavirus war das erstmals anders. Selbst viele Fachleute, Virologen wie Wirtschaftsexperten, waren anfangs überrascht. Erst als die unmittelbare medizinische Bedrohung in Italien zutage trat, wurde der Virus zu etwas Realem für die europäische Bevölkerung. Erst da wurde auch das wirtschaftliche Katastrophenpotenzial den Finanzexperten und der breiten Bevölkerung bewusst. Das Undenkbare war bei uns aufgetreten. Der Schwarze Schwan namens Pandemie landete in unseren Breiten.

Vertrauen ist die beste Medizin

Wie ein Virus machen auch Krisen im international vernetzten Finanzsystem vor Ländergrenzen nicht halt. So war es auch in der Finanzkrise. Schon 2007 waren erste Schockwellen durch hochspekulative Hypothekenpapiere von den USA nach Deutschland geschwappt und hatten Landesbanken in Schieflage gebracht. Die IKB Deutsche Industriebank wurde zum Pleitekandidaten. Die Bundesregierung gab Milliarden für die Rettung aus, um Kettenreaktionen und Vertrauensverlust zu verhindern. Das mühsam gekittete Vertrauen wurde durch den Zusammenbruch von Lehman jäh wieder zunichtegemacht. Der Vertrauensverlust war ansteckend wie ein Virus, und er breitete sich rasend schnell aus. Jede Bank misstraute der anderen, keine lieh der anderen mehr Geld. Der Kreditmarkt war ausgeblutet, die Befürchtung groß, der Geschäftspartner könne vielleicht als Nächstes vor dem Konkursrichter stehen. Eine gefährliche Situation. Denn ohne Bankkredite läuft nichts. Die Banken sind das Herz des Wirtschaftskreislaufs. Sie pumpen das Blut – also das Geld – in die Wirtschaft. Pumpen sie nicht mehr, kommt es zum Stillstand.

Unser gesamtes Finanzsystem stand damals am Rande eines Totalzusammenbruchs. Eine Kernschmelze des globalen Finanzsystems drohte, so die plakative Umschreibung damals, mit nicht vorhersehbaren Folgen für Sparer, Unternehmen und Staaten. Das Finanzsystem beinah klinisch tot. Nur die staatlichen Notenbanken konnten es mit Infusionen reanimieren. Sie stützten es mit Liquiditätshilfen und Zinssenkungen, um den Geldfluss im Finanzsystem wieder in Gang zu bringen. Geholfen hat es zunächst nichts. Die Banken horteten das Geld weiter. Sie wurden immer zögerlicher, Kredite an Unternehmen zu geben. Die großen Notenbanken der Welt mussten sich mehrmals zu konzertierten Aktionen zusammenschließen. Dabei hatte die Weltwirtschaft damals nach einer Phase des kräftigen Aufschwungs ohnehin schon mit der zyklischen Abschwächung zu kämpfen.

Besonders gefährlich war die Lage, weil die breite Bevölkerung das Vertrauen in die Banken verlor. Auch in Deutschland. Als die deutsche Hypo Real Estate infolge der Lehman-Insolvenz und des zusammenbrechenden Interbankenhandels im September 2008 in Schieflage geriet, stand ein *Bank Run* unmittelbar bevor. Viele Menschen hoben große Summen von ihren Konten ab, 100- und 200-Euro-Scheine wurden bereits knapp. Ein *Bank Run* kann einen katastrophalen Teufelskreis in Gang setzen. Wenn zu viele Menschen gleichzeitig all ihr Geld abheben wollen, können Banken dem nicht mehr nachkommen. Und das wiederum würde das Vertrauen der Menschen in das gesamte Finanzsystem ruinieren. Kanzlerin Angela Merkel (CDU) und Finanzminister Peer Steinbrück (SPD) sahen sich daher genötigt, vor die Presse zu treten. »Wir sagen den Sparerinnen und Sparern, dass ihre Einlagen sicher sind«, versprach Merkel am 5. Oktober 2008, einem Sonntag. Ein Akt der Verzweiflung vor der Öffnung der Bankschalter am Montagmorgen. Wie wir heute wissen, gab es die von Merkel zugesagte Sicherheit keineswegs. Doch die Worte wirkten. Der *Bank Run* wurde abgewendet. Dessen ungeachtet wurden weitere Vertrauensbeweise und Hilfsaktionen nötig. Die Bundesregierung schnürte das bis dahin größte Hilfspaket der bundesdeutschen Geschichte: 480 Milliarden Euro stellte sie für den deutschen Bankenrettungsfonds SoFFin zur Verfügung – so viel wie die Steuereinnahmen eines Jahres. Hauptsächlich in Form von Garantien. Auch dies war vor allem ein Signal: Ihr könnt euch untereinander vertrauen – im Pleitefall springt die Regierung ein und bürgt. Und sie sprang ein: bei der Commerzbank, der Hypo Real Estate, der WestLB, der Aareal Bank.

Die Bundesregierung schnürte außerdem zwei Konjunkturpakete. Ende 2008 und Anfang 2009 verabreichte sie wirtschaftsstärkende Infusionen in Milliardenhöhe in Form von Kurzarbeitergeld und Steuersenkungen, um Konsum und Investitionen anzuregen. Dazu kam die Abwrackprämie beim Kauf eines neuen Pkw, um den dramatischen Konjunktureinbruch der Automobilwirtschaft abzufedern.

Weltweit gab es Infusionen von Regierungen und Notenbanken sowie Zusicherungen, notfalls zu helfen – all diese Maßnahmen waren lebensrettend. Sie verhinderten eine Kernschmelze des internationalen Finanzsystems.

Doch trotz der gigantischen Hilfen gerieten Deutschland und die Welt 2009 in eine schwere Rezession. Die fallenden Dominosteine waren nicht aufzuhalten. In der globalisierten Welt schlug die Krise im Rekordtempo von der Finanzwelt auf die Realwirtschaft durch. Wegen der unsicheren Zukunft stellten Unternehmen Investitionen zurück und stornierten Aufträge. Die bereits ins Wanken geratene Weltwirtschaft kam vollends aus der Balance. Viele Industriestaaten schlitterten in eine tiefe Rezession. Es wurden selbst solche Staaten erfasst, die augenscheinlich zunächst nicht von der Krise betroffen waren, wie beispielsweise Japan.

Das deutsche Bruttoinlandsprodukt brach um fünf Prozent ein. So einen Abschwung hatte Deutschland seit dem Zweiten Weltkrieg nicht mehr erlebt. Er war fünfmal heftiger als 1975 im Zuge der Ölkrise. In dieser Stärke hat selbst der Sachverständigenrat der Bundesregierung ihn nicht erwartet, er war in seinem Jahresgutachten 2008/2009 sogar noch davon ausgegangen, dass schlimmstenfalls eine Stagnation ins Haus stünde.

Fortlaufende Reanimation und Zwangsbeatmung von Notenbanken und Regierungen weltweit hatten die fallenden Dominosteine nicht aufhalten können. Doch immerhin zeigten die Hilfen schnell Wirkung. Schon im Folgejahr 2010 gewann die Wirtschaft wieder an Fahrt und erreichte sogar ihre alte Stärke zurück.

SEITENBLICK

Konjunktur – das Auf und Ab der Wirtschaft

Wenn etwas »Konjunktur« hat, dann meint man im Alltag damit: Es läuft gut. In der Wirtschaft wird damit ganz neutral die wirtschaftliche Lage bezeichnet, egal ob gut oder schlecht. Konjunktur meint alle Aktivitäten in der Wirtschaftswelt, alle Schwankungen. Ein Konjunkturzyklus bezeichnet eine Auf- und Abwärtswelle. Er teilt sich in vier Phasen auf: Auf den Aufschwung (»Expansion«) folgt die Hochkonjunktur (»Boom«). Dann geht es in die Abschwungphase (»Rezession«), die in der Tiefphase (»Depression«) mündet. Gemessen wird die Stärke der Konjunktur am Bruttoinlandsprodukt, der Wirtschaftsleistung, die den Wert aller in einem Land erzeugten Güter und Dienstleistungen angibt.

Wie in der Finanzkrise zur Verhinderung des *Bank Run* gab es auch in der Coronakrise vertrauensbildende Worte. Bundeskanzlerin Angela Merkel versicherte, die Regierung sei gewillt, »alles zu tun, was notwendig ist, alles zu tun, was Deutschland braucht, damit wir durch diese Krise möglichst gut hindurchkommen.« Es war ein staatliches »*Whatever it takes*« inmitten der viralen Verunsicherung – ein Versprechen, das zu Zeiten der Eurokrise der damalige Chef der Europäischen Zentralbank Mario Draghi zu geflügelten Worten machte, mit denen er die Rettung des Euro um jeden Preis versprach.

Worte mit Signalwirkung, die das Vertrauen in die Stabilität der Euroländer wiederherstellten, Spekulanten vertrieben, die auf ein Auseinanderbrechen des Euroverbunds gesetzt hatten und auf eine Pleite von Griechenland, Italien und Spanien.

Die Worte der Bundesregierung in der Coronakrise gaben ein ebenso beeindruckendes Signal staatlicher Handlungsbereitschaft. Sie waren die genau richtige Akut-Medizin. Das Charmante an derartigen verbalen Hilfsversprechen: Sie sind gratis, wirken jedoch schnell, weil sie die Sorgen der Menschen lindern. Aber natürlich musste dieser kostenlosen Medizin auch Geld folgen. 1,2 Billionen Euro waren es konkret – wobei man hinzufügen muss, dass nur 15 Prozent dieser Summe für direkte Auszahlungen gedacht sind. Der größte Teil des Geldes wird lediglich als Garantie oder Bürgschaft vorgehalten. Euros in die Hand nehmen muss der Staat erst dann, wenn ein Kredit ausfällt – ein Unternehmen, für das er bürgt, also insolvent wird. Entscheidend aber ist die Signalwirkung, die sowohl von der gigantischen Summe des Rettungspakets als auch von Merkels Worten ausgeht: Es gibt keine Begrenzung für Hilfskredite. Die Bundesregierung wird aus allen Rohren Geld feuern. Oder wie es Finanzminister Olaf Scholz so gerne martialisch umschreibt: Sie zückt die »Bazooka« gegen den Coronavirus, zur Rettung der Wirtschaft.

Der Geldvirus

Führende Ökonomen sehen viele Parallelen zwischen Coronakrise und Lehman, rechnen mit ähnlich unabsehbaren Folgen und Kettenreaktionen. Eine erschreckende Vorstellung, wenn man die Finanzkrise Revue passieren lässt und sich noch einmal vor Augen führt, wie sehr Sorgen, Zweifel und Misstrauen der Wirtschaft zugesetzt haben.

Doch können in der Rückschau auch hilfreiche Lehren aus der Finanzkrise gezogen werden für die Bewältigung der Coronakrise. Eine ist, dass im Krisenfall Schnelligkeit oberstes Gebot ist. Dass promptes, beherztes und koordiniertes Eingreifen von Notenbanken und Regierungen über Wohl und Wehe entscheidet. Ernste Krankheiten müssen rechtzeitig entdeckt und therapiert werden, sonst geht wertvolle Zeit verloren. Eine zweite Lehre ist, dass homöopathische Dosen als Medizin nicht ausreichen. Die Akuthilfen müssen schon entsprechend groß dimensioniert sein. Geld darf in diesen kritischen Momenten keine Rolle spielen, knauserige Budgetdiskussionen sind fehl am Platz. Notenbanken und Regierungen müssen bereit sein, über ihre Schmerzgrenzen hinaus zu gehen und selbst unorthodoxe Mittel zu wählen. Politische Grabenkämpfe zwischen Parteien oder der Austausch ideologischer Feindseligkeiten behindern den Rettungseinsatz, das gilt zumindest für die drängenden lebenserhaltenden Maßnahmen der Coronazeit. Bei der dann folgenden Wahl der Mittel für den Wiederaufbau, bei einer Art *Reset* für die Wirtschaft, bedarf es sehr wohl vieler Diskussionen, auf dass der richtige Weg beschritten wird. Doch angesichts der Schwere der Krise gilt auch hier: keine Homöopathie, sondern starke Medizin.

Zu den Lehren aus der Finanzkrise gehört auch die Einsicht, dass ein Ende der komplexen Kettenreaktionen erst nach Jahren absehbar ist. Die Immobilien- und Finanzkrise war nicht nur Wegbereiter für die folgende Wirtschaftskrise, sie war auch Auslöser der darauf folgenden Eurokrise, die mit einer Staatsschuldenkrise einherging und letztlich für ein Auseinanderdriften der Eurozone sorgte. Wegen der umfassenden Verflechtungen innerhalb unseres Wirtschaftskreislaufs gab es immer wieder Rückansteckungen von Finanzsystem und Realwirtschaft sowie von Banken und Staaten. Wie in einem nicht enden wollenden Teufelskreis, dessen Spätfolgen wir bis heute beobachten können, wirtschaftlich, politisch wie gesellschaftlich. Aus diesen Fehlern gilt es für die Bewältigung der Coronakrise zu lernen. Vor allem, dass Rettung nicht vor Ländergrenzen haltmachen darf, und dass immer wieder die Gefahr einer erneuten Ansteckung besteht, sowohl medizinisch als auch wirtschaftlich.

Angesichts der Billionen-Hilfspakete müssen wir deren Langzeitfolgen im Auge behalten. Denn zu viel Geld im Wirtschaftskreislauf birgt viele Gefahren. Die Gefahr der Abhängigkeit. Die Gefahr der Fehlentwicklungen und Blasenbildung zum Beispiel an Immobilien- und Aktienmärkten.

Zudem müssen wir des Risikos der überbordenden Verschuldung gewahr sein – und einen Plan entwickeln, wie wir die Schulden schultern können. Und nicht zuletzt gilt es, den Ausstieg aus dem Geld-Doping nicht aus den Augen zu verlieren. Denn wie gesagt: Zu viel Geld macht süchtig.

Dabei steckt unserer Wirtschaft dieser Geldvirus bereits in den Knochen. Unser Wirtschaftssystem ist in gewisser Weise also krank – auch darin gleichen sich Corona- und Finanzkrise. Die Lehman-Pleite war der Gipfel von sich über Jahre anbahnenden Verfehlungen, die der US-Notenbank Fed anzulasten sind. Sie hatte die Finanzmärkte vollgepumpt mit Liquidität durch ihre Politik der niedrigen Zinsen. Seit Anfang 2001 schon, verstärkt aber nach dem 11. September, um nach den Anschlägen eine Panik zu verhindern. Das war zu der Zeit auch absolut nachvollziehbar. Jedoch behielt die amerikanische Notenbank ihre Niedrigzinspolitik auch dann noch bei, als es der Wirtschaft in den USA besser ging. Und das ging daneben. Weil ebendiese Geldpolitik viel zu hoch dosiert war. Geld war über Jahre viel zu billig, weshalb viele Amerikaner ihre Chance ergriffen und sich den Traum von den eigenen vier Wänden erfüllten. Auch die, die es sich eigentlich nicht leisten konnten – *Subprime Loans* nannte man diese Kredite, zweitklassige Hypothekendarlehen.

So stieg die Nachfrage nach Häusern immer schneller, und die Immobilienpreise explodierten. Das böse Erwachen kam, als dann doch die Zinsen irgendwann angehoben wurden. Für mehr und mehr Hausbesitzer wurde es schwieriger, ihre Kredite zu bedienen. 2006 platzte die Blase. Viele Kredite wurden »faul«, und das Unheil nahm seinen Lauf.

Denn es war reichlich Geld geflossen in spekulative Finanzgeschäfte rund um diese Kredite. Viele Hypothekenfinanzierer und Banken hatten die Kredite weiterverkauft, an Großinvestoren wie zum Beispiel Hedgefonds. Diese wiederum stückelten die Darlehen und bündelten sie zu lukrativen Finanzkonstrukten. Lukrativ deshalb, weil die *Subprime*-Kredite bessere Renditen abwarfen als erstklassige Kredite.

Banker wurden immer gieriger auf diese Produkte, und zwar die *Wall-Street*-Banker genauso wie die der deutschen Institute wie IKB oder Landesbanken. Als der Immobilienmarkt in den USA zusammenbrach, traf es daher auch viele Geldinstitute im Ausland.

Die lange Zeit des billigen Geldes war schuld an derartigen Übertreibungen. Zugleich waren Finanzaufsicht und Gesetze zu lax, um dem Treiben an den Finanzmärkten Einhalt zu gebieten.

Die Finanzkrisen und alle Folgekrisen hat die Europäische Zentralbank mit Zinssenkungen und Anleihekäufen bekämpft. Was zur Folge hatte, dass seither auch in unserem Finanzsystem Geld im Überfluss zirkuliert – bis heute. Viel davon ist in Deutschland in Immobilien und Aktien geflossen, zumal Niedrig- und Nullzinsen keine echte Anlagealternative boten. Das hat die Immobilienpreise in die Höhe getrieben. Auch der Aktienboom ist – zumindest zum Teil – darauf zurückzuführen. All das erinnert doch sehr an die beschriebenen Entwicklungen in den USA zu Anfang des Jahrtausends, die zur Subprime-Krise führten.

Die Coronakrise hat die Kurse am Aktienmarkt zurechtgestutzt. Die gleiche Gefahr droht dem Immobilienmarkt. Die Bundesbank hat in den vergangenen Jahren immer wieder vor der Blasenbildung bei Immobilien gewarnt, die sich spontan entladen könnte. Immobilien seien in vielen Städten bis zu 30 Prozent überbewertet. Sollte die Coronakrise länger dauern, viele Menschen mit Verdienstausfällen ihre Miete oder ihre Hypothekenraten nicht mehr zahlen können, bekämen Eigenheimbesitzer ein Problem. Sie könnten in Schieflage geraten. Die Immobilienpreise könnten schlagartig wieder fallen. Das Forschungsinstitut Empirica hat anlässlich dieser Sorgen den Markt untersucht und kam zu dem Schluss, dass die Preise bis Jahresende um 10 bis 25 Prozent einbrechen werden – also ähnlich stark wie die Kurse an den Aktienmärkten.

Es wäre nur noch ein kleiner Schritt, bis Immobilienkredite ausfallen würden und dieses Problem zu einem Bankenproblem würde. Die Parallelen zu den Ursprüngen der Finanzkrise sind offenkundig.

Anders als in der Finanzkrise können Notenbanken in der Coronakrise nicht mehr auf ihr komplettes Instrumentarium der Geldsteuerung zurückgreifen. Denn sie haben einen Großteil ihres Pulvers bereits bei der Bewältigung der Finanzkrise verschossen. Damals halfen sie vor allem durch Zinssenkungen. Das entlastete Unternehmen, wieder auf die Beine zu kommen, ermöglichte ihnen günstige Kredite für nötige Investitionen. Es half auch strauchelnden Staaten, ihre Schuldenlast tragfähig zu machen. Die Zinszahlungen für die Schulden fielen auf ein bezahlbares Niveau. Seither sind die Zinsen in vielen Teilen der Welt auf einem ultraniedrigen Niveau geblieben, teils sind die Leitzinsen sogar bei null. Spielraum nach unten gibt es daher kaum noch. Die amerikanische Notenbank *Federal Reserve* hatte noch Reserven – und sie hat sie ausgeschöpft. In zwei drastischen Schritten senkte sie die Zinsen zu Beginn der Coronakrise auf nahezu null Prozent. Für die EZB gab es diese Option nicht. Sie hatte es nach der Finanzkrise nicht geschafft, das Zinsniveau wieder anzuheben, zu sehr war die europäische Welt aus den Fugen geraten, als dass man einen großen Schritt nach oben wagen wollte. Die Leitzinsen waren daher noch auf null. Spielraum gäbe es für die EZB nur noch beim Einlagenzins, der bereits negativ ist. Doch diese Strafzinsen sind für die Geldinstitute bereits zu einer überbordenden Last geworden. Im ganzen Euroland ächzen die Banken unter dem Joch der Strafzinsen, welche die Zinseinnahmen für die Institute arg dezimiert haben. Daher dürfte es der EZB schwerfallen, an dieser Schraube noch zu drehen. Ein wichtiges geldpolitisches Instrument steht ihr allerdings zur Verfügung: Anleihekäufe, und davon macht sie reichlich Gebrauch. Bis Ende 2020 will sie staatliche und private Anleihen am Kapitalmarkt aufkaufen. Dadurch dürften die Zinsen weiter gedrückt werden, zu denen sich Staaten und Unternehmen verschulden können.

SEITENBLICK
Wie die EZB an der Zinsschraube drehen kann

Die Zinsen sind doch schon ultraniedrig. Wie kann die EZB überhaupt noch an der Zinsschraube drehen? Wie soll sie die Zinsen noch weiter drücken? Der ***Leitzins*** *ist sogar schon am Nullpunkt. Das ist der Zins, zu dem sich Banken von der EZB kurzfristig Geld leihen können. Aktuell eben zum Nulltarif. Wie beim Null-Prozent-Kredit, den Elektronikhändler beim Kauf eines neuen Fernsehers anbieten. Aber tatsächlich: Die EZB könnte den Leitzins dennoch weiter senken: ihn negativ machen – das hieße, sie gäbe den Banken Geld, wenn sie sich bei ihr Geld leihen. Ökonomen halten das für unwahrscheinlich.*
Doch die Notenbank hat noch mehr Instrumente in ihrem Werkzeugkoffer. Zum einen den ***Einlagenzins****. Also der Zins, zu dem Banken bei der EZB Geld parken. Dafür bekamen sie früher mal Geld. Aber inzwischen ist der Zins negativ, deshalb spricht man auch von Strafzins. Sollte die Zentralbank den Strafzins weiter erhöhen, dürften mehr und mehr Banken dazu übergehen, ebenfalls Strafzinsen für ihre Kunden einzuführen – vielleicht sogar für Kleinanleger.*
Das wichtigste Werkzeug der EZB sind in diesen Tagen aber ***Anleihekäufe****. Durch sie erhöht sie die Nachfrage – und damit den Kurs –, was die Renditen am Markt drückt.*

Das Notfallprogramm namens *Pandemic Emergency Purchase Programme* (PEPP) hat einen Umfang von 750 Milliarden Euro. Ein gigantisches Aufkaufprogramm, doch auch dieses war und ist alternativlos. Es hat natürlich seinen Preis. Die durch Geld chronisch krank gewordene Wirtschaft wird im Grunde noch kranker. Das viele Geld wieder abzuschöpfen, wird ein Gewaltakt.

Gigantisch sind auch die Rettungsprogramme der Regierungen. Es zeichnet sich schon jetzt ab: Die Rettung der deutschen Wirtschaft wird eine extrem teure Angelegenheit, teurer als alle Rettungsschirme und -pakete nach der Finanzkrise. Dank niedriger Zinsen und schwarzer Null im Haushalt kann sich die Bundesregierung das immerhin leisten.

Auch damals, zur Bewältigung der Finanzkrise, waren die Konjunkturpakete der Bundesregierung auf Pump finanziert. In der Folge stiegen Deutschlands Schulden auf 80 Prozent der jährlichen Wirtschaftsleistung. Ähnliches wird für die Bewältigung der Coronakrise erwartet. Letztlich zahlen das: wir alle. Eine Zwischenbilanz zehn Jahre nach der Finanzkrise zeigte, dass sie den deutschen Steuerzahler bereits 58 Milliarden Euro gekostet hat, durch Kosten für Garantien, Kredite und Kapitalspritzen. Jede Familie hätte damit über 3000 Euro gezahlt, rechneten die Grünen vor. Und damit seien noch gar nicht alle Hilfen abgeschlossen. Geld, das jeder von uns über die Steuern gezahlt hat – für ein Versagen der Banken und letztlich auch für ein Versagen der Staaten.

Auch für die 1200 Milliarden, die der Bund für die Coronakrise zahlt, werden wir Steuerzahler aufkommen müssen. Nur sind wir alle diesmal – Bürger, Unternehmen und Staat – unverschuldet in diese Krise geraten. Da ist es nur fair, wenn wir alle die Last am Ende teilen. Die Coronakrise ist in dieser Hinsicht gerechter als die Finanzkrise. Auch auf europäischer Ebene wäre eine Teilung der Lasten und ein gemeinsames Handeln nur fair. Diese Krise trifft nämlich auch alle Mitglieder der EU unverschuldet.

Der Pleitevirus

Welche wirtschaftlichen Spätfolgen der Coronavirus noch mit sich bringt, welche vielfältigen Kettenreaktionen denkbar sind, darüber haben wir bereits berichtet. Die Gefahr durch sogenannte Zombiefirmen ist eine der unmittelbarsten. Sie sind Altlasten der Finanzkrise, herangezüchtet durch die jahrelange Niedrigzinspolitik der Notenbanken. Hoch verschuldete Unternehmen, die im Normalfall längst tot wären, hätten sie sich nicht dank niedriger Zinsen gerade so über Wasser halten können. Untote Firmen, deren Geschäft bei höherem Zinsniveau nicht überlebensfähig gewesen wäre. Viele Geldinstitute haben diese Zombies nach der Finanzkrise am Leben erhalten, weil sie selbst zu kämpfen hatten. Lieber verlängerten sie die Kredite, als sie komplett in den Wind schreiben zu müssen.

Air Berlin war so ein Fall. Der Aufstieg der Fluglinie zur zweitgrößten Airline Deutschlands und zum ernst zu nehmenden Konkurrenten der Lufthansa wurde 2008 durch die Wirtschaftskrise gestoppt, der ein jahrelanger Abstiegskampf folgte. 2016 war eigentlich klar, dass die Airline bankrott ist. Sie konnte nicht einmal mehr die Zinsen für ihre Kredite begleichen, das Unternehmen war überschuldet. Doch das galt nicht mehr als Insolvenzgrund seit dem Finanzmarktstabilisierungsgesetz, mit dem in der Finanzmarktkrise rein rechnerisch überschuldete Unternehmen von der Pflicht, Insolvenz anzumelden, befreit wurden, sofern eine Chance auf Gesundung bestand. Daher zog sich der Überlebenskampf noch bis Ende 2017 hin, bis Air Berlin dann doch Insolvenz anmelden musste. Die Pleite war da.

Von solchen Zombiefirmen geht Gefahr aus – und ihre Zahl ist in Deutschland erschreckend hoch, sie war es schon vor Corona. Die Wirtschaftsauskunftsdatei Creditreform stufte Anfang 2019 knapp acht Prozent aller deutschen Unternehmen als »nicht kreditwürdig« ein, das waren rund 295 000 Firmen. Bis heute könnte die Zahl, gerade während der Coronakrise, noch gestiegen sein. Griechenland gilt als regelrecht zombifiziert, dem Wirtschaftsprüfer PricewaterhouseCoopers (PwC) zufolge zählen fast 25 Prozent der griechischen Unternehmen zu den Untoten.

Zombies mag niemand. Sie sind Ballast für unsere Wirtschaft. Sie blockieren die wirtschaftliche Entwicklung eher, anstatt sie vorwärtszubringen. In der Regel sind ihre Geschäfte nicht zukunftsfähig, die Arbeitsproduktivität gering. Sie greifen jedoch Arbeitskräfte und Kredite ab, die sonst gesunden Unternehmen zur Verfügung stünden. Viel gefährlicher ist aber: Sie sind eine tickende Zeitbombe fürs Finanzsystem. Wenn sie wegen veränderter wirtschaftlicher Bedingungen oder steigender Zinsen plötzlich doch an den Abgrund kommen, und das in Massen: Dann können sie eine Pleitewelle auslösen und dadurch Banken in Bedrängnis bringen.

Die umfangreichen Corona-Kredithilfen der Bundesregierung können das noch eine Weile hinauszögern, sie können den Überlebenskampf dieser Firmen verlängern. Doch nachdem sie wochenlang zum geschäftlichen Stillstand gezwungen waren, ihnen die Umsätze wegbrachen, während die Kosten weiterliefen, wird es schwierig für sie, mit Hilfskrediten wieder auf die Beine zu kommen. Bei ohnehin schon schwachen Unternehmen wäre eine Überschuldung und damit die Tragfähigkeit der Kredite schnell erreicht. Die Staatshilfen würden also nur zu einer – staatlich tolerierten – Insolvenzverschleppung führen. Die Pleiten kommen einfach später. Auch jetzt wurde – wie damals bei Air Berlin – die Insolvenzantragspflicht vorübergehend ausgesetzt, bis September. Das Problem wird nur verschoben.

Der Kreditversicherer Euler Hermes warnt bereits vor einer gigantischen Pleitewelle bei Unternehmen, es dürfte eine der größten seit Kriegsende sein. Die Zahl der Insolvenzen dürfte schon in diesem Jahr weltweit um 20 Prozent steigen. In den USA erwartet die Allianz-Tochter sogar 25 Prozent mehr Pleiten, in Europa 19 Prozent und in Deutschland zehn Prozent. Der Ökonom Joseph Schumpeter konnte Pleiten etwas Positives abgewinnen. Wenn schwache Unternehmen aus dem Markt ausscheiden, wächst die Wirtschaft anschließend stärker.

Eine Insolvenzwelle allerdings birgt große Gefahren. Schließlich ist die Finanzkrise 2008 genau dadurch entstanden. Damals waren es Immobilienbesitzer. Heute in der Coronakrise könnten die Zombiefirmen die Dominokette anstoßen und Banken in Bedrängnis bringen.

Die Medizin der Regierungen und Notenbanken sichert dem Finanz- und Wirtschaftssystem nach Krisen das Überleben. Aber eine Medizin in so hohen Dosen, wie wir es in der Finanzkrise und der Coronakrise erleben, taugt nur als Akutmedizin für die Intensivstation und für die Wiederbelebung. Später muss sie abgebaut werden, sonst macht sie chronisch krank und bringt süchtige Abhängige hervor, die allein nicht überlebensfähig sind. Unsere (die deutsche) Wirtschaft ist durch die Hilfen in der Finanzkrise chronisch krank geworden, genauso wie die in vielen anderen Industrieländern. Nicht die besten Voraussetzungen, um die Folgen und Spätfolgen der Coronakrise zu meistern.

Der Machtvirus

Wir waren mal wer. Wir waren Papst. Fußball-Weltmeister. Und Exportweltmeister. *Made in Germany* galt jahrzehntelang als Synonym für Spitzenqualität, deutsche Autos und Maschinen waren der Inbegriff von Wertarbeit. Das deutsche Wirtschaftswunder war wie eine nie endende Erfolgsstory, dem Wachstum schienen keine Grenzen gesetzt. Gesund, kräftig, innovativ – und resilient. Selbst in Schwächephasen, wenn sich einmal eine Sättigung des Marktes abzeichnete, fanden Deutschlands Wirtschaftsakteure immer wieder Innovationen oder neue Wege, um zu gesunden. Vor allem aber neue Märkte. China etwa eröffnete in mehrfacher Hinsicht neue Perspektiven. Erst als verlängerte Werkbank für die Billigproduktion, eine Quelle der Massenfertigung, mit deren Hilfe wir unseren Wohlstand mehren und uns zugleich auf unseren technologischen Fortschritt im Land konzentrieren konnten. Später, mit steigendem Wohlstand der Volksrepublik, entwickelte sich das Land von der Werkbank der Welt zu einem gigantischen neuen Absatzmarkt. Zunächst lockte die schiere Masse an Konsumenten. Mit aktuell 1,4 Milliarden Menschen ist China das bevölkerungsreichste Land der Welt. Verglichen damit ist Deutschland mit 83 Millionen Einwohnern ein Winzling. Und selbst die USA mit ihren 330 Millionen Einwohnern oder Europa mit 450 Millionen reichen an die Konsummacht der Chinesen nicht heran. Die Zukunft unserer auf den Export ausgerichteten deutschen Industrie schien aber auf Ewigkeiten gesichert. Mit dem rasanten Aufstieg der Mittel- und Oberschicht in China vergrößerte sich dieses Potenzial sogar noch. Die Chinesen hatten und haben weiterhin einen solchen Nachholbedarf, dass die Volksrepublik auch gemessen an der Kaufkraft der größte Absatzmarkt der Welt ist. China, das neue Land der unbegrenzten Möglichkeiten – des Konsums.

Ein paradiesischer Markt für Exportunternehmen in allen Teilen der Welt. Vor allem für Deutschlands Exportschlager Nummer eins – die Autos – wurde China in kürzester Zeit zum wichtigsten Verkaufsmarkt, zur Haupteinnahmequelle. BMW und Daimler verkaufen jedes dritte Fahrzeug an einen chinesischen Käufer. Bei VW macht das China-Geschäft sogar 40 Prozent des weltweiten Pkw-Absatzes aus. Mit mehr als 20 Millionen neuen Pkw im Jahr ist China um ein so Vielfaches größer, sechsmal größer als der vom Dieselskandal gebeutelte deutsche Markt mit 3,6 Millionen Autos. Das hat der Autozukunft völlig neue Dimensionen eröffnet.

Und nicht nur ihr. Die Volksrepublik ist inzwischen die beste aller Absatzwelten für die gesamte deutsche Industrie. Die hat gar nicht so sehr den Endverbraucher im Blick, wie die Autoindustrie, sondern vor allem die chinesischen Unternehmen. Die sind ganz heiß auf Maschinen und Anlagen *made in Germany*. Deutschland ist zum Ausstatter der Weltwirtschaft avanciert, beliebt in Schwellen- wie Industrieländern. Zu den größten Exportschlagern gehören neben Autos und Maschinen chemische Erzeugnisse, Datenverarbeitungsgeräte, elektronische oder optische Erzeugnisse. Damit unser Wirtschaftssystem funktioniert, ist es auf beständiges Wachstum angewiesen. Dieses Wachstum hat China bislang gesichert.

Zwar sendete die stark wachsende chinesische Volkswirtschaft zuletzt Schwächezeichen. Doch mit rund sechs Prozent Wachstum pro Jahr war sie aus unserem Blickwinkel betrachtet immer noch jenseits von allem, was wir zu bieten haben. Das ist im Corona-Krisenjahr wohl nicht mehr drin, aber immer noch erwartet der IWF für China ein Wachstum von gut einem Prozent – und 2021 dürfte die chinesische Wirtschaft wegen der Aufholeffekte sogar um mehr als neun Prozent zulegen.

Neben dem Massenmarkt bieten zunehmend die oberen Preissegmente neues Absatzpotenzial. Mit mehr als einer Million Millionäre im Land konnten selbst Luxuskonzerne in der Volksrepublik Fuß fassen. Mit dem sozialen und finanziellen Aufstieg stieg die Lust der Chinesen, ihren persönlichen Erfolg für alle sichtbar zu machen. Mit einem Ferrari, Porsche oder Mercedes ließ sich das besonders gut demonstrieren. Das Auto wurde das Statussymbol Nummer eins.

Eine solche Entwicklung versprechen auch die vielen anderen aufstrebenden Schwellenländer, in denen der Zug der Industrialisierung sich beschleunigen dürfte. Auf ihrem Weg nach oben reifen neue Mittel- und Oberschichten – Wachstumschancen ohne Grenzen also?

Sicher, wir sind immer noch wer. Aber nicht mehr Exportweltmeister. Um den Titel haben wir lange mit dem Rekordhalter USA gerungen. Inzwischen haben wir ihn an China abgeben müssen. Schon 2009 stieg die Volksrepublik auf den Spitzenplatz der weltweit führenden Exportnationen auf. Seither beschleunigte sich der beispiellose Aufstieg zur Wirtschaftsmacht. Sich selbst bezeichnen die Chinesen zwar immer noch als Entwicklungsland. Dahinter steckt einerseits

Kalkül, es liefert Argumente in der Klimadiskussion, weil für ein Entwicklungsland niedrigere Maßstäbe gelten. Andererseits ist der Status auch geldlich vorteilhaft. Denn noch immer fließt finanzielle Unterstützung aus dem Ausland. Es ist auch nicht ganz falsch, China als Schwellen- oder Entwicklungsland zu bezeichnen: Denn in vielen Bereichen befindet sich das Land durchaus noch auf der Schwelle zu einem höheren Industrieland. Es gibt viele unterentwickelte Regionen und rückständige Strukturen. Aber in vielerlei Hinsicht ist das Land im Spitzenfeld angelangt. China ist die zweitgrößte Volkswirtschaft der Welt nach den USA – sogar auf Platz eins, wenn man die Wirtschaftskraft in heimischen Kaufkraftparitäten misst. Beharrlich klettern chinesische Konzerne und Banken in der Liste der weltgrößten Unternehmen nach oben.

Chinas Produkte sind von eminenter internationaler Bedeutung. Das Land ist eine Rohstoffmacht: der weltgrößte Kohleproduzent, der mit Abstand größte Stahlproduzent, der rund die Hälfte des weltweiten Stahls herstellt. Eine Monopolstellung haben die Chinesen bei Seltenen Erden, die für Technologieprodukte wie Smartphones, Laser oder E-Autos benötigt werden. 90 Prozent dieser weltweit verwendeten Metalle stammen aus chinesischer Förderung. Ganz nebenbei ist China noch Weltmeister beim Bauen von Wolkenkratzern, Flughäfen, Schnellbahnen und Autobahnen. Chinas Millionenstädte zeigen eindrücklich: Man hat es geschafft.

Vor allem hat das Land technologisch zur Weltspitze aufgeschlossen. Chinas High-Tech-Unternehmen wie Tencent, Huawei und Alibaba können es mit ihren amerikanischen Pendants Facebook, Apple, Amazon aufnehmen. In vielen Bereichen sind sie sogar besser: Gegen den Tencent-Ableger We-

Chat sieht Facebook mit WhatsApp geradezu entwicklungsbedürftig aus. Mit WeChat können die Chinesen nicht nur chatten oder Bilder verschicken, sondern auch einen Tisch im Restaurant reservieren, ein Fahrrad mieten, Reisen buchen, ihre Einkäufe bezahlen, um nur einen kleinen Ausschnitt zu illustrieren. Chinesische Start-ups verfolgen Geschäftsmodelle, die es in Amerika noch gar nicht gibt. Und sie sind schnell: In der Coronakrise hat Rokid, das *Augmented-Reality*-Produkte für Herstellungsprozesse und das Spielen entwickelt, ein neues Wachstumsfeld entdeckt – intelligente Brillen, die Temperaturen der anderen Menschen unterwegs messen sollen und vor einer Ansteckungsgefahr warnen können. China entwickelt Innovationen am laufenden Band und beliefert damit viele Länder der Welt. Die Volksrepublik ist eine Innovationsschmiede, die mit ihren 1,4 Milliarden Menschen eben über weit mehr kreative Köpfe verfügt als das kleine Deutschland. Chinas Silicon Valley, einst Weltmeister im Kopieren, ist zum Vorreiter der Welt avanciert, mit einer rasanten Entwicklungsgeschwindigkeit. Im Pekinger Stadtteil Zhongguancun konzentriert sich die Technik-Elite. 80 Start-ups werden hier geboren – jeden Tag.

Dem weiteren Aufstieg steht auch finanziell nichts entgegen. Denn in puncto Geld ist China ebenfalls ein Land der Superlative: Der asiatische Riesenstaat hat die größten Devisenreserven der Welt. Das Land leiht Entwicklungsländern mehr Geld als die Weltbank und setzt damit einen Fuß in die Tür der neuen stark wachsenden Absatzmärkte mit ihren teils riesigen Rohstoffvorräten. China bringt sich in Position, zur technologischen Weltmacht aufzusteigen. Luft- und Raumfahrt, Bio- und Medizintechnik, IT, Elektronik, Automatisierung und Robotik, alternative Antriebe für Autos – und das sind nur einige Industrien, in denen die Chinesen zur Aufholjagd angetreten sind. Der Geldfluss in chinesische Technologiefirmen hat sich rapide verbreitert. Inzwischen fließt genauso viel Wagniskapital, das vielversprechende junge, aber auch risikoreiche Unternehmungen finanziert, wie in den USA – und das begünstigt weitere Innovationen. Dem Status Entwicklungsland ist man also längst entsprungen. Das chinesische Wirtschaftswunder hat sich bereits vollzogen, und zwar ungleich schneller als das deutsche.

Natürlich sind auch Zweifel angebracht, ob China diese Macht halten kann. So viele Wirtschaftswunder die Weltgeschichte hervorgebracht hat, so viele Abstiege hat sie schon gesehen. Zum Beispiel Japan, einst Technologieführer, Garant für Innovationen und Qualität bei Computern, Fernsehgeräten, Autos. Die Aufstiegsgeschichte ähnelt der chinesischen, sie begann mit dem Kopieren technologischer Konzepte, bis Japan selbst der große Innovator wurde. In diesem Sinne war Japan das China des 20. Jahrhunderts. Noch heute dient das vom japanischen Konzern Toyota entwickelte Produktionskonzept *Just in time* als Vorbild in aller Welt für effizientes, geld- und ressourcenschonendes Produzieren. Das japanische Wirtschaftswunder schien in den Jahrzehnten nach dem Zweiten Weltkrieg beispiel- und endlos. Doch es endete abrupt mit dem Platzen der Wirtschaftsblase Ende der 1980er-Jahre. Wunder vergehen immer wieder. So fragt man sich, ob auch das chinesische bald schon seinen Zenit erreicht. So diagnostizieren auch hier Experten Blasenbildung, sie befürchten seit Jahren ein Platzen der gigantischen Immobilienblase. Sie warnen vor einem Kollaps des Finanzsystems, sollte das Land unter seiner extremen Schuldenlast zusammenbrechen. China hat sein Wirtschaftswunder nämlich seit 2008 mit immer höheren Schulden finanziert. Kredite, die in immensem Umfang an offiziellen Bankbilanzen vorbei von sogenannten Schattenbanken bereitgestellt wurden. Sie dürften Kredite über 6000 Milliarden Dollar ausgeliehen haben – das entspricht etwa der Hälfte der jährlichen Wirtschaftsleistung, wie die Ratingagentur Standard & Poor's Ende 2018 konstatierte. Schattenbanken sind nicht reguliert und wenig transparent. Das macht es schwer zu bewerten, wie viel Risiko in ihnen steckt. Aber sie sind eng mit den regulierten Banken verbunden, Probleme dort würden also direkt auf das ganze Finanzsystem durchschlagen. Chinas Schulden haben sich zu einem gigantischen Berg aufgetürmt. Staat und Unternehmen standen Ende 2019 mit mehr als 300 Prozent des chinesischen Bruttoinlandsprodukts in der Kreide. In der Coronakrise ging das Schuldenmachen – wenngleich im internationalen Vergleich in kleineren Dimensionen – weiter. Die Lokalregierungen legten zahlreiche kleine und große Hilfsprogramme auf, halfen Unternehmen mit Steuererleichterungen und reduzierten Sozialabgaben. Die Regierung in Peking gestattet ihnen, Sonderanleihen auszugeben. Zudem arbeitet der Staat an neuen fiskalischen Stützen, finanziert über spezielle Staatsanleihen. Der Schuldenberg steigt also weiter. Dazu kommen die enormen Umweltprobleme. Und auch die Korruption ist, trotz groß angelegter Anti-Korruptionskampagne, nach wie vor hoch. Reichlich Probleme also, weshalb Zweifel angebracht sind, ob der chinesische Drache seine Kraft behält. Doch allein die schiere Größe der Volkswirtschaft und ihre Dynamik bleiben eine große Herausforderung für den einstigen Exportweltmeister Deutschland.

China arbeitet seit Jahren daran, seine Wirtschaft widerstandsfähiger aufzustellen. Die Finanzkrise hat dem Land seine eigene Verletzlichkeit durch das Exportgeschäft bewusst gemacht. Ebenso US-Präsident Donald Trump, der mit seinem Zoll-Wettrüsten China und dem Rest der Welt den Kampf ansagte. Deshalb fördert die Regierung in Peking die Binnenkonjunktur, um sich unabhängiger vom Ausland zu machen; mit geringeren Importzöllen, Steuernachlässen oder Subventionen für allerlei Anschaffungen, ob für E-Autos, Computer oder Haushaltsgeräte mit geringem Energieverbrauch. In der Coronakrise wurden sogar Konsumgutscheine verteilt.

Die Volksrepublik hat ihre Hausaufgaben also gemacht. Die Herausforderungen für die anderen Volkswirtschaften werden somit eher zunehmen.

Nun ist gegen eine gesunde Rivalität nichts einzuwenden, im Sport genauso wenig wie in der Wirtschaft. Im Gegenteil: Wettbewerb verjüngt und stärkt. Gerade das Kräftemessen mit Jüngeren hält ab vom Einrosten und sichert den Wohlstand. Monopolistische Strukturen dagegen lähmen. Das hat die Wirtschaftsgeschichte über alle Gesellschaftssysteme hinweg gezeigt, ob in kapitalistischen oder sozialistischen Ländern. Wettbewerbsbeschränkungen, um lästige Konkurrenten von Märkten fernzuhalten, gingen stets zulasten der Verbraucher, weil überhöhte Preise spielend leicht durchzusetzen waren. Und sie bremsten darüber hinaus den technischen Fortschritt, weil keine Notwendigkeit bestand, sich um effiziente Produktion und gute Qualität zu bemühen. Konkurrenz ist also erstrebenswert, so kann auch der Aufstieg Chinas ein Ansporn sein. Allerdings nur bis zu einem gewissen Punkt. Ist der Sportler bereits am Limit, wenn er von der jungen Konkurrenz überholt wird, wird der Druck zur Belastung und kann in einen Kollaps münden. Das gilt ganz besonders, wenn die Wettbewerbsbedingungen verzerrt sind, wenn etwa andere Sportler gedopt sind. Man kann die unfairen Vorteile, mit denen China seine heimischen Unternehmen schützt, durchaus mit Doping im Wirtschaftssystem umschreiben. Wenn zum Beispiel ausländischen Firmen der Marktzutritt verwehrt wurde. Oder ausländische Märkte mit Billigprodukten überschwemmt wurden. Das kann bei anderen leicht zum Exodus führen. So geschehen in der deutschen Solarindustrie, die den Kampf gegen die chinesische Industrie verlor. Bei uns hat so gut wie kein Unternehmen überlebt, Zehntausende Arbeitsplätze gingen verloren.

China hat den Rest der Welt in eine defensive Rolle gedrückt, es diktiert den Takt. Wenn die Volksrepublik schwächelt, schwächeln die anderen Industrienationen mit. So auch jetzt: Der Coronavirus hat der chinesischen Wirtschaft geschadet. Bei uns wirkte er doppelt. Unsere exportorientierten Unternehmen hatten nicht nur den Schaden in China zu ertragen, sondern auch den, den der Virus dem eigenen Land zufügt. Gut denkbar, dass China sich schneller erholt als andere Volkswirtschaften, wird doch den Chinesen ein großes Selbstbewusstsein bescheinigt, das auch aus der guten Bewältigung früherer Krisen rührt. Die globalen Kräfte verschieben sich.

Der Ölvirus

Die Machtverhältnisse in der Weltordnung wurden in der Vergangenheit vor allem durch den Wirtschaftsfaktor Öl austariert. Öl ist seit Jahrzehnten der Schmierstoff der Wirtschaft. Das schwarze Gold, wie Öl oft genannt wird, wird auch noch viele Jahre einer der wichtigsten Rohstoffe bleiben.

Jahrzehntelang haben Staaten des Nahen und Mittleren Ostens bestens am Öl verdient, es hat ihre Länder reich gemacht und auch manche Herrscher zu den Reichsten der Reichen werden lassen. Um ihre Einnahmen zu sichern, haben sie sich einst zu einem Kartell zusammengeschlossen, der OPEC. Sie wurde eine der am meisten gefürchteten Organisationen für die Industriestaaten, denn über die OPEC bestimmten die Ölstaaten die Fördermengen und damit den Preis. Die Mitglieder der OPEC schoben sich auf diese Art die Öl/Dollar-Schecks zu und wurden dabei immer reicher. Der Plan ging lange auf, bis die USA vom größten Öl-Importeur zum größten Öl-Exporteur der Welt aufstiegen. Das erste Mal seit den 1940er-Jahren schwammen die USA wieder in Öl. Dank Fracking. Durch diese aufwendige Methode wird Öl mit hohem Druck aus tiefen Gesteinsschichten gepresst. Umweltschädlich und teuer in der Förderung, aber das war es den USA wert – wegen der gewonnenen Unabhängigkeit vom OPEC-geförderten Öl.

Seither ist beim Ölkartell der warme Geldregen merklich kälter geworden. Das spürt auch Russland, das zwar kein klassisches Mitglied der OPEC ist, aber eine Art Ehrenmitgliedschaft bekommen hat, OPEC+ sozusagen. Dieses Bündnis hat für beide Seiten Vorteile. Seit die Amerikaner im Geschäft ums schwarze Gold mitmischten, schmolzen die Anteile der OPEC am weltweiten Ölmarkt deutlich, unter 30 Prozent. Die Russen an Bord zu haben, hob den Anteil wieder auf fast 50 Prozent der Weltfördermenge. Die alten Machtverhältnisse waren für die OPEC also wieder zurechtgerückt.

Auch Russland profitierte. Die Absprachen mit der OPEC

stabilisierten die Preise. Zudem schwang die Hoffnung mit, den Einfluss der USA in der arabischen Welt zu schwächen. Die Erlöse haben Russland immer ordentliche Summen in die Haushaltskasse gespült, die Förderung im riesigen Land kostet nicht viel. Aber es gibt einen Haken. Präsident Putin ist es bis heute ebenso wenig wie seinen Vorgängern gelungen, Russlands Abhängigkeit vom Erlös aus Öl und Gas zu beenden. Das rächt sich.

Wegen der dramatischen Ausbreitung des Coronavirus wollte die OPEC und der mit deutlichem Abstand mächtigste Mitgliedsstaat Saudi-Arabien den Ölmarkt stützen, der wegen SARS-CoV-2 deutlich nachgegeben hatte. Die mangelnde Nachfrage von Autofahrern und Industriebetrieben schlug auf den Preis durch. Die saudische Devise lautete also wie immer: Öl verknappen und an der geringeren Menge lieber über einen stabilen Preis verdienen. Aber Moskau wollte bei dem Vorhaben nicht mitspielen. Der Grund: Gedrosselte Fördermengen würden vor allem der amerikanischen Öl-Fracking-Industrie nutzen und den USA noch größere Marktanteile sichern.

Der Streit eskalierte. Russland drohte mit einer Steigerung der heimischen Fördermengen. Aber das Königshaus in der saudischen Hauptstadt Riad erwies sich als harter Gegner für Wladimir Putin, denn die Saudis drohten nicht einfach nur mit einer Erhöhung ihrer Fördermengen, sie setzen sie gleich um. Weil sie es können. Schnellstmöglich und um eine Million Barrel pro Tag. Das sind 159 Millionen Liter. Ausgerechnet in einer Lage, in der die Ausbreitung des Coronavirus die gesamte Welt verunsichert und die Weltwirtschaft am Rande des Kollapses steht.

Der Ölpreis fiel in ungeahnte Tiefen und es begann ein

Durchhaltekrieg, der neben den beiden Kontrahenten Saudi-Arabien und Russland auch die USA in den Öl-Abgrund zog. Denn Fracking ist eine teure Angelegenheit, ein Fass mit 159 Litern kostet in der Herstellung zwischen 50 und 70 Dollar. Für Saudi-Arabien ist es einfacher. Ein Loch in den Sand zu buddeln, kostet längst nicht so viel. Mit nur vier Dollar je Barrel sind die Produktionskosten die niedrigsten der Welt.

Wochenlang bekämpften sich die Kontrahenten mit der Waffe Öl, bis der Ölpreis Anfang April 2020 schließlich bei 25 Dollar pro Fass der Nordsee-Sorte Brent angekommen war. Beim amerikanischen Leichtöl der Sorte WTI kam es sogar zu einem noch nie da gewesenen Phänomen. Öl hatte keinen Preis mehr. Mehr noch. Kunden bekamen sogar Geld, wenn sie Öl abnahmen. Ein negativer Öl-Preis. Diese Situation entstand zwar aus einem speziellen Börsengeschäft heraus, aber ursächlich war der Umstand, dass die Öl-Lager bis oben voll waren.

Die Haushalte der Ölstaaten waren unter der kaum mehr vorhandenen Nachfrage wegen des Coronavirus so schwer unter Druck gekommen, dass eine Kursänderung nötig wurde. Im April beendeten Russland und Saudi-Arabien schließlich ihren kleinen Preiskrieg, beschlossen eine Drosselung der Fördermengen und holten den Ölpreis wieder aus dem Keller. Die USA schlossen sich dem Deal an.

Doch die Coronakrise hält die weltweite Öl-Nachfrage weiter niedrig. Das setzt nicht nur Staaten wie dem Irak oder anderen im Nahen und Mittleren Osten zu, auch Brasilien oder Venezuela sind dringend auf Einnahmen aus dem Verkauf von Öl angewiesen. Ihre Wirtschaft ist stark darauf ausgerichtet. 26 Staaten auf der ganzen Welt erwirtschaften im Schnitt fast 20 Prozent ihrer Einkünfte aus dem Verkauf von Öl, die meisten davon Schwellenländer. Wenn dort die Einkommen aus Öl und Gas wegen des Coronavirus um 50 bis 85 Prozent schrumpfen, wie die OPEC und die IEA, die Organisation der Verbraucherländer, warnen, dann stehen ganze Länder und damit Gesellschaften vor dem Kollaps.

Länder wie Venezuela oder Ecuador sind ganz besonders gefährdet. Die Szenen, die sich dort ohnehin auf den Straßen abspielen, wurden durch die Corona-Toten noch einmal dramatischer. Die sinkenden Öl-Einnahmen vergrößern das Drama und bringen die Länder näher an den Abgrund.

Aber selbst für die USA wird der ultraniedrige Ölpreis brenzlig. Der hoch verschuldeten Fracking-Industrie droht eine Pleitewelle. Das brächte zehn Millionen Jobs in Gefahr und fügte der US-Wirtschaft enormen Schaden zu. Der relativ junge Industriezweig steuerte zuletzt fast 15 Prozent zur amerikanischen Wirtschaftsleistung bei. Nicht zuletzt hängt auch Trumps Wiederwahl am Faden der Fracking-Industrie, dahingehend sind auch seine Versprechungen zu deuten, die Unternehmen mit Staatsmitteln zu stützen.

Echte Gewinner scheint es im Poker ums Öl nicht zu geben. Egoisten, die sich einen Preiskrieg leisten, sind am Ende auch Verlierer. Es gibt keine Gewinner – nur Länder, die weniger stark verlieren als andere. Ein hoher Preis.

Die Staaten Europas, alle Industrienationen und Schwellenländer konnten eines aus dem Preiskampf lernen: Die Förderstaaten hatten keine Skrupel, bis zum Äußersten zu gehen und dabei mittelbar auch Leben aufs Spiel zu setzen. Öl ist ein Sinnbild der Abhängigkeit der Industriestaaten. Der Coronavirus kann einen Wandel hin zu grünen Wirtschaften beschleunigen, der diese Abhängigkeit vom schwarzen Gold beendet.

Der Kriegsvirus

Der durch Corona angefachte Preiskrieg auf dem Ölmarkt hat die alte Kampflinie zwischen den USA und Russland befestigt. Die einstigen Supermächte leisten sich seit Jahren einen Stellvertreterkonflikt auf dem Pulverfass Naher Osten. Seit Ende des Kalten Kriegs mit Fall der Berliner Mauer haben sich beide Länder verändert. Der Sozialismus ist Geschichte, Russland hat in den vergangenen Jahren eine spezielle Art von Demokratie und einen Kapitalismus mit einer besonderen Ausprägung etabliert. Einen gewählten Präsidenten mit Allmacht und durch die aufgehebelte Verfassung offenbar mit Amt auf Lebenszeit. Und mit einem Kapitalismus, der wenige einer Clique im Zirkel der Macht reich hält – und die meisten der Bürgerinnen und Bürger im Riesenreich arm.

Auch die USA erkennen wir in Europa kaum wieder. Das alte transatlantische Bündnis ist Geschichte, die Beziehungen zu Europa sind kaum mehr existent, geschweige denn etwas wert, außer es nützt den USA. Unter Trumps Devise *America first* sind Drohungen und Beleidigungen seine Werkzeuge, und Rückkehr zu alter Stärke das Ziel.

Am Ende sehen wir nichts weiter als das alte Wettrennen der beiden Kontrahenten. Nur tragen sie ihre Kämpfe an einem anderen Ort aus: im Nahen Osten, eine der gefährlichsten Regionen der Welt. Sichtbar wurde dies in einem Land, das nur noch auf der Landkarte existiert: Syrien. Dort stießen die Blöcke USA und Russland ebenso aufeinander wie der Iran und Saudi-Arabien. In Syrien vermischten sich unterschiedliche Interessen und Konfliktlinien. Alle in diesem Konflikt hatten das Streichholz schon mehrfach an der Lunte zu einem Krieg, der mehr als nur die Region entzündet hätte.

Amerikas Weg zeigt mittlerweile aber weg von Syrien, weg vom Pulverfass Naher Osten. Das Öl ist ihnen nicht mehr so wichtig, seit sie sich durch Fracking unabhängig gemacht haben. Statt Soldaten und Raketen zu schicken, können sie Öl als Waffe einsetzen. Sie verstehen sich auch nicht mehr als Ordnungsmacht der Welt, sind nicht mehr die Weltpolizei, die im Falle eines Falles durch den Einsatz von überlegener Technik und der schieren Zahl an Soldaten sowie Finanzmacht Kriege entscheidet und beendet. Das Vakuum, das dadurch entsteht, versuchen Russland und die Türkei zu füllen und ihrerseits dauerhaft Einfluss in der Region zu gewinnen. Dadurch bekommen wir Europäer ein wachsendes Problem.

Europa, trotz der Nachbarschaft zum Nahen Osten und nur getrennt durch das Mittelmeer, kann diese Lücke nicht füllen. Weil wir in Europa nicht an einem Strang ziehen, keine Interessen definieren, geschweige denn umsetzen oder gar durchsetzen können. Wir sind zu sehr mit uns selbst beschäftigt. Es fehlen uns Blick und Weitsicht dafür, dass Europa lernen muss, die großen Bögen zu spannen, den Blick über den Tellerrand hinaus zu richten und dort auch Verantwortung zu übernehmen. Denn nur wenn Gesellschaften sicher und frei sind, finden sich nachhaltig auch Wirtschaftswachstum und Wohlstand ein – und damit eröffnet sich erst die Möglichkeit, Handel miteinander zu treiben.

Hier hatte die EU vor Corona angesetzt. Über die European Investment Bank vergab sie bis zu 800 Millionen Euro Kredite an kleinere Unternehmen im Nahen Osten, um Geschäftsmodelle entstehen zu lassen. In der Coronakrise sowie den lang anhaltenden Auswirkungen muss Europa mehr Bindungen über das Mittelmeer in eine Region schaffen, die wirtschaftlich unter Druck steht und deren Probleme sonst noch mehr nach Europa hinüber schwappen. »Es ist nun an der Zeit, uns wieder mehr der sozio-ökonomischen Untermauerung eines erfolgreichen politischen Wandels zuzuwenden«, schreibt der ehemalige Botschafter und Leiter der Münchner Sicherheitskonferenz, Wolfgang Ischinger, für einen Bericht des Thinktank IFAIR.

Europa und die arabische Welt und auch den Iran verbinden bereits viele wirtschaftliche Projekte. Die Briten bauten Eisenbahnen, Deutschland half in vielen Ländern, wie etwa im Irak, die Industrien auszubauen. In Ägypten will Daimler ein Montagewerk erstellen. Im ganzen arabischen Raum sind mehr als tausend deutsche Unternehmen präsent mit Niederlassungen und der Hoffnung, in der Pulverfass-Region irgendwann einmal nicht nur günstig zu produzieren, sondern zukünftig auch noch mehr gute Geschäfte machen zu können.

Diese Hoffnung wird durch den Wirtschaftsvirus in weite Ferne geschoben, wenn nicht gar zunichtegemacht. Dabei sind die Herausforderungen für diese Region mindestens so groß wie das Potenzial, das der Nahe und Mittlere Osten mit einer überwiegend jungen Bevölkerungsschicht und wachsendem Hunger nach Wohlstand hat. Doch es ist bedroht durch die vielen politischen Brandherde, Bürgerkriege, Feindschaften und Kriege. Sie haben das Potenzial, ihre zerstörerische Wirkung auf der ganzen Welt zu entfalten. Eine Gefahr für die Weltgesellschaft und auch für die Weltwirtschaft.

Kriege kosten nicht nur Geld, sie zerstören Infrastrukturen in Ländern und werfen Gesellschaften um Jahre oder gar Jahrzehnte in ihrer Entwicklung zurück. UN-Generalsekretär António Guterres appellierte angesichts der Corona-Bedrohung an die Kriegsparteien und die Verantwortlichen der Weltgemeinschaft: »Beendet die Seuche des Krieges und bekämpft die Krankheit, die unsere Welt verwüstet.« Er forderte einen sofortigen Waffenstillstand in allen Teilen der Welt. »Bringt die Waffen zum Schweigen, stoppt die Artillerie, beendet die Luftangriffe.« Durch die verheerenden Kriege im Nahen Osten, in Syrien, Jemen und Libyen liegen Krankenhäuser in Trümmern. Doch ohne ein funktionierendes Gesundheitssystem droht der Bevölkerung ein Massensterben.

Um den Ursachen für Kriege auf den Grund zu gehen, muss man manchmal tief graben. Wer das im Nahen und Mittleren Osten tut, findet Antworten nicht nur beim Machtfaktor Öl, sondern auch in der Religion und in der Politik. Besonders heikel wird es, wenn sich beides miteinander vermengt. Dann wird daraus meist eine explosive Mischung. Gut beobachten lässt sich dieses Phänomen beispielsweise in Saudi-Arabien und Iran.

Diese beiden Länder verbindet eine lange Feindschaft, eine Konkurrenz, und wenn nicht Respekt, dann doch immerhin Furcht und Achtung vor der Stärke des jeweils anderen. Diese beiden Staaten bekämpfen sich in der Regel nicht direkt, sie machen dafür ihren Einfluss in der Region geltend und benutzen andere Staaten, um dort Stellvertreterkonflikte und ganze Kriege auszufechten. Mit fatalen Auswirkungen auf die Stabilität des Nahen Ostens und auch darüber hinaus, bis hin zu uns.

Schon immer brennt der Nahe Osten an vielen Stellen. Dies hat neben den erwähnten politischen, wirtschaftlichen und religiösen zudem kulturelle und soziale Gründe. Auch die Beziehungen der vielen sehr unterschiedlichen Staaten zueinander spielen eine Rolle. Doch die beiden wichtigsten

Staaten, die die Region direkt oder indirekt beherrschen, das sind und bleiben eben die beiden Großen, die sich spinnefeind sind: Saudi-Arabien und der Iran. Sie haben die größte Landmasse, verfügen beide über enorme Ölmengen in ihren Böden.

Im saudischen Königreich leben Araber sunnitischen Glaubens. Das Königshaus sieht sich als Schutzmacht dieser Glaubensrichtung des Islam, dem die weitaus größte Gruppe der Muslime zugerechnet wird. Auch die heiligen Stätten Mekka und Medina liegen im Land. Auf der anderen Seite sieht sich die islamische Republik Iran als Schutzmacht der anderen Hauptgruppe des Islam, der Schiiten. Die tiefe religiöse Spaltung dieser Glaubensströmungen ist ein Hauptgrund für die Spannungen nicht nur zwischen diesen beiden Ländern, sondern innerhalb der gesamten Region. Denn Schiiten gibt es zum Beispiel auch im Libanon, im Jemen, in Syrien. Und überall dort kämpfen Söldner und reguläre Armeen, finanziert vom Regime in Teheran. Ebenso haben auch die Machthaber im sunnitischen saudi-arabischen Riad ihre Truppen und Milizen, um gegen ihre religiösen Gegner zu kämpfen.

In diesem Glaubenskrieg geht es um nichts weniger als die Frage, wer von den beiden Regionalmächten die herrschende Hegemonialmacht werden kann, und das zu jedem Preis. Der ist hoch. Wo die Stellvertreterkriege ausgetragen werden, etwa im Jemen oder in Syrien, sind Destabilisierung und Zerstörung die Folge. Die Zivilbevölkerung leidet. Hunderttausende Menschen sind in den vergangenen Jahren aufgrund der Kämpfe gestorben, Millionen haben ihr Zuhause verloren. Wo es keine Ordnung, kein funktionierendes Gemeinwesen mehr gibt, da gibt es auch keinen Frieden, keine

Freiheit, keine Sicherheit. Und ohne diese drei Säulen gibt es weder Gegenwart noch Zukunft. Und was machen Menschen in so einer Situation? Sie machen sich auf den Weg dorthin, wo Frieden, Freiheit und Sicherheit zumindest in greifbarer Nähe sind. Sie fliehen! Und auf diesem Wege reichen die Probleme des Nahen Osten auch wirtschaftlich bis zu uns, nach Europa.

Was die Herrscher oder Regierungen in diesen Ländern tun könnten und auch versuchen, ist wirtschaftlichen Aufschwung zu erreichen. Die Erwartungen ihrer Bevölkerungen sind hoch. Die Regierungen stehen unter extremem Druck, schnelle Ergebnisse zu liefern. Und natürlich sind Wirtschaftswachstum und Arbeitsplätze keine hinreichenden, wohl aber notwendige Bedingungen für eine erfolgreiche politische Umgestaltung. Nur brauchen die Länder dafür Hilfe zur Selbsthilfe. Die muss auch aus Europa kommen. Corona darf diese Hilfen nicht bremsen, denn Entwicklungshilfe ist ein harter Wirtschaftsfaktor, wie Joachim Nagel, Vorstand der KfW, betont. Sie könnte darüber hinaus helfen, dass sich Situationen nicht wiederholen, wie die Flüchtlingskrise 2015, die Europa in Bedrängnis gebracht hat.

Was hat nun die Anamnese des Patienten Wirtschaft ergeben? Zu viel Geld im System, egoistische Staatslenker im Kampf um Machtgewinn und -erhalt, auf die Spitze getrieben durch Zollkriege, Ölkriege, Stellvertreterkriege – kann man diese Welt und ihre Wirtschaft noch gesund nennen? Nein. Unsere (Wirtschafts)welt ist krank. Chronisch krank – geschwächt durch bedrohliche Vorerkrankungen.

Der europäische Patient

Die chronisch kranke Wirtschaft ist in den vergangenen Jahren enormen Belastungsproben ausgesetzt worden. Die europäische Wirtschaft ganz besonders. Zunächst durch die von US-Präsident Trump eröffneten Handelskriege, die sich zwar in erster Linie auf China konzentrierten, dann aber auch europäische Firmen im Reich der Mitte trafen. Und schließlich knöpfte sich Trump Europa auch noch direkt vor. Der Brexit-Prozess schwächte den europäischen Patienten zusätzlich. Viele Unternehmen und die Wirtschaftskraft etlicher Länder leiden unter den Auswirkungen eines vielfältigen Zersetzungsprozesses. Innerhalb Deutschlands etwa durch populistische Kräfte. In Europa durch die schwindende Solidarität innerhalb der Staatengemeinschaft. Hinzu kommen Zersetzungsprozesse im Weltgefüge durch nationale Feindschaften, Kriege und Stellvertreterkriege.

Die Verfallserscheinungen treten in der Coronakrise besonders deutlich zutage. Sei es durch das Ignorieren der eigenen Verwundbarkeit zu Beginn der Pandemie oder durch die Verweigerung Deutschlands, mit Eurobonds Italien unter die Arme zu greifen. Das kennen wir aus vielen anderen Krisen zuvor. Bereits in der Eurokrise hatte der Solidargedanke Schaden genommen, in der Flüchtlingskrise 2015 gipfelte er in Hunderttausenden von Menschen vor den Toren Europas im Mittelmeer – und bis heute streiten die EU-Mitglieder darüber, wie die Flüchtlinge auf die einzelnen Länder zu verteilen sind.

Die abnehmende Solidarität ist Symptom eines Zersetzungsprozesses, der schon weitaus früher begann – nämlich mit einem Wohlstandsversprechen, von dem viele denken, dass es nicht eingelöst wurde. Wohlstand für alle, damit machte nicht nur Ludwig Erhard Wahlkampf, das versprachen sich auch die Gründer der Europäischen Union, indem sie eine wirtschaftliche Angleichung ihrer Volkswirtschaften als Ziel vereinbarten. Mehr Wohlstand, mehr Arbeitsplätze, mehr Bildung für alle versprach auch die Globalisierung. Zwar ist all das tatsächlich eingetreten. Doch es wird anders wahrgenommen, weil zugleich die Ungleichgewichte wuchsen. Die Schere zwischen Arm und Reich sich öffnete. Rein subjektiv fühlt es sich für viele nicht nach mehr Wohlstand an, wenn der Abstand zu den Reichen immer größer wird, auch wenn es ihnen zumeist besser geht als noch ein, zwei Jahrzehnte davor.

Zudem gab es immer wieder wirtschaftliche Krisen und Schwächephasen, in denen der Konkurrenzdruck wuchs, Arbeitsplätze nicht mehr sicher waren. Die Einführung von Hartz IV bedeutete für Millionen: den Gürtel enger schnallen. Dazu wurde in den politischen Debatten ständig ums Geld gestritten. Es fehlte für dringend Notwendiges, für die Instandsetzung maroder Straßen und Brücken, für Reparaturen an Schulen und Universitäten. Alle sollten maßhalten. Höhere Löhne? Besser nicht! Selbst auf alte Versprechungen konnte man sich nicht mehr verlassen. Die Rente ist sicher? Nicht mehr so ganz.

Wenn zu viele Zusagen gebrochen werden, verbreiten sich Unzufriedenheit und Unsicherheit. Vertrauen geht verloren.

Der innere Zersetzungsprozess ist in vollem Gange. Er bereitet populistischen Kräften den Boden. Und führt die Europäische Union in die Legitimationskrise.

Ständig tönte es also: Das Geld ist knapp, maßhalten! In der Finanzkrise war dann aber plötzlich Geld da. Genug, um mit Milliardenbeträgen Banken und Spekulanten zu retten.

Viele europäische Banken hatten ihr Geld in den amerikanischen Immobilienmarkt investiert, hatten teilhaben wollen an dem dicken Geschäft. Beim Platzen der Immobilienblase machten sie Millionen- und Milliardenverluste. Alle waren dabei, deutsche und französische Banken, italienische, spanische und griechische. Viele wurden durch staatliche Gelder vor der Pleite gerettet – aus Angst vor einer noch umfassenderen Infizierung des Wirtschaftssystems.

Viele Lehman-Geschädigte unter den kleinen Bankkunden dagegen gingen leer aus. Und die sogenannten *Bankster* der Finanzkrise ließ man laufen, die meisten jedenfalls. Das befeuerte das Ungerechtigkeitsempfinden: Banken hätten die Risiken gekannt, aber trotzdem weitergemacht. Sie haben dabei gut verdient und reichlich Gewinne an ihre Aktionäre ausgeschüttet. Die Verluste jedoch wurden dem Steuerzahler aufgehalst. Linke Kritiker brachten es auf die Formel: Gewinne privatisieren, Verluste sozialisieren – das sei das Geschäftsmodell der Banken. Spätestens da fraß sich die Vertrauenskrise auch in die Fundamente unseres Wirtschaftssystems, das auf Globalisierung und Kapitalismus baut. Dass die Regierung Banken wie die Commerzbank, IKB oder BayernLB rettete in dem Bestreben, ein zweites Lehman-Desaster bei uns zu verhindern, stieß in der Bevölkerung auf Unverständnis. Die Wut über die steigende Ungerechtigkeit bescherte Bewegungen wie Occupy, Blockupy und Attac regen Zulauf. Sie fand ein Ventil in Protesten gegen die Folgen der Finanzkrise, zu denen Hunderte Verbände und Organisationen auf die Straße gingen, Globalisierungsgegner ebenso wie Gewerkschaften, Parteien und Umweltverbände. Aktivisten der »Occupy Wall Street«-Bewegung demonstrierten überall auf der Welt, nicht nur an der Wall Street, dem Synonym für Unrecht und Verfehlungen, sondern auch in Washington, Madrid, Paris und Frankfurt. Proteste gegen die Handelspolitik der Welthandelsorganisation WTO, gegen die EZB, gegen die führenden Industriestaaten der damals noch G8 und gegen die G20, gegen das kapitalistische Wirtschaftssystem der Großmächte, in dem so vieles falsch läuft, oder gegen die NATO. Die Menschen machten ihrer Empörung über eine Politik Luft, die Banken rettete, aber die kleinen Krisenopfer zu vergessen schien. Währenddessen mündete die Finanzkrise in die Eurokrise.

Neuerweckung der Euro-Sklerose

Da so viele Staaten in Europa ihre Banken retten mussten, kletterte die Verschuldung der Euroländer in die Höhe. Am härtesten traf es die finanziell bereits angeschlagenen Länder wie Griechenland, Irland oder Italien. Im weiteren Verlauf der Eurokrise ging es mit den südlichen Euroländern wirtschaftlich immer weiter bergab. Die Arbeitslosigkeit stieg rapide. Vor allem in Spanien und Griechenland stand eine ganze Generation junger Menschen ohne Arbeit da. Die

Staaten hätten der Bevölkerung eigentlich mit Steuergeschenken oder Konjunkturpaketen unter die Arme greifen müssen. Sie hätten massiv in ihre Infrastruktur investieren müssen, in ihre Wirtschaft, um auf das Niveau der Nordländer zu kommen. Dafür hätten sie sich aber noch weiter – extrem – verschulden müssen. In der Eurokrise wurde ihnen genau dies aber durch die strengen Regularien der EU untersagt.

Im Euroverbund hatten die Länder auch keine Möglichkeit mehr, durch eine Abwertung ihrer nationalen Währungen ihre Wirtschaftsschwäche abzumildern und ihren Export auf diese Weise anzukurbeln. Doch mit einer Gemeinschaftswährung Euro konnte es solche Alleingänge nicht mehr geben. Was als Verbund angelegt war, erwies sich als Gefangenschaft. Der Konstruktionsfehler des Euro, der bei seiner Gründung vernachlässigt wurde, trat nun offen zutage: Für die wirtschaftlich schwachen Euroländer ist er einfach zu stark. Deshalb vergrößert er das wirtschaftliche Ungleichgewicht, den Abstand zwischen dem stärkeren Norden und dem schwächeren Süden. Dabei hatte die EU eigentlich das Ziel, die Wirtschaften einander anzugleichen.

Der Eindruck zunehmender Ungerechtigkeit verstärkte sich auch in der Bevölkerung. Statt dass sich wie einst versprochen der Wohlstand mehrte, fühlten sich die Menschen im Süden Europas benachteiligt zugunsten Deutschlands und Frankreichs. Sie fühlten sich zudem unterdrückt und erpresst: Die von der Troika aus IWF, EZB und Europäischer Kommission geforderte Sparpolitik wurde als zynisch empfunden. Sie hatte fatale Folgen für das Leben der Menschen. Strukturreformen, ja. Aber das von außen diktierte Gesundsparen wurde als destruktiv empfunden. Der Sparkurs ging auf Kosten des Gesundheitssystems, des sozialen Systems, auf Kosten der Rentner und Jugendlichen, deren berufliche Perspektiven gleich null waren. Er würgte der Wirtschaft vollends die Luft ab. Mit der Eurokrise wurde der Zersetzungsprozess innerhalb Europas neu befeuert.

»Euro-Sklerose« hatte man dazu in den 1970/80er-Jahren gesagt, zu Zeiten der Europäischen Wirtschaftsgemeinschaft (EWG): Die damaligen EWG-Staaten waren in der Ölkrise und der internationalen Währungskrise vom Kurs einer europäischen Marktöffnung vorübergehend abgekommen, sie handelten und dachten wieder nationaler. In der Not macht Solidarität dem Egoismus Platz.

Auch in der Eurokrise kamen Zweifel am europäischen System auf und viele fragten sich, ob der politische Integrationsprozess wirklich weiter vorangetrieben werden sollte. In Griechenland gewann die Bevölkerung den Eindruck, statt von der Regierung in Athen von der Troika regiert zu werden. Die zunehmende Abneigung gegen diese Bevormundung durch die Geldgeber im Ausland schürte die Kräfte am linken wie am rechten Rand des politischen Spektrums, die deutschen Oberaufseher wurden als Nazis verunglimpft. Umgekehrt fehlte bei vielen Deutschen das Verständnis für die Kreditvergabe an den griechischen Staat. Hierzulande zeichneten populistische Kräfte das Bild des faulen Griechen, der nicht zu dringend nötigen Reformen bereit sei und lieber am Strand liege. »Auf meine guten Freunde!«, wie es so schön heißt in dem Werbespot eines bekannten Anisschnapses – das war vorbei!

Die Ressentiments in der deutschen Bevölkerung waren so groß, dass viele Zusammenhänge ausgeblendet wurden. Dass die Griechenland-Rettung auch dazu diente, die deutschen Banken zu schützen. Denn diese waren mit Milliardenbeträgen in Griechenland engagiert, in Form von Staatsanleihen oder Krediten an griechischen Unternehmen. Bei einem Zahlungsausfall Griechenlands stand also auch für Deutschland viel auf dem Spiel. Nicht bedacht wurde von der deutschen Bevölkerung ebenso, dass die starken Länder vom Euro profitierten – und Deutschland sogar ganz massiv. Für unsere Wirtschaft ist der Euro eigentlich zu schwach. Und das hat schöne Nebeneffekte: dass deutsche Staatsanleihen wegen der Probleme der anderen so stark gefragt waren, dass sich der deutsche Staat quasi zum Nulltarif Geld leihen und seinen Staatshaushalt gewissermaßen dank Eurokrise sanieren konnte. Für die Griechen entpuppte sich der Euro aber als zu stark.

Die europäische Währung war für die Deutschen also ein Segen. Für die südlichen Euroländer bedeutete er am Ende vor allem aber eins: Sorgen.

Reflexion kam in der sich zuspitzenden Krise auf allen Seiten zu kurz. Stattdessen Abkehr vom Wir-Gefühl. Das Ende des Euro war greifbar nah. Spekulanten und Hedgefonds wetteten schon darauf. Sie setzten auch auf eine Pleite Griechenlands, einen Ausfall der griechischen Staatsanleihen, wodurch die Zinsen für das Land in horrende Höhen stiegen. Die Gefahr eines möglichen Auseinanderbrechens der Währungsgemeinschaft war das alles dominierende Thema auf Europas Tagesordnung. Bis der damalige EZB-Präsident Mario Draghi am 26. Juli 2012 dem Einhalt gebot. Die meisten Ökonomen seien überzeugt, eine Währungsunion aus Staaten mit unterschiedlichen Volkswirtschaften könne nie stabil sein, sagte er auf einer Londoner Investorenkonferenz. Dabei verglich er den Euro mit einer Hummel.

Nach den Gesetzen der Physik dürfte eine Hummel eigentlich nicht fliegen können. Sie fliege aber doch. So verhalte es sich auch mit dem Euro. Und dann fügte er den entscheidenden Satz an, der diesen Zusammenhalt wieder kräftigte und den Fortbestand des Euro garantierte: »*Within our mandate, the ECB is ready to do whatever it takes to preserve the Euro.*« Die EZB werde innerhalb ihres Mandats alles Nötige tun, um den Euro zu erhalten. Es wurde Draghis bekanntester Ausspruch. Die drei Worte »*whatever it takes*« erwiesen sich als Rettungsformel für den Euro. An den Finanzmärkten wurde diese Bestandsgarantie unmittelbar verstanden. Die Wetten auf einen Zerfall des Euroverbunds hörten auf. Welcher Spekulant hat schon genug Geld, um gegen eine Notenbank zu wetten? Die südlichen Eurostaaten mussten keine horrenden Anleihezinsen mehr zahlen. Die EZB legte später noch das sogenannte OMT-Programm (*Outright Monetary Transactions*) auf, um den Krisenstaaten notfalls unbegrenzt Anleihen abkaufen zu können. Auf diesem Wege kann sie die Zinslast für die Staaten auf ein erträgliches Maß senken. Doch das Programm musste nie aktiviert werden, so viel Wirkungskraft entfaltete bereits seine Ankündigung.

SEITENBLICK
Wie Anleihekäufe die Zinsen drücken

Wie die EZB durch Anleihekäufe die Renditen der Anleihen senkt, erklärt sich durch das Wechselspiel von Zins und Kurs einer Anleihe. Nehmen wir an, Sie besitzen eine Staatsanleihe aus besseren Tagen, als es noch vier Prozent Verzinsung gab. Diese könnte Ihnen noch einige Jahre ein nettes Nebeneinkommen bescheren, aber Sie benötigen das Geld jetzt. Ein anderer will Ihnen diese Anleihe abkaufen, weil es so etwas Lukratives in diesen Nullzinstagen nicht gibt. Er zahlt Ihnen deshalb auch einen höheren Preis für die Anleihe – oder im Börsendeutsch: einen höheren Kurs. Gibt es noch mehr Kaufinteressenten, werden sie den Kurs noch höher treiben. Und dieser höhere Kurs mindert natürlich die Rendite dieser Anleihe. Also: Wenn die EZB massenhaft Anleihen aufkauft, treibt sie den Preis für Anleihen in die Höhe, was tendenziell deren Rendite am Markt drückt. Ein Steuerungsinstrument also der Notenbanken für das Zinsniveau.

Der Euro war nun erst einmal gerettet. Die Europäische Union wurde als Friedensstifter 2012 mit dem Friedensnobelpreis geehrt, um ein Zeichen zu setzen gegen die wachsende EU-Skepsis. Doch Europa war keineswegs in Sicherheit. Die EU steckte in einer Legitimationskrise fest. Die inneren Zersetzungsprozesse schritten weiter fort. Auch innerhalb Deutschlands. Die Euro-Ablehnung ging so weit, dass sich viele die D-Mark zurückwünschten. Sie sei doch die bessere Währung gewesen. Eine Fehleinschätzung, die ebenso verbreitet war wie die Angst vor einer Inflation oder gar Hyperinflation wie 1923. Wirtschaftsexperten hielten eher das Gegenteil für möglich: die Gefahr einer Deflation. Derweil schlüpften immer mehr Krisenländer unter den schützenden europäischen Rettungsschirm: Irland, Portugal, Spanien, Zypern. Ein Krisengipfel jagte den nächsten.

Schaffen wir das?

Kaum war die Eurokrise einigermaßen abgewendet, wurde Europa von der Flüchtlingskrise eingeholt. Sie vergiftete das politische Klima in Europa vollends. Merkels Ausspruch »Wir schaffen das« Ende August 2015 sollte in Anlehnung an Obamas Slogan *»Yes, we can«* eigentlich Optimismus verbreiten. Deutschland sei stark, war Merkels Botschaft. Es war auch ein Appell an Solidarität und ein Zeichen der Hilfsbereitschaft. Ein riesiger Strom von Flüchtlingen setzte sich in Marsch, der von Deutschland und Europa nicht mehr zu bewältigen war. Waren es 2014 noch 630 000 Asylbewerber in der EU, verdoppelte sich die Zahl 2015 auf über 1,3 Millionen. Im Folgejahr kamen nochmals 1,26 Millionen Menschen, um Asyl zu suchen. Die EU-Länder waren überfordert, die Grenzen ihrer Hilfsbereitschaft überschritten. Die Mittelmeerländer konnten die Masse der Menschen nicht menschenwürdig unterbringen. Der Ruf nach Unterstützung durch andere EU-Länder verhallte, und Griechenland und Italien ließen die Flüchtlinge weiter gen Norden ziehen. Die in weiten Teilen der Bevölkerung geteilte deutsche Willkommenskultur stand auf der Kippe und wich einem Ohnmachtsgefühl gegenüber den Anführern aus Politik und Wirtschaft, das bereits bei der Bankenrettung in der Finanzkrise aufgekommen war. Das Volk fühlte sich nicht gehört. Wie schon in der Eurokrise trat zutage, wie schlecht es um die Solidarität in Europa bestellt ist. Auf eine gemeinsame europäische Lösung konnte man sich nicht einigen, einige Länder verweigerten sich einer gerechten Verteilung der Flüchtlinge. Der Stimmung im Land bekam das gar nicht gut. Der Stimmungsumschwung provozierte populistische

Reaktionen und bescherte Parteien im rechten Randbereich Zulauf.

Die antieuropäische Stimmung steuerte ihrem vorläufigen Höhepunkt entgegen: dem Brexit. Das britische Volk hatte gesprochen. Was kaum jemand zuvor geglaubt hatte, beschlossen die Briten in einem Referendum im Juni 2016. Sie wollten nicht mehr dazugehören zum europäischen Club. Ohne die EU sind wir besser dran, war die Mehrheit der Wähler überzeugt.

Der Brexit war eine Konsequenz aus Euro- und Flüchtlingskrise. Beide Krisen legten offen, dass der EU nicht nur eine gemeinsame europäische Wirtschaftspolitik mit gemeinsamen Institutionen fehlt, sondern auch europäische Verbundenheit im Volk. Man hatte darauf gesetzt, dass sich die Euroländer freiwillig an Regeln halten, maßvoll wirtschaften und die Wirtschaftsentwicklungen der Länder sich nach und nach angleichen. Parallel würde sich die europäische Integration, der immer engere Zusammenschluss der europäischen Völker, vollziehen. So weit die Hoffnung. So weit die Theorie. Tatsächlich geriet Europa von der Finanzkrise in die europäische Schuldenkrise und über Flüchtlingskrise und Brexit in einen dauerhaften Krisenmodus.

Dabei ist es unerheblich, dass all diese Krisen nicht innerhalb Europas ihren Anfang nahmen. Die Eurokrise begann in den USA, die Flüchtlingskrise in den durch Stellvertreterkriege befeuerten Bürgerkriegen in Nordafrika und im Nahen Osten. Was zählt, ist nur das Endergebnis: Hinter der europäischen Idee und dem einstmals erwünschten weiteren Zusammenwachsen steht ein großes Fragezeichen.

Ist Deutschlands wirtschaftliche Stärke mit schuld an dieser Entwicklung? Am Brexit und an der Abneigung der Südeuropäer vor allem gegen die starken Nordländer? Durchaus wahrscheinlich. Wenn das Empfinden vorherrscht, dass ein Wirtschaftspartner so dominant ist, dass ein Aufholprozess unmöglich scheint, ist eine Abkehr von diesem Wirtschaftspartner beinahe zwangsläufig. Macht – und gerade auch Wirtschaftsmacht – sichert die Zukunft eines Landes. In diesem Sinne zu verstehen ist auch die *America-first*-Devise von US-Präsident Trump, der Chinas drohende Übermacht zu begrenzen sucht. Der eingeschlagene Weg des Protektionismus und der Handelskriege resultiert aus der immer stärker werdenden Wirtschaft der anderen: der Angst, die Vormachtstellung komplett zu verlieren. Auch Deutschlands Exportunternehmen sind nach Trumps Geschmack zu stark. Dabei ist es unbedeutend, ob derartige Ängste begründet sind. Trump schürte sie, auch um seine politische Macht innerhalb des Landes zu stärken und zu sichern.

Überall auf der Welt beschwören populistische Kräfte mantraartig das Gefühl des Gegeneinanders statt des Miteinanders, in den USA wie in Europa. Bleibt zu hoffen, dass sich eine Gegenbewegung formiert, die mehr Miteinander einfordert, mehr Solidarität, mehr nachhaltiges Wirtschaften. Eine Art Trotz-Reaktion mit der Devise »jetzt erst recht«. So wie der Brexit das Wir-Gefühl unter den restlichen Staaten Europas stärkte.

Der britische Inselstaat gehörte – rein gefühlt – sowieso nicht so recht dazu. Auch wenn das Land den Weg zu einem EU-Binnenmarkt ebnete, die frühere Premierministerin Margaret Thatcher ein Europa ohne Schranken forcierte. Aber sie hatte stets die nationalen Interessen im Kopf. Zu viel Macht für Brüssel lehnte sie ab. Zu viel Geld auch. 1979 schlug sie beim Gipfel der Europäischen Wirtschaftsgemeinschaft

(EWG), dem Vorläufer der EU, in Dublin auf den Tisch, wie sich Helmut Schmidt in seinem Buch *Die Deutschen und ihre Nachbarn* erinnerte: *»I want my money back, and I want it now!«* So setzte sie den Beitragsrabatt der Briten für die europäische Gemeinschaft durch. Im Grunde ist seither die Partnerschaft von Briten und EU zerrüttet.

Im Brexit liegt die Chance, dass sich der Rest Europas seiner Stärke besinnt und angesichts der Gefahr eines Auseinanderbrechens wieder zusammenrückt. In der Coronakrise könnte sich diese Bewegung stärken. Sie könnte jedem nationalen Einzelkämpfer die Grenzen seiner Kraft aufzeigen und zu der Erkenntnis führen, dass die Wirtschaft ohne ein verstärktes Miteinander nicht überleben wird.

Die Diskussion um Eurobonds zeigte jedoch, wie dünn diese Chance ist. Diese Anleihen, in der aktuellen Lage Corona-Bonds genannt, sollen die hoch verschuldeten Länder wie Italien in der Krise stützen; es sind gemeinsam gemachte europäische Schulden. Doch die Bundesregierung sperrt sich dagegen wie schon in der Eurokrise, weil sie dann mithaftet für Italiens Schulden. Weil die eigene Zinslast dann steigen würde. Deutschland erwies sich zunächst als wenig solidarisch in Zeiten der Krise. Kein Miteinander in Europa. Deutschland schien vergessen zu haben, wie sehr es vom Euro profitierte. Schien verdrängt zu haben, dass es nach dem Zweiten Weltkrieg von Italien gestützt wurde – eine Tatsache, an die Italiens Ministerpräsident Giuseppe Conte Deutschland in einer ganzseitigen Anzeige in der *FAZ* erinnerte. Europa müsse umsteuern, wenn es auch nach der Coronakrise seine Einheit bewahren und eine Rolle in der Welt spielen wolle, konstatierte der frühere Vizekanzler Sigmar Gabriel in einem Gastbeitrag im *Tagesspiegel*. Die Europäische Union versage kläglich. Und es läge auch an der deutschen Politik, dass die Finanzminister der Eurozone sich nicht auf gemeinschaftliche Hilfen für Italien und Spanien einigen konnten.

Eine Heilung der solidarischen Krise verspricht der *Marshallplan*, den Europas Regierungschefs modulieren. Ein milliardenschwerer Geldtopf, der mit staatlichen Konjunkturhilfen und grünen Investitionen den »Wiederaufbau der europäischen Wirtschaft« unterstützen soll.

Doch für die Rettung der europäischen Idee bedarf es eines größeren und entschlosseneren Sprungs: in eine politische Union.

Stattdessen stürzte das Bundesverfassungsgericht mit seinem historischen EZB-Urteil vom 5. Mai 2020 die Europäische Union in ihre nächste Existenzkrise. Es stellte die Anleihekäufe der Europäischen Zentralbank im Frühjahr 2015, das *Public Sector Purchase Programme (PSPP)*, infrage. Es sei nicht erkenntlich, ob die EZB die Auswirkungen auf Sparzinsen, Altersvorsorge und steigende Immobilienpreise abgewogen hätte. Bundesregierung und Bundestag müssten nun von der EZB nachträglich eine Begründung für die Verhältnismäßigkeit ihrer geldpolitischen Maßnahmen erhalten, ansonsten müsste sich die Deutsche Bundesbank aus dem EZB-Programm zurückziehen.

Ein brisantes Urteil nicht nur, weil es das höchste Gut einer jeden Notenbank angreift: ihre politische Unabhängigkeit. Gerade die hatte speziell Deutschland zur Bedingung gemacht, um den Euro einzuführen und die D-Mark aufzugeben: keine Weisungen von Regierungen, Mitgliedsstaaten oder deren Stellen. Ganz im Sinne der Unabhängigkeit der deutschen Notenbank, die für die Bürger*innen immer Sinnbild und Garant für Geldwert-Stabilität war. Diese Unabhängigkeit gilt ebenso für die EZB. Und ihre Satzung hält als »vorrangiges Ziel« ebenfalls fest, »Preisstabilität zu gewährleisten«.

Das deutsche Urteil aus Karlsruhe ist aber vor allem deshalb so brisant, weil es die Kraft hat, Europa zu spalten. Denn eigentlich gilt der Grundsatz, dass Europarecht über nationalem Recht steht. Und der Europäische Gerichtshof (EuGH) hatte die EZB-Anleihekäufe für rechtens erklärt.

Den rechtspopulistischen Regierungen in Polen und Ungarn, die ihre Demokratie immer weiter zurückbauen, ist das Urteil des Bundesverfassungsgerichts höchst willkommen. Der EuGH hat ihnen schon mehrfach auf die Finger geklopft. Nun sehen sie sich bestärkt, europäisches Recht ignorieren zu können. Die Verfassungsrichter ihrer Länder haben sie sich längst untertan gemacht.

Kanzlerin Merkel sprach von einer heiklen Situation. Bundestagspräsident Wolfgang Schäuble (CDU) von einer Gefahr für den Euro, weil nun jedes nationale Verfassungsgericht für sich urteilen könne. Man müsse »politisch umso mehr alles daransetzen, Europa zu stärken«.

Der ungarisch-stämmige Star-Investor George Soros drückte es weniger galant aus. Das Urteil sei wie eine »politische Bombe«, die die ganze EU zerfetzen könne. Er warnte, dass bald von der Idee eines demokratischen und rechtsstaatlichen Europa nichts mehr übrig sei.

Das Urteil hat eine Debatte losgetreten, die in der tiefen Coronakrise zur Unzeit kommt und eine Institution beschädigt, die maßgeblich dazu beiträgt, noch mehr Unheil abzuwehren und zugleich Probleme zu beseitigen, die Politik und Regierungen in Europa mangels Einigungswillen nicht vollständig gelöst bekommen.

Eurogegner und rechtspopulistische Kräfte werden die Debatte zu nutzen wissen und wie so oft die Beerdigung der Gemeinschaftswährung heraufbeschwören. Europa wird sich wandeln müssen – zu hoffen bleibt, zum Besseren. Und zu mehr Einigkeit.

Ein schwieriger Weg, zumal sich die europäischen Länder nicht zu einer Liebesheirat zusammengefunden hatten. Es war eher eine Vernunftehe, jeder hatte sich was davon erhofft. Maximal war es Freundschaft. Doch beim Euro hörte die Freundschaft auf. Corona bietet die Chance, alte Verletzungen vergessen zu machen. Auf dass aus Europa doch noch eine glückliche Ehe wird.

Das asiatische Jahrhundert

Abhängigkeit kann ein Glücksfall sein, aber auch zum Problem werden. Politisch wie wirtschaftlich. In beiderlei Hinsicht verfügen Europa und speziell Deutschland über entsprechende Erfahrungen. Politisch war Westeuropa von den Vereinigten Staaten abhängig, die nach dem Zweiten Weltkrieg den Kontinent mit den Alliierten neu ordneten. Inmitten diese Nachkriegsordnung fiel die Einführung einer parlamentarischen Demokratie und Marktwirtschaft im Westteil Deutschlands, der Bundesrepublik. Auch die wirtschaftliche Abhängigkeit vom großen Bruder war enorm. Die USA setzten mit dem Marshallplan den Grundstein für einen enormen wirtschaftlichen Aufschwung nach dem Krieg und halfen der zerstörten Bundesrepublik auf die Beine. Im Osten Deutschlands wurde in der DDR eine Planwirtschaft nach sowjetischem Vorbild eingeführt. So entstanden entlang der deutsch-deutschen Grenze nicht nur zwei Wirtschaftssysteme, sondern auch zwei Blöcke. Diese bipolare Welt aus West- und Ostblock hatte bis 1990 Bestand, bis im Zuge des Berliner Mauerfalls der damalige Ostblock unter der Führung Moskaus zusammenbrach. Damit schien auch das Wettrennen der Systeme Kapitalismus und Sozialismus entschieden. Das heutige Deutschland ist nicht nur fest in Europa eingebunden, sondern auch eine stabile und erfolgreiche Demokratie mit einem widerstandsfähigen Wirtschaftsmodell. Trotz aller individuellen Unterschiede und auch vorhandener Ungerechtigkeiten hat das Prinzip der sozialen Marktwirtschaft im Großen und Ganzen doch sehr viel Wohlstand für seine Bevölkerung ermöglicht, um das viele Länder die Deutschen beneiden.

Europas Zukunft schien mit der Neuordnung nach der deutschen Wiedervereinigung blühend. Die Sicherheit war gewährleistet, es ging wirtschaftlich bergauf. Auch der Handel mit ehemaligen »Gegenspielern« im Osten wie Russland, den einstigen Satellitenstaaten der früheren Sowjetunion und selbst mit China nahm mehr und mehr zu. Ein Markt riesigen Ausmaßes tat sich auf und scheinbar unendliches Wachstum. Bis sich die Welt wieder wandelte, der Egoismus einzelner Staaten und ihrer Regierungschefs und Präsidenten hervortrat und sich neue Machtzentren auf der Welt bildeten.

Aus den Erfahrungen des Zweiten Weltkrieges und der Nachkriegsordnung waren in Europa zwei Annahmen entstanden, die bis zum Amtsantritt des 45. Präsidenten der Vereinigten Staaten, Donald Trump, in Stein gemeißelt schienen. Erstens: Die USA werden die Sicherheit Europas jetzt und immer sicherstellen. Zweitens: Die USA werden jetzt und immer den freien Welthandel garantieren. Beide Annahmen stellten sich als falsch heraus. Das transatlantische Bündnis zwischen den Vereinigten Staaten und Europa hat sich verändert. Die USA realisieren das Motto ihres Präsidenten, *America first.* Das äußert sich politisch und wirtschaftlich in einem ausgeprägten Egoismus und Protektionismus, um die heimische Wirtschaft zu stärken und sich zugleich gegenüber Wettbewerbern abzuschotten. Hauptgegner sind in diesem Fall nicht die Europäer, sondern China.

Die Achsen der Welt haben sich in den vergangenen Jahren deutlich verschoben. Bei all den Veränderungen auf politischer und wirtschaftlicher Ebene hat China den größten Schritt aller Staaten auf der Welt getan. Das Reich der Mitte wurde in vielerlei Hinsicht ein Land der Superlative. Dabei war Chinas Einfluss bis zur Jahrtausendwende politisch und wirtschaftlich für den Westen überschaubar – es war vor allem ein großer Markt mit sehr guten Wachstumschancen für Unternehmen. Als sich 2002/2003 das SARS-Virus ausbreitete, nahm der Westen das erste Mal die Bedeutung der Volksrepublik als wirtschaftliche und politische Macht so richtig wahr. Das Wachstum in China knickte ein, der Absatz ebenso und in der Folge auch die Börsen. In den Bilanzen der Unternehmen, die zunehmend auf den chinesischen Markt gesetzt hatten, waren die Verluste deutlich zu sehen – und damit auch die wachsende Bedeutung dieses Wirtschaftsraumes.

Ein deutliches Warnsignal, das vor allem Europa überhörte. Denn die Abhängigkeit von China hat sich zwischen SARS im Jahr 2002 und SARS-CoV-2 im Jahr 2020 drastisch erhöht. Es ist eine nahezu vollkommene Abhängigkeit geworden. Die Ignoranz des Westens und das blinde Rennen um billige Produktion und hohen Absatz mit dicken Gewinnen fällt ihm jetzt auf die Füße. Heute ist China eine wirtschaftliche Macht, an der kein Weg mehr vorbeiführt. Ein chinesisches Sprichwort sagt: »Eine Generation pflanzt die Bäume, die nächste genießt den Schatten.« Dieser Moment scheint gekommen.

Während Europa seinen eigenen Weg sucht, mit China einerseits und den USA auf der anderen Seite umzugehen und hier vor allem den Weg der Kooperation und Koexistenz sucht, sind die Vereinigten Staaten und China ganz klar auf Konfrontationskurs. Sie ringen um den ersten Platz in der Rangordnung einer globalen Welt.

Die Vereinigten Staaten von Amerika sind, wie der Blick auf die Weltkarte zeigt, nicht nur eine atlantische, sondern auch eine pazifische Macht. Das ist einer der Gründe, weshalb sie China als Konkurrenten ansehen. Ein weiterer ist der Aufschwung der Volksrepublik, das als einziges Land in der Lage ist, die Position der USA ernsthaft zu gefährden. Aus Sicht des US-Präsidenten und seiner Regierung ist das Land dabei, die Stellung der USA zu beschädigen und aus einer regionalen Machtposition in Asien heraus zu versuchen, eine hegemoniale Machtstellung in der Welt aufzubauen. Diese Befürchtung gründet auf der Außenpolitik Chinas im pazifischen Raum: dem Vorgehen gegenüber Taiwan, das China als Provinz im eigenen Einflussbereich für sich beansprucht, oder der Strategie Pekings im südchinesischen Meer. Dort baut China seine Präsenz massiv aus, indem es auf Atollen und Inseln militärische Basen errichtet und diese dann zu chinesischem Hoheitsgebiet erklärt. So kommt es regelmäßig zu Streit und auch Konflikten mit anderen Anrainerstaaten – und auch den USA. Hegemonial-Interessen weist China zwar regelmäßig zurück – doch an dem Streben nach einer Vormachtstellung besteht kein Zweifel.

Die Vereinigten Staaten haben daher ein nationales Interesse, den Wettstreit mit China auszutragen. Verbal auf der Linie des Präsidenten Trump mit aggressiver Rhetorik, inhaltlich gemäß einem machtpolitisch aufgestellten Land und ideologisch als Verfechter freiheitlicher Werte gegenüber einem Staat, in dem das Kollektiv wichtiger ist als das Individuum. In der Coronakrise spitzte sich diese Kommunikationsweise weiter zu, als Donald Trump von dem »chinesischen Virus« sprach. Das passte zu dem, was sich bereits weit vor der weltweiten SARS-CoV-2-Pandemie zwischen den USA und China abgespielt hatte: weg vom Versuch, auf politischer und wirtschaftlicher Ebene zu kooperieren, hin zu einer konfrontativen Politik, die charakteristisch für die USA unter Trump ist. Innenpolitisch verbuchte er mit der harten Linie durchaus Erfolg, allerdings zahlten die USA außenpolitisch einen hohen Preis dafür. Sowohl die Reputation als auch die Zahl der Freunde und Verbündeten sank.

Der aggressive Ansatz gegenüber China findet aber in den USA selbst durchaus Unterstützung. Auf allen wichtigen Politikfeldern wie wirtschaftlicher, sicherheitspolitischer und auch militärischer Stärke stehen die USA in direkter Konkurrenz zum asiatischen Herausforderer. Beide Staaten sehen sich zwar als friedliebende, nicht aggressive Länder an, unterstellen sich gegenseitig aber genau das Gegenteil. Die Werkzeuge in ihrem Baukasten haben sie in den vergangenen Jahren ergänzt. Diplomatie und Militär spielen zwar weiterhin eine Rolle. Wesentlicher und entscheidender sind jedoch die Werkzeuge Wirtschaft und Finanzen geworden. Im Kampf um die Führungsrolle bei Technologien wurde aus dem kalten Kommunikationskonflikt eine heißer Handelskonflikt.

Ausgetragen wird dieser Konflikt nun vor allem auf dem Gebiet der Wirtschaft. Die Vorherrschaft der amerikanischen Unternehmen im technologischen Bereich ist in mehrfacher Hinsicht von China bedroht. Zum einen steigt die Abhängigkeit dieser Hightech-Firmen von den Rohstoffen Chinas, des Weiteren sind chinesische Unternehmen selbst höchst erfolgreich auf diesem Gebiet. Heinrich von Pierer, ehemals Vorstandsvorsitzender von Siemens und bis heute bestens mit China vertraut, erklärt den Antrieb des Landes, eine neue Weltordnung mit einem starken China durchzusetzen: »Die Chinesen wollen ihre alte historische Rolle wieder einnehmen und bis 2049 – zum 100. Geburtstag der Volksrepublik – zur führenden Industrienation weltweit werden.« Die 2015 verkündete Initiative »Made in China 2025« sehe vor, die Digitalisierung voranzutreiben und ausländische Unternehmen auf diesem Gebiet zurückzudrängen, sagt er weiter.

Dazu passt der Aufkauf von Unternehmen wie Roboterherstellern und anderen hoch spezialisierten Unternehmen in Deutschland oder der Einstieg eines chinesischen Investors, der bereits den schwedischen Premium-Autobauer Volvo gekauft hatte, beim Auto-Hersteller Daimler. Mittlerweile, so von Pierer, begegnet man der Volkswirtschaft mit der Politik des *Level Playing Field.* Das bedeutet gleiche Bedingungen für alle. So jedenfalls die Forderung der Politik. Tatsächlich beklagen deutsche Unternehmen zunehmend die schwieriger werdenden Bedingungen, in China zu investieren. Es gibt keine Gleichbehandlung mit chinesischen Produzenten, obwohl sie in der Volksrepublik ihre Produktionsanlagen stehen haben. Unternehmen, die den Markt aus China heraus bedienen, die dort auch Forschung und Entwicklung betreiben, werden bei öffentlichen Aufträgen nicht gleich behandelt wie einheimische Unternehmen. Von einer Partnerschaft auf Augenhöhe, wie Deutschland dies immer wieder fordert, kann keine Rede sein. Da das Reich der Mitte seinen Markt schützt, also genauso protektionistisch vorgeht wie die USA, wurde die Außenwirtschaftsverordnung geändert, nachdem China den Augsburger Roboter-Hersteller Kuka übernommen hatte, um Aufkäufe aus dem nicht europäischen Ausland leichter verhindern zu können. Im Bereich künstlicher Intelligenz eilen die Chinesen ohnehin allen davon.

Der Innovationsschwerpunkt verschiebt sich zunehmend nach Asien. 2018 meldete China 30 000 Patente an, 2019 waren es nach Angaben der Weltorganisation für geistiges Eigentum (Wipo) schon fast 60 000. Ein Spitzenplatz in der Welt, womit die Volksrepublik die USA in noch einem Bereich überholte. Trump wird dies nicht gerade milde gestimmt haben in seiner Aversion gegen China, führten die Vereinigten Staaten das Patente-Ranking doch seit 1978 ununterbrochen an – mehr als 40 Jahre lang. Unter den Unternehmen wurde Huawei mit weit über 4000 Patentanmeldungen Spitzenreiter. China hat sich damit zwar noch nicht endgültig des Images eines Raubkopierers und Fälschers entledigt, so aber doch als neuer Innovations-Weltmeister ein Zeichen gesetzt: Wir können was!

Deutschland muss sich hinter Japan einreihen. Mit knapp 20 000 neuen Patenten reicht es nur für Platz vier – fast gleichauf mit Südkorea. Ganz Asien ist eine Innovationsschmiede mit mehr als der Hälfte aller Patentanmeldungen weltweit. Kein Wunder, die Bevölkerung Asiens ist jünger und innovativer. Die besten Voraussetzungen für ein asiatisches Jahrhundert, beste Voraussetzungen für Asien, nach der Coronakrise ökonomisch weiter aufzuholen. Vor allem in Europa wird dagegen immer noch die Tradition des Bewahrens alter Errungenschaften beschworen: Diesel statt E-Auto, ICE statt Magnetschwebebahn. Dabei würden wir im Zug der Innovationen gern vorne in der Lok sitzen statt in den hinteren Waggons.

Im Sog des Konflikts

Zunehmende Größe und Macht bringen manch absurde »Stilblüte« hervor. China entwickelte für seine eigene Bevölkerung und chinesische Unternehmen eine Art Manieren-Katalog: das Sozial-Kreditsystem. Daran müssen sich auch ausländische Unternehmen halten. Es funktioniert ähnlich wie die berühmt-berüchtigte Verkehrssünderkartei in Flensburg. Wer zu viele negative Punkte gesammelt hat, wird sanktioniert. So erhält Peking immer mehr Einfluss auf und Einblick in ausländische Unternehmen. Solche Auflagen, dazu die Zölle und Handelskrieg-Drohungen sind nur die Spitze des Eisbergs. Washington erinnert seine Verbündeten seit geraumer Zeit auch gern daran, wer eigentlich ihre Sicherheit garantiert. US-Präsident Trump drohte den Staaten Europas mehrfach, sie müssten das mit der NATO vertraglich vereinbarte Ziel von zwei Prozent ihres jeweiligen Bruttoinlandsprodukts für Verteidigung ausgeben, statt sich darauf zu verlassen, dass die USA in die Bresche springen.

Auch die asiatischen Staaten, die sich auf die USA verlassen, wie Südkorea oder Taiwan, lässt Donald Trump unmissverständlich wissen, dass sich keiner mehr automatisch sicher sein kann, unter einen amerikanischen militärischen Schutzschirm flüchten zu können. Es gibt keinen Automatismus mehr, sondern nur noch Deals. Alte Allianzen und Verbündete aus Tradition waren einmal. Die USA beendeten die Ordnung, die sie selbst nach dem Zweiten Weltkrieg geschaffen haben. Auch in Asien. Ob sicherheitspolitisch bei der Lieferung von Waffen und militärischem Schutz oder wirtschaftspolitisch, wenn es um Handelssanktionen oder Zölle geht. Die USA erhöhen den Druck auf Mitbewerber wie China, aber auch auf Kanada und die Europäer. Die Ordnungsmacht der Welt versucht mit allen Mitteln, Verbündete auf ihre Linie zu bringen. Manchmal mit Aussicht auf eine Sonderbeziehung zu den USA, vor allem aber durch den Aufbau von Druck und Drohkulissen. Wer unter diesem Präsidenten nicht für die USA ist, ist gegen sie. Und wird entsprechend behandelt. Dabei schreckt Washington auch nicht davor zurück, Institutionen zu beschädigen, die die USA nach Ende des Zweiten Weltkrieges mit aufgebaut haben: die Vereinten Nationen (UN) oder die Welthandelsorganisation (WTO). Die Politik zwischen Zuckerbrot und Peitsche funktioniert. Mal besser, mal schlechter.

Im Zuge der Coronakrise und vor allem der sich daraus ergebenden Änderungen im Kräfteverhältnis zwischen den USA und China, aber auch der Neuordnung in Europa wird sich zeigen, wer am besten aus der Krise gekommen ist. Wessen Chancen sich erhöht haben und welche gesunken sind.

China reagiert nicht nur auf den Druck der USA. Schon zuvor hat Peking sehr aktiv gehandelt, um seine Macht auszubauen. In Asien, Südasien, Afrika und auch in Europa baut das Reich der Mitte seinen Einfluss seit Jahren aus. Es geht bei den meist zivilen Projekten wie Straßenbau oder sonstigen Infrastrukturmaßnahmen vor allem um die Sicherung von Rohstoffen für die chinesische Wirtschaft, aber auch um geopolitische Präsenz in den Ländern. Seit 2015/2016 sichert Peking seine Auslandsinvestitionen in Afrika etwa mit dem Aufbau einer Militärbasis in Ostafrika, in Dschibuti.

In Europa hat ein großes Projekt für Furore und Sorge zugleich gesorgt. *Belt and Road Initiative*, so das offizielle Label der Chinesen für die »Neue Seidenstraße«. Diese Bezeichnung dürfte jeder in Europa schon einmal gehört haben, wohingegen die offizielle Bezeichnung der Europäischen Union die allerwenigsten kennen dürften: »EU-Asien-Konnektivitätsstrategie«.

China nimmt viel Geld in die Hand, um dieses neue Handelsnetz zwischen Asien, Afrika und Europa zu spannen und verbindende Infrastruktur wie Straßen, Tunnel, Brücken, Häfen und Zugstrecken zu bauen. Damit erschließt sich China nicht nur neue Märkte im Westen und auf anderen Kontinenten, es konkurriert auch im Einflussbereich der Vereinigten Staaten. In Europa. Und es nutzt die entstehenden Chancen, da die USA sich aus vielen Weltregionen zurückziehen, und die Europäer Fehler begehen – wie in Italien, als bei Ausbruch des Coronavirus Bilder chinesischer Hilfslieferungen wie Atemschutzmasken, Schutzanzüge und Beatmungsgeräte um die Welt gingen.

Die »Neue Seidenstraße« ist offiziell ein Projekt zur Vergrößerung des Wohlstands in der Welt, vor allem aber zur Mehrung des chinesischen Einflusses. Sie vereint eine Vielzahl an Projekten, die Länder abhängig machen von China. Denn Peking bezahlt die Infrastruktur in Pakistan ebenso wie in Italien. »Wenn wir gemeinsam reich werden wollen, müssen wir unsere Straßen öffnen«, heißt es oft aus Peking, wenn es um das Projekt *One road, one belt* geht.

Nach Einschätzung der europäischen Handelskammer in China werden jedoch vor allem chinesische Unternehmen reich dabei. Für Firmen aus Europa sei es nahezu unmöglich, Aufträge zu bekommen. Sie erfahren meist gar nicht von Ausschreibungen, sofern es überhaupt welche gibt. Laut einer Studie der Kammer, an der 132 in China ansässige europäische Firmen teilnahmen, haben sich nur 15 Prozent für das Projekt beworben. Es brauche vor allem Regierungskontakte oder chinesische Partnerfirmen, um zum Zuge zu kommen, klagten die europäischen Unternehmen. Zudem ginge es bei den Aufträgen nur um die Nischen, bei denen chinesische Firmen nicht über ausreichend Expertise verfügten.

Europäische oder deutsche Infrastruktur-Projekte haben für China dagegen keine hohe Priorität. Fragt man nach dem Warum, hört man oft drei Buchstaben mit einem Lächeln im Gesicht: BER. Gemeint ist das Desaster um den deutschen Hauptstadt-Flughafen.

Die »Neue Seidenstraße« ist ein wichtiges, aber nicht das einzig wichtige Projekt Chinas auf dem Weg nach ganz oben. Auch an anderen Stellen geht China voran und baut ein Netzwerk von Bündnissen auf. Seien es regionale Freihandelsabkommen oder eine Einrichtung wie die asiatische Infrastrukturbank (AIIB). Sie ist ein Gegenentwurf zur Weltbank und zum Internationalen Währungsfonds (IWF), bei dem sich China nicht ausreichend berücksichtigt fühlt und den USA eine Dominanz bei der Frage der fairen Verteilung der globalen Macht vorwirft.

Nicht immer aber reichen Lockungen. Bei Chinas Angebot an den demokratischen Inselstaat Taiwan, Unternehmen beim 5G-Ausbau oder bei zivilen Luftfahrtprojekten zu beteiligen, zögerte die taiwanesische Regierung. Wer dem Reiz widersteht, bekommt Druck. Im Falle des aufmüpfigen Taiwan, das sich als unabhängiger Staat sieht, während China es als Teil seines Landes empfindet, baut Peking auch Druck auf andere auf. Und die kuschen. Wie Deutschland. Obwohl Taiwan mit als erstes Land vor dem neuen Coronavirus in China gewarnt hatte, wanden sich Deutschland und auch die EU um eine klare Position in der Frage, Taiwan zur Konferenz der Weltgesundheitsorganisation einzuladen. Deutschland möchte den wichtigen Handelspartner China nicht verärgern.

Die territoriale Bedeutung ist für China das eine, der Führungsanspruch in der digitalen Welt ein anderer. Gerade an diesem Punkt stoßen die USA und China zusammen. Deutschland befindet sich geografisch in der Sandwichposition und muss schauen, wie es den jeweiligen Angeboten und Reizen widersteht.

Das gilt auch für den Ausbau der digitalen Infrastruktur, um annähernd mit den Ländern Asiens, den USA oder auch innerhalb Europas mithalten zu können. Schon 2019 begann der Streit, wer den Zuschlag für den 5G-Ausbau bekommen solle. Schon in einem frühen Stadium versuchten die USA, den chinesischen Anbieter Huawei aus dem Rennen zu nehmen, weil das Unternehmen angeblich im Auftrag der Regierung in Peking Spionage betreiben würde. Dabei haben die Amerikaner selbst großflächig in Deutschland mithilfe des Geheimdiensts NSA gespitzelt – inklusive Kanzler-Mobiltelefon. Waren es zunächst Hinweise und Ratschläge aus Washington, so wurden diese Töne schärfer, je näher die Entscheidung der Bundesregierung in Berlin rückte. Peking beschwerte sich heftig in Berlin über das Vorgehen der USA und drohte mit Nachteilen für deutsche Produkte und Unternehmen, sollte Huawei aus politischen Gründen nicht berücksichtigt werden.

Die deutsche Regierung bekam damit eine Ahnung, wie sehr die USA und auch China bereit sein würden, ihre Interessen mit allen Mitteln durchzusetzen. Die amerikanische Kampagne gegen das chinesische Unternehmen Huawei zeigt, dass sich Länder wie Deutschland und andere auf der Welt in große politische und wirtschaftliche Gefahr begeben, wenn sie den Belangen der USA zuwiderhandeln. Das tun sie bereits dann, wenn sie sich wirtschaftlich mit China verbinden. Huawei ist ein Paradebeispiel dafür, wie wichtig Washington der Zugriff auf Länder wie Deutschland ist, um zu verhindern, dass diese chinesischen Angebote bei Technologien und Digitalisierung realisiert werden. Der Preis könnte am Ende zu hoch sein, weil neben wirtschaftlichen vor allem sicherheitspolitische Nachteile drohen. Es geht im Kampf der USA und China um die Vormachtstellung im digitalen Zeitalter. Wer diese hat, wird am Ende nicht nur Wettbewerbsvorteile haben, sondern auch die wirtschaftliche Nummer eins auf der Welt sein.

Die USA ziehen alle Register auf der Klaviatur der Macht. Vor allem mit Drohungen gegen den Kern europäischer und deutscher Industriebranchen, die direkt vom Export abhängen wie die Autoindustrie und der Maschinenbau. Die Einschüchterungen reichen aber auch in den Bereich der Sicherheitspolitik hinein. Wenn zum Beispiel offen gedroht wird, die Kooperation zwischen den Geheimdiensten auszusetzen und somit die Gefahr von Terroranschlägen bei den Verbündeten zu erhöhen.

Der Conoravirus hat die Bedeutsamkeit internationaler Zusammenarbeit drastisch vor Augen geführt. Ob Gesundheit, Wirtschaft, Verteidigung – die Auswirkungen der aktuellen Krise zeigen, wie verletzlich alle Wirtschaftssysteme, Gesellschaftsformen und Regierungen egal welcher Form und Ausrichtung sind. Die bange Frage lautet: Werden alle Länder daraus Lehren ziehen und lernen? Und aus wirtschaftlicher Sicht: Kehren Wirtschaften wie die deutsche, aber auch viele andere in vollem Umfang nach der Krise zurück zu ihren alten Lieferketten und Abhängigkeiten, zum Beispiel von China?

Dieser Konflikt zwischen den beiden Ländern USA und China, zwischen zwei Systemen, kann am Ende nicht nur keinen Sieger, sondern sogar viele Verlierer haben. Es könnte am Ende zu einer Neuauflage einer bipolaren Welt kommen. Unter Führung je eines Landes. Den USA und China. Eine hochproblematische Situation für Länder in Asien und Europa, die geografisch dazwischenliegen und sich auch politisch wie wirtschaftlich positionieren müssen.

Europa am Scheideweg

Die Zeit, in der die Zusammenarbeit von Staaten nach Ende des Kalten Krieges auflebte, ist an vielen Stellen zum Ende gekommen. Kooperation über Grenzen hinweg, über verschiedene Weltanschauungen und Religionen hinaus, war ein Merkmal des Multilateralismus. Es wurde zusammengearbeitet zum Erhalt der Sicherheit, zur Mehrung des Wohlstands, zur Verbesserung des gesellschaftlichen Lebens sowie in Wissenschaft und Forschung, um weniger abhängig zu sein von Anbietern, die durch eine Monopolstellung in der Lage sind, Macht auszuüben. Gerade im Kampf gegen SARS-CoV-2 zeigt sich, wie wichtig es ist, zusammenzuarbeiten und Expertise, Kompetenz und Ausrüstung zusammenzustellen und zu verteilen, damit es eine möglichst effektive und globale Abwehr gegen den Virus gibt, Menschen gerettet und Wirtschaften erhalten werden können.

Aber selbst die Wertegemeinschaft schlechthin, die Europäische Union, deren Kern die Zusammenarbeit und der Zusammenhalt der Staaten Europas war, hat in dieser Krise jedenfalls zu Beginn kläglich versagt und den Lackmustest nicht bestanden. Ob sich dieser fatale Fehler korrigieren lässt? Es werden enorme Anstrengungen nötig sein. Weniger wegen Streits oder Unmuts der Regierungen einzelner Länder gegenüber anderen, sondern aufgrund des zerstörten Vertrauens der Menschen in die Europäische Union. Wenn in dieser umfassenden Krise zuerst die Grenzen geschlossen werden und erst nach und nach Hilfe und Beistand kommen, wenn Bilder von Hilfslieferungen aus Russland, aus China und anderen Ländern die betroffenen Länder erreichen, dann ist es an der Zeit, eine ernste Frage zu stellen: Werden wir Europa als echte Gemeinschaft erleben, es als Union nach dieser Krise weiterbauen oder wird Europa am Coronavirus scheitern? Es wird Jahre dauern und von den Menschen in Europa abhängen, wie sie diese Frage beantworten. Zum Beispiel über Wahlen. Schon vor der Viruskrise haben die Tendenzen in Europa zugenommen, Themen weniger gemeinschaftlich, dafür mehr national zu betrachten. Auch ist in fast allen Ländern zu beobachten, wie sehr Parteien auf dem Vormarsch sind, die vor allem mehr Nationalstaat fordern und weniger Europa oder gar ein anderes Europa.

Im Osten Europas gibt es einige Länder, die die bisherige Ausgestaltung der Europäischen Union in Teilen sehr gut finden. Vor allem in den Bereichen, in denen sie selbst profitieren. Wenn die Infrastruktur- und Investitionstöpfe der EU ihr Land voranbringen können. Aber wehe, sie sollen zum Beispiel Flüchtlinge aufnehmen. Dann ist die Ablehnung nicht nur groß, sondern kategorisch. Und die EU nimmt es hin.

Das bisherige Motto lautete: Die EU ist immer hervorragend, wenn man etwas bekommt, aber immer grauenhaft, wenn man etwas geben soll. Dies kann nicht mehr gelten.

Eine solche Herangehensweise wird die Europäische Union nicht mehr tolerieren, geschweige denn lange überleben können. Nicht nur, weil Zersetzung aus dem Inneren der EU wegen fehlender Solidarität untereinander und von niemandem befolgten Regeln droht. Sondern auch, weil es auf der ganzen Welt zunehmend Regierungschef*innen und Präsident*innen gibt, die nicht mehr auf Zusammenarbeit setzen, sondern auf die eigene Macht und die Ohnmacht der anderen, etwas dagegen zu tun. Die Liste der Egomanen und Vertreter ausschließlich eigener Interessen ist lang: Neben den USA und China sind Russland, Brasilien, die Türkei, der Iran und Saudi-Arabien, das Vereinigte Königreich Großbritannien, Ungarn und zunehmend auch Polen zu nennen. In all diesen Ländern sind Persönlichkeiten an der Macht, die vor allen Dingen auf den eigenen, nicht einmal auf den Vorteil der Bevölkerungen ihrer Länder bedacht sind.

Zwar ist deren wirtschaftliche Stärke je nach Land relativ, aber die Politik, der Stil und der Ton sind ganz überwiegend aggressiv. Alle eint, dass sie in der Coronakrise keineswegs besser reagiert haben. Im Gegenteil. Mit verächtlichen Äußerungen auf Twitter, Beleidigungen und Verleugnen als Fake News hat es kein einziger geschafft, den Virus zu besiegen.

Zudem bietet die Konkurrenz von Egomanen und egoistischer Ölpolitik reichlich Anlass für Probleme mit Gleichgesinnten. Ob in Syrien, wo sich die Türkei und Russland mit unterschiedlichen Interessenslagen beharken und versuchen, das Vakuum zu füllen, das die USA mit ihrem Rückzug aus dieser Region hinterlassen. Oder im Kampf ums Öl, bei dem sich Saudi-Arabien und Russland einen ruinösen Preiskampf geliefert haben, in den auch der Iran und die USA mit ihrer Schieferöl-Industrie geraten sind. Gesichtswahrende Lösungen sind die Sache von Egomanen nicht. Sie agieren auf Kosten anderer – und auch wie bei Corona zu sehen, auf Kosten von Leben.

Mit solchen Persönlichkeiten und Regierungen wird es sehr viel schwieriger, sich auf globale gemeinsame Linien zu verständigen. Das gelang auch immer seltener. Die G20, ein Format, bei dem sich die zwanzig größten Volkswirtschaften der Welt treffen, um sich auszutauschen und Lösungen zu suchen, scheitert in letzter Zeit häufiger. Eines der letzten multilateralen Formate zur Verständigung verkommt immer öfter zur Farce. Stattdessen einsame Entscheidungen ohne Absprachen oder auch nur vorherige Information. Ein Beispiel aus der Coronakrise lieferte Donald Trump mit seiner Entscheidung, eine Einreiseverbot für Europäer mit Ausnahme Großbritanniens für dreißig Tage zu verhängen. Später musste er wider seinen Willen die Briten miteinschließen.

Der Coronavirus zeigt allen Gesellschaften auf der ganzen Welt, dass sie verwundbar sind. Einige Länder, vor allem in Asien, kommen besser mit den Herausforderungen zurecht. Die Europäische Union dagegen hat an entscheidender Stelle versagt. Sie muss sich dringend reformieren, soll das europäische Projekt weitergehen. Die Krise verdeutlicht den Europäern, dass Einigkeit und Gemeinsamkeit auf zumindest einigen zentralen Feldern erzielt werden müssen, wenn sie in einer Welt mithalten wollen, die zunehmend geprägt ist von regionalen Mächten und Fürsten, die versuchen, auf eigene Rechnung zu arbeiten und nur zu ihrem eigenen Vorteil. Die Zukunft Europas und auch der größten Volkswirtschaft inmitten dieses Kontinents, Deutschland, kann nicht in Alleingängen liegen. Dafür sind alle Staaten in Europa zu klein, nicht leistungsfähig genug und politisch zu unbedeutend.

Doch der Blick auf die Weltkarte zeigt, dass Europa in unmittelbarer Nachbarschaft liegt von Russland, der Türkei und einer explosiven Region wie dem Nahen und Mittleren Osten, nur getrennt durch das Mittelmeer. Das allein sollte Ansporn und Mühe wert sein, in einem starken Europa mit gemeinsamen Interessen verbunden zu sein. Denn eine Nachbarschaft ist vor allem dann gut, wenn sie von gegenseitigem Respekt und dem Wissen geprägt ist, dass man besser gemeinsam klarkommt zum Nutzen aller. Diesem Ziel folgend ist im Vertrag über die Europäische Union ein Grundsatz verankert: das Subsidiaritätsprinzip. Jede Aufgabe soll von der untersten Ebene gelöst werden. Nur wenn das nicht möglich ist, greift die nächste Ebene ein und unterstützt.

Geopolitik bestimmt über Geoökonomie

Politik, Wirtschaft und Finanzen gehören zusammen. Der Zusammenhang dieser drei Faktoren und die Auswirkungen zu verstehen ist wichtig. Denn es betrifft uns alle. Besonders in Zeiten der Coronakrise. Sie zeigt uns, wie stark der Virus Politik, Wirtschaft, Finanzen und viele Teile der Gesellschaften verändern wird. Und er offenbart Gräben, deren Brüche wir zuvor nicht ausreichend wahrgenommen haben. Diese tiefen Gräben zu sehen, nicht hineinzufallen und Brücken darüber zu bauen, wird wesentlich sein zur Überwindung der Coronakrise und der Folgen, die davon ausgelöst werden.

Die globalisierte Welt wird weiterhin Bestand haben, doch sie wird sich verändern. Wirtschaftlich, aber auch im politischen Sinne. Durch das Ringen der USA und China um die strategische Vormachtstellung auf der Welt kann ein neues

Blockdenken wie zu Zeiten des Kalten Krieges entstehen. Die unterschiedlichen Systeme würden sich mit wirtschaftlichen und politischen Werkzeugen bekämpfen und viele Staaten in Mitleidenschaft ziehen, deren Verbündete sie aufgrund von geteilten Werten oder Abhängigkeiten sind. So könnten zwei Hegemonialmächte entstehen, die ihren Einflussbereich ausdehnen und geltend machen. Die USA vornehmlich mit den Verbündeten in Asien, Südkorea und Taiwan, und auch auf dem amerikanischen Kontinent, mit Kanada und Mexiko, wo es viele Abhängigkeiten von den USA gibt. Chinas Einfluss wird über Asien hinaus vor allem in Afrika sichtbar sein, wo das Reich der Mitte sehr aktiv ist und Länder an sich gebunden hat.

Und Europa? Im Zweifelsfall werden sich die meisten europäischen Staaten aufgrund gemeinsamer Geschichte und Kultur, vor allem aber gemeinsamer demokratischer Werte eher an der Seite der USA wiederfinden. Zwar wächst auch Chinas Einfluss, nicht zuletzt durch die beschriebene »Neue Seidenstraße«, die Technologielieferungen nach Europa sowie die Tatsache, dass China ein wichtiger Markt für europäische Produkte bleiben wird. Aber Europa wird Schwierigkeiten haben, auf Augenhöhe mit dem neuen *Superplayer* zu verhandeln und seine Interessen durchsetzen zu können. Das gelang bereits vor Corona nicht wirklich. Die für Europäer so wichtige Frage der Menschenrechte wurde in China zwar als Bedingung für Kooperationen genannt, spielte aber weder in Verhandlungen noch danach eine ernst zu nehmende Rolle. Dies zeigte sich bei dem in China etablierten Sozialkreditsystem, den Protesten in Hongkong oder beim Umgang mit der uigurischen Minderheit. China ging seinen eingeschlagenen Weg unbeirrt weiter. Es darf bezweifelt werden, dass sich das – zumal mit wachsendem Einfluss der Volksrepublik – künftig ändern wird.

Auch die Gewährung von Rechten für ausländische Investoren, wie chinesische Firmen sie hierzulande genießen, etwa bei der Übernahme oder bei Beteiligungen deutscher Firmen, ist für ausländische Unternehmen in China nach wie vor nicht gegeben. Die Bundesregierung und deutsche Verbände beklagen das regelmäßig – ohne Erfolg. Das Ungleichgewicht bleibt bestehen. Weil China seine Interessen durchsetzen kann – und die größte europäische Volkswirtschaft nicht. Europa mit allen Staaten zusammen ist immerhin eine Handelsmacht, die sowohl in China als auch in den USA durchaus Eindruck macht, weil Europa in puncto Wirtschafts- und Kaufkraft in derselben Liga spielt – und dies weiterhin kann, wenn Europa die richtigen Lehren aus Corona zieht, an einem Strang und auch in eine gemeinsame Richtung.

Wenn sich die beiden großen Mächte China und USA mit ihrem Hegemonialanspruch weiter anfeinden, dann werden beide wenig Lust verspüren, im Wettlauf um Innovationen und Technologien zusammenzuarbeiten. Deshalb sind keine einheitlichen Standards zu erwarten. Vom Aufladen eines Handys bis zur neuen Mobilität könnten die beiden Wettbewerber in allen Bereichen versuchen, mit unterschiedlichen Normen die Konkurrenz aus dem Feld zu schlagen und interne geschlossene Systeme zu installieren. Damit würde der Zugang zum jeweils anderen Markt und dem der Verbündeten und Abhängigen verunmöglicht oder zumindest erschwert.

Wer meint, diese Prognose sei zu pessimistisch, schaue in die Vergangenheit. Über Jahre hinweg haben vor allem die Europäer bei bilateralen Treffen mit Chinas Staatsspitze in Peking, in Brüssel ebenso wie bei internationalen Zusammenkünften dafür plädiert und dazu gemahnt, auch Peking müsse den Welthandel so gestalten, dass er beidseitig offen und möglich ist. China hat dies oft versprochen – und jedes Mal erneut gebrochen. Mehr noch. Mit der Zeit zeigte sich, dass die Volksrepublik keinerlei Interesse an einem Wandel der eingeschlagenen Politik hat, die vor allem ein Ziel hat: die Dominanz Chinas in der Industrie, bei Rohstoffen, bei den neuen Technologien. Und an dieser Stelle krachte es mit dem Inhaber der Spitzenposition bei diesen Technologien, den USA. Lange war die politische Linie der USA unter Präsident Barack Obama davon geprägt, China in multilateralen Abkommen zu binden. Dieser Ansatz ist Geschichte. Aktuell geht Washington auf Konfrontationskurs mit der Annahme, dass die USA den Konflikt noch im eigenen Interesse lösen können.

Die spannende Frage wird: Was macht Europa? Die Antwort ist entscheidend nicht nur für seine Einwohner, sondern auch darüber hinaus. Denn wenn der Kontinent international eine bedeutsamere Rolle spielen wird, hat dies Auswirkungen auf andere Länder, die sich in Umklammerung der beiden Großen befinden. Ihnen bietet sich die Chance, ökonomisch etwas unabhängiger sein zu können. Dazu aber muss zunächst vor allem Europa selbst eine Vorstellung davon entwickeln, ob und welche Rolle es in der Zeit nach der Krise spielen will. Gewiss sind die europäischen Länder allein zu klein, um sich in der globalisierten und digitalen Welt behaupten zu können. Weder ein Land wie Ungarn mit knapp zehn Millionen Einwohnern ist in der Lage, seine Interessen in irgendeiner Form gegen China oder die USA durchzusetzen, noch Deutschland mit 83 Millionen Menschen und seiner starken Wirtschaftskraft. Da klingen mehr als 450 Millionen Einwohner in der EU gegenüber China zwar immer noch wenig, aber es sind doch deutlich mehr als in den USA mit ihren 330 Millionen Menschen.

In der zunehmend von geopolitischen und geoökonomischen Interessen geprägten Welt zeigt sich schnell, dass es allein deutlich schwieriger wird, eigene Interessen durchzusetzen. Das werden Staaten wie die Türkei erfahren, die als eine Regionalmacht ständig auf neue Kooperationen setzen müssen, wie aktuell im Konflikt in Syrien. Häufig wechselnde Interessens- und Konfliktlagen fordern den Türken schnelles Wechseln der Partner ab. Beim Thema Syrien mit Russland, beim Thema Waffenlieferungen mit den USA, beim dritten Thema Flüchtlinge mit Europa. Dabei dürfen sie die Europäer nicht ganz vergraulen, weil die reichlich Geld in die marode türkische Wirtschaft pumpen. Eine mögliche Methode, aber nachhaltig ist sie nicht. Und die Gefahr ist groß, dass irgendwann etwas schiefgeht. Europa kann an der Türkei sehen, welche Probleme ein Lavieren zwischen Blöcken bereiten kann.

In der Coronazeit zeigt sich, wie wenig Parteien, die auf mehr Nationalstaat und Alleingänge setzen, zu bieten haben bei der Lösung einer Krise, die international ist und auch nur so gelöst werden kann. International bedeutet für Europa, keinen Weg einzuleiten, wie Ungarn es tut. Ob Abschottung, nationale Alleingänge bis hin zu Notstandsgesetzen und der Aushebelung des Parlaments gangbare Wege sind, wird sich zeigen. Vor allem, wenn man auf Geld aus Brüssel baut und den Wohlstand nicht aus eigener Kraft erhalten kann. Der größte industrielle Arbeitgeber in Ungarn ist die deutsche Firma Robert Bosch. Was wäre, wenn es dieses Unternehmen mit 15 000 Arbeitsplätzen in der Region nicht gäbe?

Vor allem die kleineren Länder Europas sind auf eine gemeinsame Union angewiesen. Dazu bedarf es aber einer gemeinsamen Idee statt einzelner, nationaler Vorstellungen. Nie war der Zeitpunkt so klar und der Druck so hoch, zu Entscheidungen und Vereinbarungen zu kommen, die auch von allen getragen werden. Die Zukunft des Kontinents Europa, seiner Staaten und vor allem der Bevölkerungen steht auf dem Spiel. Und im Zuge dessen auch vieler Länder auf der Welt, die sich nicht abhängig machen wollen von den systemischen Kolossen USA und China, sondern wählen können wollen.

Wie Südkorea. Ein Land mit etwa 50 Millionen Einwohnern und einer ähnlichen Wirtschaftsstruktur wie in Deutschland. Durch seinen kommunistischen Bruderstaat mit geografischer Nähe zu China, aber demokratisch verfasst und mit einem Gesundheitssystem ausgestattet, das in der Coronakrise auf Erfahrungen aus Epidemien wie SARS und MERS zurückgreifen konnte.

Europa muss mehr sein als eine Wertegemeinschaft. Es muss im eigenen Interesse und im Interesse der Weltgemeinschaft eine Größe sein, die in einer etwaigen Neuauflage einer bipolaren Welt mit China und den USA oder einer multipolaren Welt mit weiteren regionalen Mächten wie Russland oder Indien eine gewichtige politische wie auch ökonomische Rolle spielen kann.

Dabei kommt Deutschland eine besondere Rolle zu. Das Land mit den meisten Einwohnern und der größten Volkswirtschaft in Europa muss den neuen Rahmenbedingungen Rechnung tragen und Europa mehr als bisher in sein Wirtschaftsmodell einbeziehen.

Ermöglichte der europäische Binnenmarkt der deutschen

Wirtschaft bislang vor allem, viel an die Nachbarn zu verkaufen, so lohnt sich die Überlegung, künftig mehr Waren in Europa herzustellen. Dafür die Abhängigkeit von Lieferketten dort zu beenden, wo es möglich ist. Innovationslabore dort aufzubauen, wo es nötig ist. In Europa. Produktionen für den heimischen Markt müssen wieder mehr in den Mittelpunkt gerückt werden. Nicht nur unter dem Eindruck der Coronakrise in Sachen Schutzkleidung und Atemmasken, als die ganze Welt bei chinesischen Herstellern anklopfte und die Kosten für Artikel, die eigentlich nur ein paar Cent kosten, in astronomische Höhen stiegen. Die Lehre muss sein, bestimmte Produkte in Europa herzustellen, die zentral bei Krisen sind, statt sie über Zigtausende Kilometer entfernt aufwendig und teuer transportieren zu müssen.

Des Weiteren muss Europa nach der Krise ein starker Standort für neue Technologien werden, um sich nicht von China und den USA abhängig zu machen. Wissenschaft und Technik, Labore und ein gutes Fundament für Start-up-Unternehmen, die die Entwicklungen vorantreiben, sind dabei ebenso wichtig wie Konzerne und eine breite, starke Zulieferindustrie. Unabdingbar ist zudem ein weiterhin leistungsfähiger Mittelstand, der die Entwicklung und Fertigung von Produkten betreibt, sowie eine Gesellschaft, die wirtschaftlich über genug Kaufkraft verfügt, diese Erzeugnisse auch konsumieren zu können. Vor allem der europäische Binnenmarkt wird wichtiger werden, weil die Exportmärkte aufgrund des wachsenden Einflusses Chinas beschnitten werden könnten. Europa muss Heimstatt und Zukunft werden, es muss sich politisch verändern, um ökonomisch wertvoller, nachhaltiger und gehaltvoller für die Menschen werden zu können. Nur mit einem starken Europa kann auch Deutschland gestärkt aus der Coronakrise kommen. Denn auf Augenhöhe mit den USA und China ergeben sich mehr Chancen als heute.

Vor der Coronakrise war China für uns einer der global wichtigsten Handelspartner. Bei den Warenexporten stand das Land aus deutscher Sicht auf Platz drei, hinter den USA und Frankreich. Da sich weltweit und damit auch in der Volksrepublik das Wachstum seit dem dritten Quartal 2019 infolge des Handelskonfliktes mit den USA abgekühlt hat, kommt nach einer Studie der deutschen Rohstoff-Agentur (DERA) und ihrer Autorin Yun Schüler-Zhou ein weiterer wichtiger Aspekt hinzu: China orientiert sich immer mehr an höheren Umweltstandards und weniger an klimaschädlichen Industrie- und Energiezweigen wie dem Bergbau. Nachhaltige Herstellungsprozesse und klimaneutrale Produkte sind den Menschen und der Mehrheit der europäischen Politik sehr wichtig. Europa und Deutschland könnten künftig auf entsprechende Kooperationen mit China setzen. Zumindest, wenn es um wirtschaftliche Beziehungen zu China geht. Dazu muss Europa der wichtigste Standort für eine klimafreundliche oder besser klimaneutrale Wirtschaft werden. Im Kampf der beiden Blöcke China und USA um die Technologieherrschaft ist eine erfolgreiche nachhaltige klimafreundliche Wirtschaft mehr als eine Nische, es ist eine Innovation mit vielen Möglichkeiten, Produkte zu verkaufen und daran zu verdienen.

Um ökonomisch erfolgreich zu bleiben, müssen politische Entscheidungen getroffen und Weichen für Europa gestellt werden. Forschung und Wissenschaft müssen gestärkt werden. Die Einrichtungen sind da: Helmholtz-Institut, Fraunhofer-Gesellschaft, Max-Planck-Institute – um bloß einige der deutschen Einrichtungen und Forscher*innen von Weltrang zu nennen. Hinzu kommen die Unternehmen und Konzerne, mittelständische Firmen, Fachkräfte. Sie alle haben nach Corona Aussicht auf mehr Erfolg als vor der Krise, wenn Politik, Wirtschaft, Finanzen und die ganze Gesellschaft zusammenstehen, um in Deutschland und in Europa ein Gesellschafts- und Wirtschaftsmodell zu etablieren, das weniger auf Abhängigkeiten setzt als bisher. Durch den Coronavirus haben sich Rahmenbedingungen verändert, wirtschaftlich und politisch. Die Konflikte um Handel und Technologien werden härter geführt werden auf der Welt.

Der Unterschied zu den Krisen der Vergangenheit wie dem 11. September, der Finanzkrise oder auch externen Schocks wie bei SARS besteht bei der Coronakrise in der Tiefe und gleichzeitig weltumspannenden Ausweitung bei gleichzeitiger Verschärfung einer systemischen Konfrontation. Diese Krise ist in ihrer Dimension unvergleichbar, immerhin darin sind sich die Mächtigen dieser Welt einig. Welche Reaktion sie darauf finden werden, ist noch nicht sicher, aber dass es kein »Weiter wie bisher« geben kann, ist grenz- und systemübergreifend sicher.

Dass sich die Ökonomie den politisch veränderten Gegebenheiten anpassen wird, ist wahrscheinlich. Dass nach dem Sozialismus in den 1990ern auch der neoliberale Kapitalismus durch Corona an seine Grenzen gestoßen ist, auch. Es ist eine der entscheidenden Fragestellungen für Europa nach der Krise, ob es einen ordnungspolitischen Kurswechsel geben wird. Aufbauend auf der sozialen Markwirtschaft – angepasst an die Bedürfnisse der heutigen Zeit und erweitert um den notwendigen und von der gesellschaftlichen Mehrheit geforderten Wert des Klimaschutzes. Es ist eine alles entscheidende Phase gerade für den Kontinent, auf dessen blutigem Erbe zahlreicher Kriege eine Institution europäischer gemeinsamer Werte und Wünsche geschaffen wurde. Welchen Wert werden die Europäer einbringen können in die Weltordnung nach Corona? Welche politische Kraft werden sie sein und wofür werden sie stehen? Für nicht nur gelebte, sondern durch die zigtausend Covid-19-Infizierten auch gelernte Solidarität? Für eine Wirtschaft, die nachhaltig ist und die Schöpfung bewahrt, die möglichst alle Einwohner*innen Europas und auch die der Partnerländer durch Handel reicher statt ärmer macht? Und auf Werten und Zusammenhalt fußt?

Die kommenden Jahre werden spannend und wohl auch turbulent für die gesamte Welt werden. Geopolitisch und wirtschaftlich. Die Gesellschaften stehen an einer Weggabelung. Nach Corona entscheidet sich, ob wir den Mut und die Kraft haben, Bewährtes weiterzuentwickeln, Neues unerschrocken zu versuchen sowie aus Fehlern der Vergangenheit zu lernen – und sie nicht zu wiederholen.

Katastrophenalarm in den Schwellenländern

Es war wieder Frankreichs Präsident Emmanuel Macron, der einen konkreten Vorschlag machte, die ökonomischen Auswirkungen des Coronavirus in den ärmsten Ländern in Afrika zu begrenzen. Er schlug vor, dass die G7-Staaten die Schuldentilgung durch die ärmsten afrikanischen Länder zunächst aussetzen, um deren Wirtschaften zu entlasten. Im weiteren Verlauf müsse auch ein Schuldenerlass möglich sein, sagte der französische Präsident.

In den Schwellen- und Entwicklungsländern, egal ob in Asien, Afrika oder Südamerika, trifft der Coronavirus die Menschen in einem Ausmaß, das in keiner Weise mit den Industriestaaten vergleichbar ist. Ob das Gesundheitssystem oder die Volkswirtschaften: Schwellenländer, die sich meist auf der südlichen Halbkugel befinden, trifft der Virus mit voller Wucht und löst in den meisten Fällen eine humanitäre Katastrophe aus.

In den Ländern Südamerikas, Afrikas und Asiens leben Millionen Menschen in Armenvierteln dicht an dicht gedrängt. Schon unter »normalen« Bedingungen sind die hygienischen Zustände dort unzureichend, von Quarantäne oder Abstand halten kann in diesen Vierteln keine Rede sein. Die Ausstattung der Gesundheitssysteme ist absolut ungenügend. Hinzu kommen Mangelerscheinungen bei den Einwohner*innen und meist auch Vorerkrankungen. Gerade in Gegenden, die durch Krieg ohnehin am Boden sind, drohen katastrophale Zustände durch den Virus.

Selbst Indien, das sich als kommende Wirtschaftsmacht sieht, offenbarte in Zeiten von Corona, wie verheerend die Zustände in dem Land noch immer sind. Die von Premierminister Narendra Modi ausgesprochene Ausgangssperre schlug fehl in einem Land, in dem Millionen Menschen auf der Straße leben müssen und in dem sich Hunderttausende Wanderarbeiter zu Fuß auf den Weg machten aus den Städten hinaus zurück in ihre Dörfer. So kann die Eindämmung eines Virus kaum gelingen.

Wanderarbeiter und Tagelöhner sind in vielen Staaten der Welt, vor allem in den ärmsten, noch immer Realität. Durch die Schutzmaßnahmen ihrer Länder verlieren diese Menschen ihren Lebensunterhalt und damit ihre soziale Absicherung, da diese in ihren Heimatländern nicht staatlich organisiert ist, oder nur unzureichend.

Die Menschen sind doppelt von SARS-CoV-2 betroffen. Unmittelbar durch den Jobverlust und mittelbar über die Auswirkungen für die Volkswirtschaften ihrer Länder. Denn die hängen oft am Verkauf von Rohstoffen wie Öl oder Grundstoffen für die Agrarindustrie sowie am Tourismus. Der Nachfrageschock der Weltwirtschaft trifft diese Länder in besonderem Maße. Ihre ohnehin bescheidenen Einnahmen brechen auf nahezu null ein. Und auch das ist noch nicht alles. Diese Staaten sind hoch verschuldet und können ihre Verbindlichkeiten nicht mehr begleichen. Zugleich ziehen Investoren in großem Stil Gelder aus den Schwellenländern, den *Emerging Markets*, ab.

Der Schuldenstand der Schwellen- und Entwicklungsländer wird weiter steigen, denn durch den Nachfrageschock wird es kein Wachstum der Wirtschaft geben, stattdessen massive Einbrüche bei den Einnahmen der Staaten bei gleichzeitig weiter anhaltenden oder gar wachsenden Ausgaben. Eine hochgefährliche Mischung, die diese Länder nicht allein werden bewältigen können. Sie werden Hilfe brauchen. Der von Frankreichs Präsident Macron ins Spiel gebrachte Schuldenerlass und auch die von Bundesentwicklungsminister Gerd Müller geforderte verstärkte Hilfe sind wichtige Schritte, um die ärmsten Staaten der Welt zu stabilisieren. In Anbetracht populistischer Kräfte, die solche Solidarität anprangern und für ihre Parolen nutzen, muss erwähnt werden: Solche Unterstützung wäre auch nützlich für uns als Exportnation. Das übernimmt für uns die Kreditanstalt für Wiederaufbau, die deutsche KfW, die größte nationale Förderbank der Welt. Nicht nur bei der Unterstützung deutscher

Unternehmen und Kleinunternehmer, sondern auch auf einem ihrer Kerngebiete, der Entwicklungshilfe. So hat die KfW im Auftrag der Bundesregierung neben dem Corona-Sonderprogramm für Deutschland auch Nothilfe für ärmere Staaten im Umfang von mehreren Milliarden Euro zusammengestellt. Darin sind medizinische Ausrüstungen enthalten, aber auch Mittel zur Stärkung der Gesundheitssysteme vor Ort sowie Gelder, um die Finanzsysteme stabil zu halten. Diese doppelte Herausforderung ist eine Anstrengung ohne Gleichen, aber notwendig, um die ärmsten Länder zu festigen. Und bei aller Kraft, die einzelne Staaten aufwenden für andere in dieser Coronakrise, so ist eine konzentrierte, gemeinsame Anstrengung der Länder vor allem der Nordhalbkugel nötig, um einen Bumerang-Effekt zu verhindern. Solange der Virus grassiert und sich weiter ausbreitet in den armen Ländern der Welt, solange kann er auch weiterhin Grenzen überwinden. Hilfe für die Schwellen- und Entwicklungsländer ist somit mehr als ethisch verantwortungsvolles Handeln, es ist auch Selbstschutz und Eigennutz – für eine schnellere Überwindung der weltweiten Rezession.

Ist die Wirtschaft selbst der Virus?

Als ein wesentlicher Faktor, warum sich der Coronavirus so rasend schnell zur Pandemie entwickeln und auf die Wirtschaftswelt ausdehnen konnte, gilt unter anderem das hohe Maß an Globalisierung und internationaler Mobilität. In früheren Zeiten gab es weit weniger Flugbewegungen. Doch inzwischen ist das Reisen über Kontinente hinweg für nahezu jeden erschwinglich, sodass ein einzelner Urlauber oder Geschäftsreisender schnell und leicht zum *Superspreader* für ein Land wird. Offenbar ist der Virus zudem ansteckender als der enge Verwandte SARS-CoV, der 2002/2003 eine Pandemie auslöste, bei der etwa 8000 Menschen mit dem Virus infiziert wurden und 800 Erkrankte starben. Für die Wirtschaftswelt ist in der globalisierten Welt entscheidend, dass Lieferketten international extrem vernetzt sind, sodass jeder *Shutdown* einer Volkswirtschaft viele andere Länder mitansteckt.

Dass es so schlimm kam, liegt auch am Zaudern und Zögern vieler Länder, die geeignete Abwehrstrategie zu entwickeln. Alle scheuten sich vor dem Geldvernichter: dem *Shutdown* der Wirtschaft. Weil die Angst vor den ökonomischen Folgen groß ist. Die Angst vor Machtverlust im kapitalistischen Gefüge. Umso größer, da die Wirtschaft ohnehin schon angeschlagen war. So ist auch das Zögern beim *Shutdown* zu verstehen. Deutschland hatte viel zu verlieren. Alle hatten viel zu verlieren, denn – wie unsere Bestandsaufnahme gezeigt hat – die ganze (Welt)wirtschaft ist bereits schwer vorerkrankt. Da trügen die Statistiken der vergangenen zehn Jahre, die Wirtschafts- und Börsenboom sowie Beschäftigungswunder abbilden. Denn sie zeigen nicht, wie sehr die vielen Krisen der Wirtschaft zugesetzt haben: Finanzkrise, Eurokrise, Schuldenkrise – alles Krankheiten, die Wirtschaftskraft gekostet haben.

Selbst die Medizin der Zentralbanken ist aus heutiger Sicht eine schwere Belastung: Die Geldinfusionen der Notenbanken haben vorübergehend geholfen. Aber weil sie nicht schnell und stark genug zurückgefahren wurden, hängen wir immer noch krank am Tropf, weshalb jeder neue Virus wie der Coronavirus die Wirtschaft umso härter trifft. Neue Infusionen bergen die Gefahr einer Überdosis – und folglich des Totalzusammenbruchs.

Auch die Geldhilfe von staatlicher Seite ist heikel. Viele Länder haben eigentlich keine Medizin mehr im Arzneischränkchen, heißt: Sie sind stark verschuldet. Eine weitere Verschuldung birgt auch hier wieder: Kollapsgefahr. Als wäre das nicht genug Ballast, ist auch noch viel schleichendes Gift im Organismus. Denn die vielen Krisen mündeten innerhalb der Bevölkerung in eine Vertrauenskrise, die umfangreiche Zersetzungs- und Abspaltungsprozesse in Gang gesetzt hat. Vertrauen aber ist die Grundvoraussetzung für das Funktionieren unseres Wirtschafts- und Finanzsystems, sozusagen das Urvertrauen, ohne das kein Handel, keine Transaktion stattfinden kann. Auch das Wir-Gefühl, die Solidarität innerhalb der Europäischen Union, wurde beschädigt. In der verschleppten Coronakrise zeigte sich erneut, dass die EU ein schwerfälliger Apparat ist. Es mangelte an einem gemeinsamen Plan gegen die Ausbreitung und Bekämpfung der Folgen des Virus. Es gibt mehr nationale Alleingänge als eine koordinierte Strategie, um Schaden von den EU-Bürgern abzuwenden, um beispielsweise Atemmasken in ausreichender Menge herzustellen. Auch weltweit sah es nicht besser aus. Es war zwar kein gegeneinander Kämpfen – mit Ausnahmen, wie Trumps angeblicher Übernahmeversuch der deutschen Impfstoff-Firma Curevac. Aber es ist doch ein »Jeder kämpft für sich allein«. Mit der Konsequenz, dass die europäischen Staaten dem Virus fast immer einen, wenn nicht mehrere Schritte hinterherhängen. Punktuell gibt es durchaus Unterstützung. Sächsische Kliniken haben etwa Corona-Patienten aus Italien aufgenommen. Aber die EU als solidarische Institution, die einen gemeinsamen, koordinierten Rettungsplan im Kampf gegen Corona aufstellt, hat versagt.

Warum ist Europa und seine Wirtschaft in einem derart geschwächten Zustand?

Charakteristisch für einen Virus ist: Er kann allein nicht überleben, sich nicht fortpflanzen, hat keinen eigenen Stoffwechsel. Er braucht einen Wirt. In dessen Körperzellen dringt er ein und programmiert sie um, bis die Körperzellen dann selbst Viren herstellen. Übertragen auf die Wirtschaft passt das genauso: Eine infizierte Wirtschaft produziert immer neue Krankheiten. Man muss sich daher fragen: Ist die Wirtschaft selbst zu einem Virus geworden? Sind die Grundpfeiler unserer Wirtschaftsordnung, Kapitalismus und Globalisierung, die eigentlichen, zugrunde liegenden Krankheiten? Produktionsprozesse wie *Just in time*, die internationale

Arbeitsteilung – alles Errungenschaften, die uns stark gemacht haben – in Coronazeiten wurden sie zur Achillesferse unserer Wirtschaft. Sind der Kapitalismus und die Globalisierung die eigentlichen Treiber des wirtschaftlichen Zersetzungsprozesses, des Erodierens von Solidarität? Haben sie den Abgesang auf die EU mit zu verantworten?

Das große Globalisierungsversprechen lautet: mehr Wohlstand für uns alle. Darauf wurzelt unsere Volkswirtschaftslehre. Deren Urvater Adam Smith stellt in seinem Werk *Der Wohlstand der Nationen* von 1776 fest: Arbeitsteilung steigert die Produktivität und damit den Wohlstand der Menschen. Arbeitsteilung heißt im Prinzip: Der Bäcker backt Brot, der Versicherer versichert, die Journalistin schreibt. Jeder macht das, was er am besten kann. Durch diese Spezialisierung kann insgesamt das meiste herausgeholt werden aus dem Faktor Arbeit. Klingt auch für Nichtökonomen plausibel.

Bei der internationalen Arbeitsteilung ist das nicht anders, wie der britische Ökonom David Ricardo 1817 beweisen konnte. Wenn sich England auf die Tuchherstellung und Portugal auf die Weinproduktion konzentriere und die Länder ihre Produkte untereinander austauschten, wäre es für beide lukrativer, als wenn jedes Land beides herstellt. Das funktioniere sogar dann, wenn ein Land beide Produkte billiger herstellen könne als andere, konnte Ricardo darlegen. Das klingt erst einmal noch nicht ganz so einleuchtend. Das wird es aber, wenn wir es auf ein Beispiel übertragen, beispielsweise auf den Chef einer IT-Firma. Angenommen, er wolle die Arbeiten seines Assistenten lieber selbst erledigen, weil er dabei tatsächlich und ganz objektiv betrachtet besser und schneller ist als er. Es wäre dennoch im Sinne Ricardos produktiver, er überließe dem Assistenten seine Aufgaben. Denn dann hat der Chef Kapazitäten für seine eigentliche Arbeit, die ihm wahrscheinlich unterm Strich mehr Geld einbringt. Arbeitsteilung hilft, so viel Gewinn wie möglich aus der Tätigkeit herauszuholen, und mit internationaler Arbeitsteilung ist noch mehr Gewinn möglich.

Ricardo schlussfolgerte, dass freier Handel den Wohlstand der Nationen erhöht. Mehr Wohlstand für alle also. Genau das verspricht auch die Europäische Union: freier Handel innerhalb der EU, dadurch mehr Wohlstand für alle Europäer, höhere Löhne, bessere Lebens- und Arbeitsbedingungen und mehr Fortschritt. Viele dieser Versprechen hat die EU auch eingelöst. Dem europäischen Staatenclub beigetretene Staaten profitierten davon und steigerten ihren Wohlstand. Vielleicht erlebten nicht alle Länder den gleichen Schub für ihre Wirtschaftsleistung wie etwa Deutschland, aber sie alle holten auf. Gut zu sehen war das zum Beispiel an den ärmeren Ländern Ost- und Mitteleuropas, die 2004 der EU beitraten, wie etwa Tschechien. Das Land konnte wirtschaftlich vorankommen und ist deutlich stärker geworden als beispielsweise das Nicht-EU-Mitglied Ukraine.

Auch die Globalisierungswelle, die Anfang der 1990er-Jahre Fahrt aufnahm, brachte Wohlstand. Losgetreten wurde sie durch den Fall des Eisernen Vorhangs, vorangetrieben durch den technologischen Wandel, der Transport- und Telekommunikationskosten verbilligte und auch erleichterte. Die Produktion konnte dorthin verlagert werden, wo sie am günstigsten war. Es kam zu einem einzigartigen Globalisierungsboom, dem sich auch China öffnete und der den rasanten Aufstieg der Volksrepublik ermöglichte. Auch andere Schwellenländer gehörten zu den Gewinnern. Die Einkommen stiegen, Millionen Menschen wurden aus der Armut erlöst, die Kindersterblichkeit nahm ab, die Analphabeten-Quote sank.

Natürlich haben auch die Industrienationen profitiert. Deutschland stieg auf zur stärksten Exportnation der Welt. Viele deutsche Firmen witterten ihre Chance in der Globalisierung und dem damit einhergehenden Abbau von Handelshemmnissen und Zöllen. Dabei waren es längst nicht nur die großen Konzerne, sondern gerade auch die kleinen und mittleren Firmen, die zur Weltspitze in ihrer Branche aufrückten. Für diese *Hidden Champions* eröffneten sich günstigere Produktionsmöglichkeiten und höhere Absatzchancen. Für die deutschen Verbraucher bedeutete Globalisierung, dass sie mehr Waren zu günstigeren Preisen bekamen. Insgesamt ist es auch ein Resultat der Globalisierung, dass unsere Inflation über die vergangenen Jahre so gering ausgefallen ist.

Gerechtigkeit bleibt auf der Strecke

Die Globalisierung schuf also viele Gewinner und erhöhte das Wirtschaftswachstum. Stimmt demnach die Globalisierungsformel »Wohlstand für alle«? Im Prinzip ja, in der Praxis nein. Globalisierungskritiker haben nicht ganz unrecht mit ihrer ablehnenden Haltung. Denn die Globalisierung hat ein großes Manko: Gerecht ist sie nicht.

Die Gerechtigkeit bleibt bei der Globalisierung oft auf der Strecke. Sie hat zu Ausbeutung in Asien und Afrika geführt, hat in den aufstrebenden Ländern Existenzen in der Landwirtschaft vernichtet und die Zerstörung der Umwelt gefördert.

Auch wenn sie die extreme Armut verringert hat, wie Institutionen wie die Weltbank bestätigen, so kann dieser Schluss nicht generalisiert werden. Er gilt hauptsächlich für Länder wie China, Indonesien oder Vietnam. Afrika dagegen ist der große Globalisierungsverlierer. Wenn auch die extreme globale Armut sinkt, so konzentriert sie sich doch auf eine Zone: die Sub-Sahara-Zone, also alle Länder südlich von Nordafrika. Das hat vielfältige Ursachen, dazu gehören auch die bekannten strukturellen Probleme wie korrupte Eliten und politische Instabilität und – als Vermächtnis der kolonialen Wüterei – Konflikte und Kriege zwischen zersplitterten ethnischen Gruppen in vielen Teilen des Kontinents. Doch auch die weltwirtschaftlichen Rahmenbedingungen halten die afrikanischen Volkswirtschaften in der Armut gefangen. Die Länder bringen eigentlich einige Voraussetzungen für einen wirtschaftlichen Aufstieg mit: Reichtum an Rohstoffen, Ackerflächen und überdurchschnittlich junge Arbeitskräfte. Die westlichen Industriestaaten wussten im Zuge der Globalisierung diesen Reichtum dank ihrer Handelspolitik zu nutzen. In erster Linie die Fülle der afrikanischen Rohstoffe, da ist die EU nicht viel anders als China. Zudem kaufen oder pachten Großkonzerne und Großinvestoren wie Hedgefonds riesige landwirtschaftliche Flächen und entziehen sie durch das sogenannte *Land Grabbing* – der Landnahme – den heimischen Bauern. Zudem war der afrikanische Kontinent nach der Öffnung der Märkte den EU-Importen ausgesetzt, und Europa wurde seine landwirtschaftlichen Überschüsse in großem Stil los. Schon in den 1970er-Jahren hatte europäischer Weizen afrikanische Getreidesorten als Grundnahrungsmittel verdrängt und die heimische Produktion zerstört.

Ausländische Investitionen zielen eher auf den eigenen Nutzen ab denn auf wirtschaftlichen Aufbau und Modernisierung des Kontinents. China baut zum Abtransport der Rohstoffe die Infrastruktur in Richtung der Häfen aus und nicht innerhalb des Landes. Und amerikanische Tech-Konzerne betreiben eine Art digitalen Kolonialismus, deren Macht die heimischen Unternehmen nur wenig entgegenzusetzen haben. Die Entwicklung eigener Industrien ist daher schwierig. Armut wird auf diese Weise konserviert. Beispiele für solche Ungerechtigkeiten der Globalisierung gibt es in vielen Entwicklungs- und Schwellenländern. Die Menschen dort nähen zu Billiglöhnen und unter miserablen Sozial- und Umweltstandards T-Shirts, die Primark und Co. hier für 2,50 Euro verkaufen.

Die großen Profiteure sind die Industrieländer. Gleichwohl soll nicht unerwähnt bleiben, dass es auch bei ihnen Verlierer gab. So schürte die massenhafte Verlagerung von Fabriken und Arbeitsplätzen in die Schwellenländer die Arbeitslosigkeit in Deutschland. China kennt dieses Problem inzwischen ebenfalls. Mit dem aufgrund des wirtschaftlichen Aufschwungs steigenden Lohnniveau gab es Produktionsverlagerungen zu billigeren Standorten, etwa nach Kambodscha.

So entstand vielerorts das Gefühl der sozialen Ungerechtigkeit. Und als Haupttreiber wird die Globalisierung wahrgenommen. Aus diesem Grund Deglobalisierung zu fordern und eine Abschottungspolitik à la Trump zu favorisieren, wäre aber kurzsichtig gedacht. Denn dann dürften alle verlieren – auch der ärmere Teil der Bevölkerung. Schon jetzt geht in der durch die Coronakrise erzwungenen Abschottung den Schwellenländern Geschäft verloren. Textilfabriken in Bangladesch beklagen nach Stornierungen seitens Modeketten wie Gap, Zara oder Primark einen Umsatzverlust in Höhe von sechs Milliarden Dollar. Wenn sich Industrieländer wie Deutschland künftig generell abschotten, gehen in den Schwellenländern Hunderttausende Arbeitsplätze verloren. Umgekehrt wird in den Industrieländern das Leben für die Menschen kaum mehr erschwinglich, und den Konzernen brechen die Geschäfte weg.

Viel Geld auf wenig Konten

Globalisierungskritiker führen die wachsende Ungleichheit auf die Globalisierung zurück. In der Tat ist die Schere zwischen Arm und Reich aufgegangen – global ebenso wie national. Eine Studie der Universität Bonn zeigte das für die Zeit seit der Wiedervereinigung: Die reiche Hälfte der Deutschen verdoppelte seither ihr Vermögen, die arme Hälfte gewann praktisch nichts hinzu. Manche Experten sagen, in den letzten Jahren, den Nullerjahren, habe sich die Lage gebessert. Andere Studien stellen eine Verschlechterung fest.

Unbestritten ist jedenfalls: Die Schere zwischen Arm und Reich ist weit geöffnet, auch in der weltweiten Betrachtung. Das private Geldvermögen lag 2018 einer Studie der Boston Consulting Group (BCG) zufolge bei 206 Billionen Dollar, wobei die Hälfte davon dem relativ kleinen Club der Millionäre gehört: immerhin gut 22 Millionen Menschen rund um den Globus. Aber die damals restlichen 7,6 Milliarden Bewohner der Erde mussten die andere Hälfte des Geldvermögens unter sich aufteilen.

Die Gründe für die Ungleichheit werden aber weniger in

der Globalisierung gesehen als im Kapitalismus und dem Machtgewinn der Kapitalseite. Nobelpreisträger Joseph Stiglitz schreibt in seinem Buch *Der Preis des Profits. Wir müssen den Kapitalismus vor sich selbst retten*: Der amerikanische Traum von der Chancengleichheit sei ein Mythos, Schuld seien die moralische Verkommenheit der US-Wirtschaft, die deregulierten Finanzmärkte. »Die meisten Probleme unserer Gesellschaft, von Umweltverschmutzung zur finanziellen Instabilität und wirtschaftlicher Ungleichheit, wurden alle von den Märkten verursacht.« Banker und Spekulanten hätten sich auf »Kosten des Rests der Gesellschaft bereichert«. Der französische Ökonom Thomas Piketty sieht den Grund für die Ungleichheit darin, dass man im Kapitalismus aus Kapital meist mehr Rendite erzielen kann als durch seine Arbeitskraft. So werden die ohnehin schon vermögenden Reichen immer reicher und die Arbeitnehmer verlieren.

Dem Sozialstaat ist es nicht gelungen, die Kluft zwischen den Wohlhabenden und den Armen zu verkleinern, die sozialen und monetären Unterschiede abzubauen. Dadurch gewinnt die Bevölkerung den Eindruck: Die Politik hat das Heft nicht mehr in der Hand. Großkonzerne haben mehr Freiheiten bekommen und regieren über Lobbyverbände mit. Gerade in der Finanzwirtschaft.

Ein Virus namens Turbokapitalismus

Der entfesselte Turbokapitalismus hat die Finanzkrise wenn nicht ausgelöst, so doch verschärft. Er hat auch die Euro- und Staatsschuldenkrise, die darauf folgte, befeuert: Er gibt dem armen Teil der Weltbevölkerung keine Chance, sich aus Unterdrückung und Abhängigkeit zu befreien. Das Soziale bleibt auf der Strecke. Das hinter dem entfesselten Kapitalismus stehende Profitstreben, das in Gier mündet, schwächt die Solidarität. Es geht sogar zulasten der Demokratie, weil Geld mehr und mehr mitregiert. Weil Großkonzerne teilweise über mehr finanzielle Mittel verfügen als Volkswirtschaften, was ihnen viel Macht gibt, ihre Interessen durchzusetzen.

Diese Art des ausufernden Kapitalismus, auf Kosten anderer und künftiger Generationen, ist der große Wirtschaftsvirus. Der hyperventilierende weltumspannende Kapitalismus hat unsere Gesellschaft und unsere Wirtschaft krank gemacht. Die Corona-Pandemie zeigt ganz deutlich, wie krank. Unsere Wirtschaft wird durch den Virus jetzt massiv in die Knie gezwungen. So massiv, dass sie noch die nächsten zehn Jahre darunter leiden wird, schätzen führende Ökonomen. Das Grundkonzept der automatisierten Industrialisierung, *Just in time*, hat unsere Produktionsprozesse anfällig gemacht – und damit die Ausbreitung des Virus in unserem Wirtschaftssystem vorangetrieben.

Diese Krankheit unseres Systems hat sogar die Ausbreitung des Virus unter den Menschen beschleunigt. Nicht nur durch die umweltschädlich niedrigen Flugpreise, die vielen Urlauber und Geschäftsreisenden, die mit billigen Flügen ohne adäquaten Ausgleich der entstehenden Kosten für die Ökobilanz die rasante Ausbreitung überhaupt erst ermöglichten. Der Turbo-Kapitalismus in seiner heutigen Form hat auch unser Gesundheitssystem befallen. Es wurde überall in Europa privatisiert und fast zu Tode gespart. Selbst in Krankenhäusern und im Gesundheitssystem ist Profitmaximierung die Doktrin. Wäre nicht alles so knapp kalkuliert worden, gäbe es mehr Ärzte und Krankenpfleger, mehr Intensivbetten, mehr Ressourcen wie Atemschutzmasken und Desinfektionsmittel und es wären wohl weniger Menschen am Coronavirus gestorben. Der Kapitalismus zeigte hier sein hässliches Gesicht.

SEITENBLICK
Was bestimmt den Takt der Wirtschaft?

Nach Adam Smith (1723–1790) und der Idee des klassischen Liberalismus verfolgt der Mensch ökonomische Ziele und handelt vollkommen rational, wodurch er geleitet durch die »unsichtbare Hand« des Marktes das Allgemeinwohl fördert. John Maynard Keynes (1883–1946) sieht den Menschen dagegen neben seinem ökonomischen Kalkül auch von unbewussten Instinkten getrieben. Er spricht von Animal Spirits. *Diese nichtrationalen Triebfedern seien neben den rational-ökonomischen Motiven ein formendes und veränderndes Element kapitalistischer Wirtschaftssysteme. Die Wirtschaftsnobelpreisträger George A. Akerlof und Robert J. Shiller greifen 2009 die* Animal Spirits *auf. Sie sehen in diesen menschlichen Instinkten, Denkmustern, Ideen und Gefühlen die Ursachen für Crashs. Weil die Menschen weder rein logisch-berechnend noch berechenbar handeln, funktionieren auch die Finanzmärkte nicht rational. Die Verhaltensökonomik (*Behavioral Economics*) beschäftigt sich mit diesen irrationalen Aspekten unseres Verhaltens und erklärt, warum der Herdentrieb bisweilen mehr Macht hat als mathematische Kalkulationen. Der russische Ökonom Nikolai Kondratieff, einer der ersten Vertreter der zyklischen Konjunkturtheorie, entwickelte in* *den 1920er-Jahren seine Theorie der langen Wellen, der zufolge die Weltwirtschaft eine lang gezogene Auf- und Ab-Phase von durchschnittlich 50 Jahren durchläuft, ausgelöst durch grundlegende technische Innovationen. Der österreichische Ökonom Joseph Schumpeter (1883–1950) griff Kondratieffs Theorie auf und sah in Innovationen eine schöpferische Kraft der Zerstörung, durch die veraltete Wirtschaftszweige oder Unternehmen vernichtet werden und innovativen Platz machen.*

Das Ende des Kapitalismus, wie wir ihn kennen?

Nach dem Coronavirus müssten wir die Systemfrage stellen, sagt der Psychoanalytiker und Star-Philosoph Slavoj Žižek und spricht vom Ende des Kapitalismus, wie wir ihn kennen. Der Virus hat viele Schwachstellen unseres kapitalistischen Wirtschaftssystems entlarvt. Eine davon ist unser Gesundheitssystem. Die Corona-Epidemie, mit Tausenden Infizierten, die es intensivmedizinisch zu behandeln galt, zeigt einen der großen Irrtümer auf: dass ein durch Privatisierung auf Wirtschaftlichkeit getrimmtes Gesundheitssystem eine effizientere medizinische Versorgung ermöglicht. Stattdessen ist die Arbeitsbelastung in deutschen Krankenhäusern für alle dort tätigen Berufsgruppen extrem. Mediziner und Pflegekräfte sind schon im Normalbetrieb hoffnungslos überlastet. Ärzte leiden unter Zeit- und Kostendruck, machen Überstunden, sollen immer mehr Patienten in immer weniger Zeit behandeln. Bei Pflegekräften herrscht Personalnot, weil der harte Job gesellschaftlich wenig anerkannt und dazu noch schlecht bezahlt ist. Das Streben nach Gewinnmaximierung hat unser Gesundheitssystem so ausbluten lassen, dass Kliniken schon vor dem Höhepunkt der Coronawelle warnen: Wir haben zwar genug Betten, auch ausreichend Beatmungsgeräte – anders als viele andere Länder –, aber wir haben nicht genügend Pflegekräfte! Der Staat wusste zwar von einem Pandemierisiko, hat jedoch nicht genug des öffentlichen Gutes der Vorsorge zur Verfügung gestellt.

In Deutschland wurden nahezu alle wirtschaftlichen Bereiche privatisiert, angefangen mit der ersten Volksaktiengesellschaft Preussag und schließlich dem Börsengang von VW und später der Post oder Telekom.

Um Privatisierungen und Deregulierungen nicht zu dämonisieren, lohnt ein Blick in die britische Geschichte. Vor allem auf Margaret Thatcher, die als Mutter des ungezähmten Kapitalismus und der deregulierten Finanzmärkte gilt. Dazu muss man wissen, dass Thatcher 1979 als Premierministerin ein wirtschaftlich am Boden liegendes Land übernommen hat. Die Ursachen des Niedergangs waren ausgerechnet in den umfänglichen Verstaatlichungen nach dem Zweiten Weltkrieg zu suchen und den sozialistischen Grundzügen, die mit einem Aufstieg der Gewerkschaften einhergingen. In den 1970er-Jahren war Großbritannien am Limit. Selbst bei Grundnahrungsmitteln wie Brot und Milch kam es zu Versorgungsengpässen. Die Bevölkerung litt unter einer extrem hohen Arbeitslosigkeit und einer noch extremeren Inflation von in der Spitze fast 27 Prozent.

Der Wohlfahrtsstaat stand am Rande des Bankrotts, die Staatskassen waren so leer, dass Großbritannien den Internationalen Währungsfonds um finanzielle Hilfe hatte bitten müssen. Als Thatcher übernahm, war Großbritannien der »Patient Europas«, wie sie selbst konstatierte. Die »Eiserne Lady« vollzog die 180-Grad-Kehrtwende: mit einer Abkehr von sozialistischer Politik hin zur Renaissance des Kapitalismus. Zu ihren Reformen gehörten neben der Entmachtung der Gewerkschaften und Steuersenkungen auch umfangreiche Privatisierungen. Der eiserne Kurs zahlte sich aus. Durch den Wettbewerbsdruck verbilligten sich wunschgemäß Produkte und Dienstleistungen, die so für die breite Bevölkerung erschwinglich wurden und die Konjunktur ankurbelten. Thatcher machte aus den Briten ein Volk von Immobilien- und Aktienbesitzern. Der von ihr beschrittene Weg der ökonomischen Freiheit beschleunigte den wirtschaftlichen Fortschritt, erhöhte den Wohlstand und brachte den Briten ihr Selbstbewusstsein zurück.

Die Entsozialisierung und der weitgehende Rückzug des Staates – unter Thatcher in Großbritannien und unter Ronald Reagan in den USA – basierten auf den wirtschaftsliberalen Ideen von Milton Friedman und anderen Vertretern der Chicagoer Schule als theoretischem Fundament. Sie wurden als Erfolgsmodell gefeiert, das dem sowjetischen Sozialismus überlegen war.

Spätestens mit der 2008 beginnenden Finanzkrise hat das Image der Marktwirtschaft dann aber großen Schaden genommen. Mit Milliarden von Steuergeldern mussten Banken gerettet werden, in einer Art pervertiertem Sozialismus, während die Gewinne selbstredend immer in die privaten Kassen geflossen waren.

So wie die Finanzkrise legt auch die Coronakrise das Versagen des Turbokapitalismus und die Wunden, die er der Gesellschaft zugefügt hat, schonungslos offen. Es wird deutlich, dass »Weiter so« weder die Maxime für die Bewältigung der Coronakrise sein kann, noch für die Zeit danach. Dieser Weg war ein Irrweg, eine Umkehr ist dringend nötig. Zwar werden wohl die wenigsten zurückkehren wollen in die Zeit der Deutschen Bundesbahn und Bundespost, bei der man mit einem Formular das Festnetztelefon beantragen musste. Aber sicher zu einer Wirtschaftsordnung mit mehr Maß und Augenmaß. Zu einem gemäßigten Kapitalismus, der in bestimmten Bereichen ein Mehr an Staat einfordert, vor allem, wenn es um die Daseinsvorsorge geht, also um Bildung und Gesundheit. Diese Sektoren dürfen nicht nach den Gesetzen der Marktlogik funktionieren, weil ihre Funktion mehr beinhaltet als Gewinnmaximierung.

Als logische Folge verstärkter nationalistischer Bestrebungen und Abschottungstendenzen bestimmter Staaten könnte sich die Forderung nach mehr Kontrolle durch den Staat auch auf andere Felder ausdehnen. Das gilt vor allem für wichtige und verletzliche Bereiche der Infrastruktur: Bei Energie, Wasser, Verkehr sowie IT und Telekommunikation sollte die Versorgung gesichert sein. In der 5G-Diskussion über eine Beteiligung chinesischer – aber auch amerikanischer – Firmen am Netzausbau ist die Unsicherheit hinsichtlich Abhängigkeit und Verletzlichkeit Deutschlands überdeutlich geworden. Zumal wir immer verletzbarer werden durch die zunehmende Digitalisierung und Automatisierung, da die Gefährdung durch Hackerangriffe steigt, die uns ins Mark treffen können.

Der Staat muss in vielen Bereichen für mehr Schutz sorgen. In schutzbedürftigen wirtschaftlichen Bereichen, in systemrelevanten Branchen, aber auch für schutzbedürftige Bevölkerungsgruppen. Er muss seiner sozialen Verantwortung wieder mehr gerecht werden, umso mehr, wenn die Coronakrise eine Verarmungswelle auslöst.

Bundestagspräsident Wolfgang Schäuble brachte eine Rückbesinnung auf die Prinzipien der sozialen Marktwirtschaft ins Gespräch. Man müsse das Verhältnis von Staat, Wirtschaft und Gesellschaft jetzt »neu justieren«, sagte der CDU-Politiker. Er wolle das marktwirtschaftliche System des Wettbewerbs nicht abschaffen, zur sozialen Marktwirtschaft gehöre aber auch, dass man »in dieser Lage« über stärkere Ausgleichs- und Begrenzungsmechanismen sprechen müsse.

Kurz: Unsere soziale Marktwirtschaft muss wieder sozialer werden. Auch damit wir wieder dahin kommen, dass wir von unserer Arbeit leben können. Und sie muss nachhaltiger werden, denkbar wäre eine CO_2-Abgabe für alle, zum Schutz künftiger Generationen

Der Philosoph Richard David Precht fordert gar eine Abkehr von unserer »Sozialen Marktwirtschaft« hin zu einer »Nachhaltigen Marktwirtschaft«. Der Wandel in den Köpfen findet bereits statt: »Die breite Mehrheit der Menschen bekommt in diesen Tagen ein Gefühl dafür, dass das normale Leben gar nicht normal ist, dieses ganze ›Höher, Schneller, Weiter!‹. Plötzlich geht das Fenster auf, in Alternativen zu denken!« Die Politiker sollten die Anregungen der Menschen aufgreifen, um konstruktive Vorschläge zu unterbreiten, wie es in Zukunft besser geht, rät Precht.

Die Pandemie könnte so trotz all der katastrophalen Verluste und Tausender Todesfälle etwas Gutes mit sich bringen. Sie stößt Denkprozesse an, die die Kraft der Erneuerung in sich bergen. Oder, um es in Abwandlung von Hermann Hesse zu sagen, der als ein Autor der Krise gilt: Jeder Krise wohnt eine Chance inne.

Reset – In welcher Welt wollen wir leben?

Die Pandemie wird von vielen als Signal für eine Umkehr verstanden. Der kleine Virus hat die zivilisierte, hoch technisierte Welt des 21. Jahrhunderts einfach angehalten. Dieser Virus hat uns gezeigt, wie verletzlich wir trotz allen Fortschritts sind. Covid-19 hat uns aber außerdem gezeigt: Es geht auch anders. Mit weniger. Diese Zwangspause könnte ein Umdenken anstoßen.

Wenn alles stillsteht, ist der Kopf offen für Neues. »Wir werden durch einen äußeren Schock in einen Zustand gebracht, der so nie gekommen wäre«, sagt Henning Vöpel, Chef des Hamburgischen Weltwirtschaftsinstituts. Der Schock sollte genutzt werden zum Umdenken. »Ein reines Konjunkturprogramm wird für die wirtschaftliche Erholung nicht reichen und ist dafür auch nicht geeignet. Die Wirtschaft in Deutschland braucht eine umfassendere Perspektive für die Zeit nach Corona.« Viele Experten fordern ein Umdenken. Politökonomin und Nachhaltigkeitsforscherin Maja Göpel plädiert gar für eine Art Generalüberholung unseres Wirtschaftssystems: *Unsere Welt neu denken* – so heißt ihr im Frühjahr 2020 erschienenes Buch. Es kam kurz vor Ausbruch der Pandemie heraus – doch Göpels Botschaft passt zur Corona-Stimmung: Unsere Lebens- und Wirtschaftsweise muss grundlegend neu gedacht werden angesichts der zahlreichen globalen ökologischen und sozialen Bedrohungen, zu denen nun noch ein Virus kommt.

Der Sinneswandel hat schon vorher begonnen. Die Coronakrise treffe auf eine Welt, »die schon längere Zeit intensiv und beunruhigt über notwendige strukturelle Veränderung unserer Art zu wirtschaften diskutierte«, sagt Göpel. Themen wie Klimawandel, Klimaschutz, Umweltschutz, Digitalisierung und globale Abhängigkeiten, vor allem im Bereich der Kommunikation, beherrschten die politischen Debatten.

Ökonom Niko Paech von der Uni Siegen hat sogar ein radikales Gegenmodell angeregt, eine »Post-Wachstumsökonomie«. Dazu gehört der Rückbau globaler Lieferketten und ein Schrumpfungsprozess der Industrie. Paech plädiert stattdessen für mehr Selbstversorgung, regionale Wertschöpfung und *Sharing*-Modelle. Also eine Abkehr von der Maxime des *immer mehr*. Doch ohne Wachstum geht es auch nicht. »Schrumpfen kann nicht das Ziel sein«, sagt DIW-Präsident Marcel Fratzscher. »Dann haben wir Arbeitsplatz- und Wohlstandsverluste.« Ähnlich sein Kollege Sebastian Dullien vom Institut für Makroökonomie und Konjunkturforschung: »Es ist wenig überzeugend zu sagen, die Krise zeige uns, dass wir einfach kein Wachstum mehr brauchen.«

Die Debatten werden kontrovers und hitzig geführt. Mit den Milliarden für den Wiederaufbau unserer Konjunktur können wir unsere Zukunft neu gestalten. Nur wie? Im *Lockdown* hatte alles ein wenig von der Stunde null. Die Systemfrage ist offensichtlich geworden. Wir alle starrten geschockt auf das, was durch den Coronavirus passiert. Und fragen uns, wie es weitergeht.

Es ist Zeit für einen Neuanfang. Das ist der einfache Teil

der Antwort. Der schwierige kommt nun: In welcher Welt wollen wir leben? Wie soll unser Neuanfang aussehen? Welche Trends wollen wir verstärken? Bei welchen umsteuern? Und wohin?

Weil wir noch nicht wissen, was uns erwartet, können wir nur vorsichtig sein und kleine Schritte gehen. Und erst einmal eine Situationsanalyse machen. Wo stehen wir eigentlich jetzt? Die Krise hilft uns hinzuschauen, was uns wichtig ist.

Greta, der Anfang der Revolution

Am Anfang war ein Mädchen in Schweden, das allein mit einem selbst gebastelten Schild mit der Aufschrift *»Skolstrejk för Klimatet«* – »Schulstreik für den Klimaschutz« – vor dem Parlament in Schweden protestierte. Nach und nach wurden es mehr Mitstreiter. Tausende, Zehntausende, Hunderttausende vor allem junger Menschen, aber auch Erwachsene demonstrierten für die Rettung des Klimas. Aus den Protesten wurde eine Bewegung. Nicht mehr nur freitags und nicht mehr nur zu Kundgebungen, sondern auch im Netz, in den sogenannten sozialen Medien, und auch im Bewusstsein der Öffentlichkeit und insbesondere der Politik und der Wirtschaft. Greta Thunberg, das Gesicht der Bewegung, die sich *Fridays for Future* nennt, wurde zu einer Ikone – verehrt von den einen, gehasst von den anderen.

Trotz allen Gegenwinds haben die Demonstrant*innen, die auch zunehmend älter wurden, bei *Fridays for Future* seit 2018 viel bewegt. Das Thema Klimaschutz und die Bedeutung einer wirklich nachhaltigen Wirtschaft für uns alle rückte in den Mittelpunkt des öffentlichen Bewusstseins. Auf den Straßen bei den wöchentlichen Demonstrationen, in den Kanälen von Social Media, in Talk-Sendungen, in Zeitungen. Immer mehr, beinahe täglich war vom Klima die Rede. Dann war der Durchbruch geschafft. Chefs großer Wirtschaftsunternehmen nahmen sich des Themas an. Einige freiwillig, andere wohl nur, weil der Druck so groß wurde, dass sie sich nicht mehr dagegenstellen konnten.

Eines der prominentesten Beispiele dafür, wie hilflos Unternehmen auf den Druck der Klimaaktivist*innen reagierten, war Siemens. Einer der größten und wichtigsten Industriekonzerne Deutschlands, der mehrere Krisen und Kriege überstanden hat und rund um den Globus seine Produkte produziert und verkauft. Zum Beispiel in Australien. Der indische Industrieriese Adani baut im Nordosten des Kontinents ein Bergwerk, das mehrere Millionen Tonnen Kohle fördern soll, um sie dann nach Indien zu verschiffen. Ein riesiges Projekt und milliardenschwer. Siemens sollte die Signalanlagen für die benötigte Eisenbahnstrecke liefern – und sah sich plötzlich auf der falschen Seite stehen. Denn Kohle ist aus Sicht der Klimaaktivisten indiskutabel und die anhaltende Verstromung daraus der sichere Beweis, dass die Menschheit und die Industrie nichts verstanden haben. Kohle würde die Erderwärmung befeuern und dazu noch unglaublich viele Liter Grundwasser verschwenden.

Das Signalschaltwerk hatte nur ein Auftragsvolumen von etwa 20 Millionen Euro. Für die Bilanz eines Konzerns wie Siemens wäre der Verzicht verkraftbar gewesen. Aber Siemens und sein Chef Joe Kaeser hielten daran fest. Erstens aus Vertragstreue und zweitens, weil im Falle eines Verzichts bei anderen Geschäften rund um Kohle in China und Indien Siemens wohl nicht mehr zum Zuge gekommen wäre. Da schien es dem Konzern angebrachter, sich lieber in der Heimat vor ein paar Hunderttausend Klimaaktivist*innen zu rechtfertigen. Schließlich hatte Siemens ohnehin vor, bis 2030 ein klimaneutrales Unternehmen zu werden. In zehn Jahren – nur wie?

Das war Anfang Januar 2020. Ende Januar war der Klimawandel das beherrschende Thema beim größten und wichtigsten Treffen von Staatenlenker*innen, Industriegrößen und Vertreter*innen der mächtigen Finanzbranche, in Davos auf dem Weltwirtschaftsforum. Mittendrin auch Greta Thunberg, die den Großen und Mächtigen der Welt ins Gewissen redete.

Unterstützung bekamen Thunberg und ihre deutsche Mitstreiterin Luisa Neubauer ausgerechnet von einem der größten Spekulanten der Welt: Milliardär und Philanthrop George Soros. Er hält nichts von egoistischer, nationalistischer Politik – und meint damit Donald Trump ebenso wie den chinesischen Staatschef Xi Jinping oder Indiens Präsident Narendra Modi. Soros zufolge ist das der falsche Weg. Für die Gesellschaften dieser Welt und für die Welt an sich: »Wenn man den Klimanotstand und die weltweiten Unruhen berücksichtigt, ist es keine Übertreibung zu sagen, dass die nächsten paar Jahre über das Schicksal der Welt entscheiden werden.«

Als Anstoß für einen Wandel will Soros eine Milliarde Dollar spenden – nicht als direkte Hilfe, sondern in Form eines dezentralen Bildungsnetzwerks. Um Nationalismus zu bekämpfen, die Freiheit zu stärken und den Kampf gegen den Klimawandel gleich mit. Das Projekt des Hedgefonds-Managers hat international für Aufmerksamkeit gesorgt. Denn Soros platziert damit eine Wette, so wie er es gewohnt ist. Der

89-Jährige setzt mit seinen Stiftungen weltweit Milliarden ein, um seine Ziele zu erreichen. Oft auf raubauzige Art und Weise, aber sehr oft mit Erfolg – wie er an den Börsen der Welt schon häufig bewiesen hat.

In Sachen Klimaschutz bekam die *Fridays-for-Future*-Bewegung noch einen prominenten Mitstreiter an die Seite. In Davos erhob sich einer der Allergrößten und Allermächtigsten der Welt und unterstützte diejenigen, die Klimaschutz zur obersten Priorität für die Welt erklären. Larry Fink, Chef von BlackRock, dem mächtigsten Vermögensverwalter der Welt. Er versandte weltweit Briefe an Unternehmen, die sich nicht oder nur unzureichend für den Klimaschutz engagieren. Einige dieser Briefe erreichten auch deutsche Unternehmen. Die Deutsche Bank, den Energieversorger RWE und auch Siemens. Fink mahnte in seinem Schreiben deutlich mehr ökologisches Denken und Handeln an. Sein Vize, der deutsche Philipp Hildebrand, unterstrich die Bedeutung, als er sagte: »Wir müssen festhalten, dass Klimarisiken auch Investitionsrisiken sind.« Das war ein sehr deutliches Signal und die Erklärung, weshalb ein überzeugter Kapitalist wie Larry Fink plötzlich Ökonomie und Ökologie versöhnen will.

Menschen oder Firmen beginnen ihr Verhalten aus zwei Gründen zu verändern: Entweder wenn der Druck zu hoch ist oder wenn es an ihren Geldbeutel geht – oder beides. Entsprechend fordern immer mehr Anleger*innen und auch große Investor*innen, die am Ende auch nur mit dem Geld ihrer Kunden arbeiten, Lösungen von den Firmen ein: Sie wollen eine Minimierung der bestehenden Risiken und neue Produkte und Herstellungsweisen, die den Klimaschutz integrieren.

Klimaschutz und eine Umkehr hin zu einer besseren Welt sind innerhalb kurzer Zeit zum bestimmenden Thema geworden. In Deutschland, in Europa, fast auf der ganzen Welt. Seit den Aktionen von *Fridays for Future* und den daraus resultierenden Debatten berücksichtigen wir als Redaktion noch viel stärker Themen, die sich damit beschäftigen, wie Klimaschutz und Wirtschaft miteinander verbunden sind. Ökonomie und Ökologie gehören zusammen – das ist zu einem unserer Leitsätze geworden für unsere kleine Sendung allabendlich vor den Nachrichten um 20 Uhr. Der andere Leitsatz lautet: Wer nichts im Boden hat, muss es im Kopf haben. Ein Land ohne Rohstoffe braucht eine Bevölkerung, die den Zusammenhang von Politik, Wirtschaft und Finanzen versteht. Finanzbildung ist nun noch wichtiger als zuvor. Wir freuen uns sehr, dass unser Angebot angenommen wird, wie wir an einer stark zunehmenden Zahl an Rückmeldungen und auch an den permanent steigenden Reichweiten sehen. Seit wir verstärkt Zusammenhänge zwischen Umwelt und Wirtschaft thematisieren, steigt die Resonanz umso mehr.

Politik, Wirtschaft und auch die Finanzmärkte werden dem Thema Klimaschutz trotz aller Fortschritte immer noch nicht ausreichend gerecht. Zwar ist bei ihnen, wie auch in der breiten Bevölkerung, die Erkenntnis gewachsen, dass wir mit unserer Lebensweise die Erde in immer größerem Tempo zerstören. Sie haben verstanden, dass es ein sehr wichtiges Thema ist, und die gesellschaftlichen und individuellen Auswirkungen enorm sind. Doch wie dringend gehandelt werden muss, ist noch nicht im Bewusstsein aller angekommen.

Das Kapital wird grün

Immer weniger Menschen wollen Unternehmen, die wenig für den Klimaschutz tun, Geld zur Verfügung stellen. Sei es durch ihre Macht als Verbraucher*innen, sei es als Aktienkäufer*innen. Die Botschaft der Anleger*innen kommt allmählich auch bei den Unternehmen an. Doch die sind noch zögerlich und nicht besonders ambitioniert. Zeiträume von zehn bis dreißig Jahren schienen Unternehmen für die CO_2-Reduzierung und für eine klimaneutrale Produktion eine realistische Annahme und ein gangbarer Weg. Doch sehen das Anleger*innen vermehrt vollkommen anders. Große institutionelle Anleger wie Pensionsfonds oder Stiftungen (vor allem die aus den Niederlanden oder Skandinavien) sind sehr daran interessiert – genauso wie Privatanleger. Anbieter von Finanzprodukten greifen die Wünsche der Kunden auf. Mit ihren riesigen Kapitalsummen haben sie auch entsprechende Macht. Viele Wertpapierhäuser halten auf Hauptversammlungen nicht nur scharfe Reden, sondern fordern auch deutlich neue Lösungen für klimafreundliche oder gar klimaneutrale Geschäftsmodelle, weil sie sonst Gelder ihrer Kunden nicht mehr in diese Unternehmen investieren können. Mehr und mehr Großinvestoren sind in den vergangenen Jahren umgeschwenkt auf die nachhaltige Geldanlage. Bei vielen Finanzprodukten tauchte das Wort dafür auf: *Sustainability.*

Dieser Begriff ist prägend geworden und danach zu einer wahren Goldgrube, der Geldzufluss steigt kontinuierlich. Am Anfang standen Exoten. Anbieter, die Gelder nach ethischen Grundsätzen anlegten. Nicht in Waffen, Atomkraft oder Produkte aus Kinderarbeit investieren wollten. Auch kirchlich orientierte Anleger gingen so vor. Mittlerweile hat sich dieser Trend deutlich in die Breite der Gesellschaft und auch der Anbieter ausgeweitet. Versicherungen sind ebenso eingestiegen wie Wertpapierhäuser, Pensionsfonds oder auch Stiftungen. Niemand kommt mehr an Klimaschutz und Nachhaltigkeit vorbei oder kann es sich leisten, das zu tun. 2019 sind nach Angaben des Forums Nachhaltige Geldanlage (FNG) 30 Prozent mehr Gelder in nachhaltigen Fonds verwaltet worden als bisher. Wobei das gute Gewissen nicht der alleinige Grund war, weshalb Kapital immer grüner wurde. Auch die Rendite stimmte. Es ist das Zauberwort, das Anleger*innen dazu bringt, das eigene Geld zu investieren. Alle Anbieter von Finanzprodukten müssen ihren Kunden attraktive Angebote machen, damit diese anbeißen. Und wenn sich gutes Gewissen und eine gute Rendite miteinander vereinbaren lassen, dann ist das in den Augen vieler ein noch attraktiveres Angebot.

Die nun bewusst gewordene Notwendigkeit für grünes Kapital ist ein weiteres gewichtiges Argument. Unternehmen und auch große Investoren sind ebenso betroffen vom Klimawandel wie alle anderen Bereiche der Gesellschaft. Wenn etwa durch klimatisch bedingte Wetterextreme Geschäftsmodelle nicht mehr funktionieren oder die Kosten enorm steigen, wirkt sich das auf die Erträge aus. Daher müssen Risiken minimiert werden, um auch in Zukunft noch Erträge zu erwirtschaften. Es geht an dieser Stelle um viel Geld. Und um eine Abwägung des Risikos. Das ist es, was BlackRock-Chef Larry Fink bewegte.

Neben Nachhaltigkeit, *Sustainability*, gibt es noch eine weite Auswahl an Bezeichnungen, mit der die Finanzindustrie den neuen Trend abbildet. Das aktuell gefragte Kürzel ist

ESG, es steht für: *Environment, Social, Governance* – Umwelt, Soziales und gute Unternehmensführung. Rating-Agenturen haben diese Kriterien zur Beurteilung der Konzerne aufgenommen. Je grüner, sozialer, verantwortungsvoller, desto höher das ESG-Rating, und umso stärker wird dies oftmals zu einem Kriterium für eine Entscheidung, in diese Unternehmen zu investieren. Umgekehrt verteuert ein niedriges ESG-Rating für Unternehmen die Kapitalbeschaffung. »Einen effizienteren Mechanismus zur Einhaltung von Umwelt-, Gesellschafts- und Governance-Standards kann es kaum geben«, sagt Dr. Hans-Jörg Naumer, Leiter der Kapitalmarktanalyse bei Allianz GI.

Im Anlageuniversum gibt es inzwischen eine Vielzahl von Fonds, ETFs (also börsengehandelten Indexfonds) und diversen Indizes. Auch die Deutsche Börse hat dem Gradmesser unserer Börsenstimmung, dem deutschen Aktienindex DAX, einen nachhaltigen Index zur Seite gestellt: den DAX 50 ESG. Die darin zusammengefassten Unternehmen wurden nach den Kriterien Umwelt, Soziales und gute Unternehmensführung ausgesucht. Ausgeschlossen in dem grünen DAX sind etwa die Geschäftsfelder Kohle und Kernkraft, aber auch Tabak, geächtete Waffen und militärische Verträge. Er orientiert sich an den zehn UN-Global-Compact-Prinzipien, ein freiwilliger Pakt zwischen den Vereinten Nationen und Unternehmen weltweit, die Globalisierung ökologischer und sozialer zu gestalten.

Doch ob dieser Nachhaltigkeits-DAX so grün ist, wie er sich gibt, daran gibt es Zweifel. Kritiker wie der Bund für Umwelt und Naturschutz (BUND) halten den Index für Augenwischerei. So sei beispielsweise mit den UN-Global-Compact-Prinzipien nicht vereinbar, dass ein Unternehmen wie

BASF dabei ist, dessen Tochter Wintershall der größte deutsche Erdöl- und Erdgasproduzent ist. Es gibt tatsächlich einige problematische Kandidaten in der Startformation des Nachhaltigkeits-DAX. Immerhin ist die Mehrzahl der Unternehmen aus dem großen DAX-30 auch hier vertreten. Unter den 23 doppelt gelisteten Titeln ist auch Bayer, die mit der Tochter Monsanto und dem umstrittenen Unkrautvernichter Glyphosat in der Kritik stehen. Es gibt grundsätzlich viele Unternehmen, die sich mit grünen Aktionen ein gutes Image geben wollen. *Greenwashing* nennt man das. Ob nun einer der größten Plastikmüllproduzenten wie Coca-Cola, der es mit Einwegflaschen aus recyceltem Plastik aus dem Meer versucht. Oder H&M, die sich mit Recycling abgelegter Kleidung ein nachhaltiges Image zu geben versuchen, obwohl das nur einem Bruchteil des Geschäfts entspricht. Öko-Lügen aus der Industrie gibt es haufenweise. Auch bei vielen Finanzprodukten ist nur schwer zu erkennen, ob tatsächlich das drinsteckt, was Anleger mit ihrem Gewissen verantworten können. Wie bei jedem guten Trend, wenn Geld mit im Spiel ist, lockt auch der Nachhaltigkeitstrend schwarze Schafe an. Um gut von schlecht zu unterscheiden, bedarf es eines genauen Blicks, wobei zum Beispiel Kriterien des Forums Nachhaltige Geldanlage helfen können. Mehr Transparenz will auch die EU durchsetzen. Ein Regelwerk, die grüne »Taxonomie«, ist auf dem Weg. Das könnte der entscheidende Durchbruch sein für nachhaltige Finanzprodukte, die der gesamten Wirtschaft auf die Sprünge helfen könnten.

Gefangen in der Ökonomisierung

Es stellt sich immer mehr und drängender die Frage, wie viel Zeit der Wirtschaft und der Gesellschaft bleibt, das System der Ökonomisierung des Lebens zu ändern hin zu einer Wirtschaft, die viel stärker Ökonomie mit Ökologie verbindet. Die Folgen des Klimawandels sind dabei ein unkalkulierbares Risiko geworden.

Risiken gibt es in allen Bereichen des Lebens, und sie gehören zum Alltag – so auch in der Wirtschaft: ob sich ein Produkt als erfolgreich oder als Flop herausstellen wird, ob man im Ausland oder besser zu Hause produziert, ob sich eine Investition lohnt und sich etwa Investoren für eine Idee begeistern lassen und Geld dafür lockermachen oder nicht. Zu all diesen Überlegungen kommen das Thema Klima und die damit verbundenen Risiken hinzu.

Das zeigte sich auch in der Einschätzung beim Weltwirtschaftsforum 2020. In den vergangenen Jahren standen in Davos auf der Liste der größten Gefahren für die Wirtschaft Kriege, Abschottung von Ländern, hohe Arbeitslosigkeit oder auch Wetterextreme. 2020 aber war es anders. Unter den fünf größten Risiken wurden ausschließlich Themen genannt, die mit der Zerstörung der Umwelt und des Klimas sowie ihren Auswirkungen zu tun haben: Versagen beim Klimaschutz, Naturkatastrophen, Verlust der Artenvielfalt, menschengemachte Umweltkatastrophen. Diese Punkte stellen aus Sicht des Weltwirtschaftsforums Risiken mit der höchsten Eintrittswahrscheinlichkeit dar.

Ökonom*innen und Wissenschaftler*innen widmen sich zunehmend den Gefahren und warnen zum Teil eindringlich davor. Unternehmen ziehen jedoch noch zu wenig Konsequenzen, sie sind gefangen im System der vollständigen Ökonomisierung des Lebens, umso mehr im Corona-Überlebenskampf.

Und auch die Mehrheit der Gesellschaft handelt noch immer, als sei im Großen und Ganzen alles in Ordnung, jedenfalls so, dass es irgendwie erträglich ist. Wir haben immer mal wieder ein Pflaster aufgelegt, wenn an einer Stelle der Planet besonders blutete. Aber ansonsten? Keine allzu große Unruhe, obwohl wir schon lange über unsere Verhältnisse und die unseres Planeten leben. Unsere Welt und unser Alltag beruhten am Ende auf einem einfachen Prinzip: Es geht alles, es geht immer und es geht immer billig. Es begann mal mit Milch für ein paar Cent, die über tausend Kilometer aus Bulgarien herangeschafft wurde und ging weiter bis zum Fleisch für unter zwei Euro das Kilo, das aber gerne auf einen mehrere Tausend Euro teuren Status-Supergrill geschmissen wurde. Alternativ ließen wir uns das Essen einfach per Lieferdienst in der Plastikschale bis vor die Türe bringen. Oder wir flogen mal schnell zum Wochenend-Shopping und Museumsbesuch nach Rom mit Abendessen im Schein des Kolosseums. Mit dem Ticket eines Billigfliegers und Übernachtung per Airbnb war der Trip für kleines Geld zu haben. Kreuzfahrten – ökologisch noch bedenklicher als Flugreisen – waren früher mal was für die oberen Zehntausend. Im 21. Jahrhundert? Kein Problem. Das war der Denkfehler nicht nur bei den älteren Semestern, sondern vor allem auch bei den Jungen. Was geht? Alles!

Dumm nur, dass dies auf Kosten von anderen ging. Zulasten anderer Menschen, Nationen, der Tiere. Und auf Kosten des Planeten, dessen Rohstoffe wir in Rekordzeit verpulverten, sowie auf Kosten unserer eigenen Zukunft, die in der Hitze des Klimawandels immer düsterer wurde.

Klimatagungen, Klimapakete von Regierungen – die Reden waren groß, die Ziele hehre. Doch es fehlten Durchsetzungskraft und auch Wille, die notwendigen Schritte zu tun, um Wirksames zu erreichen.

Was haben wir hinbekommen? Nicht viel. Als Gesellschaft nicht, und oftmals auch als Einzelpersonen nicht. Weil die Politik die Interessen der Wirtschaft schonen wollte und keine strengen Auflagen und Gesetze für Unternehmen und Branchen durchsetzte, um den Klimawandel wirksam stoppen zu können. Wenn Wirtschaftswachstum die oberste Maxime bleibt, wird auch eine Emissionssteuer nichts bewegen.

Wir alle waren nicht bereit, nicht zu dem großen Schritt, der nun kommen wird, weil der Coronavirus unsere Gesellschaften in die Knie zwingt, das Leben und die Wirtschaft runterfährt auf ein Niveau, das wir nicht kennen oder längst vergessen haben in unserer durchgetakteten und durchökonomisierten Welt.

Der Coronavirus hat viele Geschäftsmodelle einfach infiziert. Unsere Wirtschaft hat sich als nicht immun erwiesen. Was bisher auf Kante genäht war, riss. Und nicht an manchen Stellen, sondern überall. Das wirtschaftliche Prinzip der *Just-in-time*-Lieferkette der Industrie platzte ebenso wie der Wochenendausflug nach Malle, denn es ging kein Flieger mehr. Corona und der Kampf gegen die Ausbreitung standen dagegen. Diesem Wirtschaftsvirus trauen Zukunftsforscher noch viel mehr Macht zu. Sie halten es für möglich, dass uns Corona dazu bringt, den Weg der grünen Revolution bis zum Ende zu gehen. Die Politik muss dafür aber – global – einen entsprechenden – globalen – Ordnungsrahmen setzen, der den Preis entsprechend hoch ansetzt, für das knappe Gut Umwelt.

Heilende Wirkung Solidarität

Inmitten der Coronakrise zeigen sich die Kraft und die Lebensgeister einer Gesellschaft in einzigartiger Weise. Bürger*innen stellen sich dem Virus und seinen Nebenwirkungen entgegen. Sie gründen Nachbarschaftshilfen, kaufen für ältere Menschen ein. Oder veranstalten »Nicht-Festivals«, bei denen Musikgrößen »nicht auftreten« werden, und deren Erlöse – also Spenden – der Musikszene zugutekommen. Hotels öffnen sich für Obdachlose. Allabendliches Klatschen von den Balkonen, in Italien für diejenigen erfunden, die den Laden am Laufen halten: medizinisches Personal, Pflegedienste, alle Lkw-Fahrer*innen, die für Nachschub sorgen, und nicht zu vergessen diejenigen, die in den Lebensmittelgeschäften dafür sorgen, dass wir weiter nicht nur das Gefühl haben können, dass einkaufen normal bleibt, sondern es auch so ist. Und die manchem Hamsterkäufer auch mal ordentlich die Leviten gelesen haben.

Solidarität, die Währung einer Gemeinschaft und unseres Gemeinwesens in Deutschland, das an vielen Stellen nicht mehr richtig sichtbar war, blüht durch den Coronavirus auf viele Arten wieder auf. Und ist unbezahlbar. Wir rücken alle mental zusammen und wollen eines – diesen Virus besiegen.

Und auch die Wirtschaft schwenkt um. Wurden in Kriegszeiten Unternehmen zur Umstellung auf die Produktion kriegswichtiger Güter gezwungen, machen es die Firmen und Konzerne nun von allein. Die deutsche Industrie modelt im Kampf gegen Corona die brachliegende Produktion in Teilen um oder stellt georderte Ware zur Verteilung in Kliniken und Arztpraxen zur Verfügung. Die Lufthansa zum

Beispiel spendiert Hunderttausende Atemschutzmasken. Die Autobauer Daimler und Volkswagen geben aus eigenen Beständen der Lackierereien und anderer Gewerke Zigtausende Atemschutzmasken frei. Mehr noch. An einigen Standorten können sogar Produkte für Medizintechnik-Hersteller gefertigt und zugeliefert werden. VW-Personal-Vorstand Gunnar Killian: »Medizinisches Equipment ist natürlich neu für uns, aber sobald wir die Anforderungen kennen und die entsprechende Blaupause erhalten, können wir starten.« Mit den 3-D-Druckern von Volkswagen lassen sich aus der Kunststoffteile- oder Prototypenfertigung entsprechende Produkte für den medizinischen Bereich herstellen. Auch Siemens öffnet sein 3-D-Drucknetzwerk für Krankenhäuser, die medizinische Teile benötigen. Und der Konsumgüterkonzern Beiersdorf beginnt in der Coronakrise mit der Herstellung von medizinischen Desinfektionsmitteln. Im ersten Schritt werden mindestens 500 Tonnen produziert. In enger Zusammenarbeit mit den lokalen Behörden sollen die Mittel Institutionen und Berufsgruppen zur Verfügung gestellt werden, die gegen den Coronavirus im Einsatz sind. Bayer spendet acht Millionen Tabletten eines Mittels gegen Malaria, das im Kampf gegen Corona als Hoffnungsträger gilt. Der Unterwäsche-Hersteller Triumph tut sich mit dem Filter-Hersteller Mahle zusammen, um gemeinsam Schutzmasken zu produzieren. Selbst die Branche, die sonst nur Marken und Produkte für die Reichen und Schönen produziert und zu horrenden Preisen an die elitäre Kundschaft verkauft, schwenkt mit ein in den Kampf gegen den Virus und seine Folgen. Der weltweit größte französische Luxusartikel-Hersteller LVMH (Moët Hennessy – Louis Vuitton) stellt die Produktion von Parfum und Kosmetik um auf Desinfektionsmittel. All das sind gute Nachrichten gegen die weitere Infizierung der Gesellschaft und Ausdruck eines Kampfes, der von nahezu allen Teilen der Gesellschaft mit nur wenigen Unbelehrbaren geführt wird. Wir stehen zusammen. Das ist das Fundament und die Chance für einen Neuanfang.

Doch das Fundament der internationalen Bühne der Politik ist brüchig geworden. Es gibt zwar auch hier viele Zeichen der Solidarität. Notenbanken und Regierungen schnüren gigantische Hilfspakete für Unternehmen, Krankenhäuser, Kurzarbeiter oder die breite Bevölkerung. Aber anfangs kämpfen die Länder weitgehend als Einzelkämpfer.

Es gibt auch von oberster politischer Ebene bisweilen beschämende Beispiele mangelnder Hilfsbereitschaft. Mal wieder von US-Präsident Donald Trump, der ja bereits in den Vorjahren der Weltgemeinschaft die Freundschaft aufgekündigt hat, sei es dem Klimaabkommen, der UN, der Weltkulturbehörde Unesco oder dem Menschenrechtsrat UNHRC. Inmitten der Coronakrise kehrt er der Weltgesundheitsorganisation den Rücken, droht mit einem Stopp der Zahlungen an die WHO.

Gleichwohl ist auch solchen Aussetzern etwas Positives abzugewinnen: Es scheint, als einten gerade sie die anderen Staaten. Als Antwort auf Trump haben 23 Länder aus der »Allianz für Multilateralismus« demonstrativ der WHO den Rücken gestärkt – und ihren Zusammenhalt bekräftigt. »Wir müssen in unserer Menschlichkeit vereint bleiben«, heißt es in einer gemeinsamen Erklärung der Initiative. »Die Covid-19-Pandemie ist ein Weckruf für Multilateralismus.« Kooperation, Achtung des Völkerrechts und freier Handel – das sind die Werte dieses Netzwerkes, das schon 2018 von Deutschland initiiert wurde und zu dem mehr als 50 Staaten zählen, weil sie erkannt haben, dass globale Probleme nicht von einem Land allein gelöst werden können.

Die Welt wird nach Corona eine andere sein. Wir werden weltweit staatliche Schuldenstände in astronomischen Höhen sehen. Weil sich Regierungen und Notenbanken mit milliardenschweren Hilfszusagen, Krediten und Nothilfepaketen gegen die Folgen der Krise stemmen. Und wir werden sehen, wie Deutschlands Rolle in einem Europa sein wird, das anders ausschauen wird als bisher.

Die Wertegemeinschaft der Staaten hat sich in dieser Form überlebt. In der Krise zeigten sich mehr Risse als je zuvor. Bestürzt haben wir zur Kenntnis nehmen müssen, dass Europa nicht viel mehr war als eine Fahne und ein Wort. Inhaltlich war in dieser Krise nicht viel von einer Union zu sehen.

Jeder Staat in der Europäischen Union hat seine eigenen Methoden angewandt, Grenzen wurden geschlossen, nationale Alleingänge waren an der Tagesordnung. Absprachen Fehlanzeige. Und das Allerschlimmste: Als in Italien das Chaos ausbrach und europäische Hilfe nötig gewesen wäre, kamen Telefonkonferenzen, aber keine konkrete Unterstützung und Hilfe der europäischen Partner. Selbst die deutsch-französische Achse funktionierte nicht mehr. Als Berlin die Grenzen schloss, sprach man in Paris nur von gezielten Kontrollen an den Grenzen zum Nachbarland.

Dieses Chaos muss aufhören. Wir werden einen Kontinent brauchen, der mit all unseren gemeinsamen Werten zusammen auftritt und nicht nur darüber spricht. Wir in Europa müssen endlich mehr über Dinge sprechen, die uns verbinden, statt wie bisher vor allem über die Dinge, die uns trennen. Jetzt kommt der Lackmustest, ob Europa in der Lage ist, mehr zu sein als eine Wertegemeinschaft und zusammenzustehen, wenn es darauf ankommt.

Der Heilungsprozess ist bereits im Gange. Die EU kämpft um die Union der europäischen Staaten. Ein wichtiger Schritt war das Bekenntnis, Fehler gemacht zu haben. EU-Kommissionspräsidentin Ursula von der Leyen sagte in einer Ansprache, dass zu Anfang gerade Italien hätte mehr geholfen werden müssen. Dafür entschuldige sich Europa als Ganzes – und sie beschwört die Solidarität: »Und die Wahrheit ist, dass Europa in der Welt nun zum stark pochenden Herz der Solidarität geworden ist. Das wahre Europa steht auf, das Europa, das füreinander da ist, wenn es am dringendsten gebraucht wird.«

Deutschland wird auch in der Zeit nach Corona eine entscheidende Rolle in Europa spielen, auch wegen seiner Spitzenposition bei Einwohnerzahl und Wirtschaftskraft. In dieser Zeit kommt uns eine Sache zugute, die in der Vergangenheit politisch und auch von vielen Ökonom*innen kontrovers diskutiert wurde. Die »schwarze Null«. Dass wir in den vergangenen Jahren Schulden abgebaut und die Neuverschuldung auf null gehalten haben und sogar Geld verdienen konnten mit unseren Staatsanleihen, wird uns nun hoffentlich vor dem finanziellen Kollaps bewahren. Uns ja – aber was wird von Europa übrig sein, wenn die Krise vorbei ist?

Die Angst vor einem Auseinanderbrechen der EU und des Euro ist groß. Frankreichs Präsident Emmanuel Macron warnte, dass das Versäumnis, die von der Pandemie am härtesten betroffenen EU-Mitglieder zu unterstützen, Populisten in Italien, Spanien und vielleicht in Frankreich und anderswo zum Sieg verhelfen könnte.

Wenn die EU und nordeuropäische Länder keine größere Solidarität zeigten, würden populistische Kräfte argumentieren: »Sie sind für Europa, wenn es darum geht, die Waren zu exportieren, die sie herstellen. Sie sind für Europa, wenn es darum geht, billige Arbeitskräfte zu bekommen«, sagte Macron. »Aber sie sind nicht für Europa, wenn es darum geht, Lasten zu teilen.« Die EU sei auch ein politisches Projekt. »Wir brauchen finanzielle Transfers und Solidarität«, forderte Macron.

Es dürfte klar sein, dass seine Botschaft vor allem an ein ganz bestimmtes Land ging: Deutschland. Selbst Bundespräsident Frank-Walter Steinmeier hat in seiner Fernsehansprache zu Ostern zur Solidarität gemahnt, er nannte es sogar eine Pflicht der Deutschen. Er drückte die Kritik an der deutschen Ablehnung von Eurobonds nur freundlicher aus als Macron: Deutschland könne nicht stark und gesund aus der Krise kommen, wenn nicht auch die Nachbarn stark und gesund würden. Und: Er sicherte Italien die Solidarität Deutschlands zu.

Europa wird sich grundlegend ändern müssen. Oder mit anderen Worten: Es wird entweder mehr Europa sein, oder Europa wird nicht mehr sein. Nach Corona noch mehr als zuvor. Und es sind wieder dieselben, die vorneweg gehen und Visionen eines neuen Europas haben. Schon seit Monaten hat Macron immer wieder verschiedene Vorschläge unterbreitet. Der Widerhall war sehr gering, oder es gab gar keine Antwort aus Deutschland. Jetzt steigt der Druck nochmals, und zwar so hoch, dass sich Deutschland in der Frage nach einem Europa nach der Krise nicht mehr wird wegducken können. Die Pandemie wird die Solidarität innerhalb Europas auf eine harte Probe stellen oder um es mit den Worten des Bundespräsidenten zu sagen, die Pandemie »ist eine Prüfung unserer Menschlichkeit«.

Der Ruf nach Vater Staat

Emmanuel Macron, eigentlich ein Präsident mit neoliberalen Vorstellungen, machte in einer seiner Reden auch klar, dass der Staat in bestimmten Lebensbereichen eine stärkere Rolle wird übernehmen müssen. »Diese Pandemie hat jetzt schon deutlich gemacht, dass es Güter und Dienstleistungen gibt, die außerhalb der Marktgesetze gestellt werden müssen.« Das war bei einigen Auftritten des Bundesgesundheitsministers Jens Spahn auch so zu hören. In seinem Fall ging es um medizinische Ausstattung und Ausrüstung für das Gesundheitswesen. Macron nannte noch die Bereiche Ernährung und Sicherheit, die nicht der Privatwirtschaft überlassen werden dürfen. Erleben wir durch Corona eine Rückkehr sozialistischer Strukturen, wie sicher manche fürchten werden? Es wird eher eine Veränderung des Kapitalismus sein. Besser gesagt eine Gesundung der Auswüchse der Vergangenheit.

Einige Ökonomen, Virologen und Politiker gehen davon aus, dass soziales und ökonomisches Leben über Monate hinweg gebremst bis heruntergefahren werden müssen. Das werden viele Unternehmen nicht überleben. Und systemrelevante werden es nur mit staatlicher Hilfe schaffen, sprich durch Verstaatlichung der Unternehmen. Bundesfinanzminister Olaf Scholz (SPD) sagte dazu im März, dass eine Beteiligung des Staates an Unternehmen wichtig würde, wenn »wir dann mit Eigenkapital helfen können, uns also zeitweilig an solchen Unternehmen auch beteiligen, wenn die das sinnvoll und hilfreich finden«.

Diese Idee ist nicht neu und hat in der Finanzkrise 2008/2009 bereits gewirkt. Breit angewendet aber wurde sie nicht von der Bundesregierung, sondern ausgerechnet im Land des grenzenlosen Kapitalismus, den USA. Jenem Land, in dem bereits der Begriff der in Deutschland so beliebten »sozialen Marktwirtschaft« vielen Amerikanern als eine deutsche Sonderform des Sozialismus vorkommt. Die USA verstaatlichten mehrere Banken wie die American International Group (AIG), bei der der Staat 92 Prozent der Aktien übernahm. Nach der Finanzkrise zeigte sich, dass die US-Unternehmen deutlich besser aus der Krise kamen als Banken in Europa und auch in Deutschland.

In einem gemeinsamen Strategiepapier skizzieren stimmgewaltige Ökonom*innen und Professor*innen wie Peter Bofinger, Sebastian Dullien, Gabriel Felbermayr, Clemens Fuest, Michael Hüther, Jens Südekum und Beatrice Weder di Mauro neben den bekannten wirtschafts-, geld- und fiskalpolitischen Instrumenten auch das Thema eines Einstiegs von Vater Staat bei Unternehmen. Sie bezeichnen das als *Ultima Ratio*, also die letzte aller gangbaren Möglichkeiten. Und eine durchaus wahrscheinliche.

Der starke Staat, auf Deutschland trifft diese Bezeichnung mit Sicherheit zu. Wenn in dieser Krise ein Staat in der Lage ist zu helfen, dann ist es unserer. Deutschland verfügt über weitreichende Finanzmittel und Wirtschaftskraft dank erfolgreicher Unternehmen und einer Bevölkerung, die durch Steuern diesen Staat reich gemacht haben.

Auch in der größten Krise muss allerdings abgewogen werden, ob und wann ein Einstieg des Staates in Unternehmen richtig ist und welche Gefahren sich daraus ergeben. Welche Unternehmen werden gerettet? Nur die großen, um möglichst viele Arbeitsplätze zu retten? Oder gerade die vielen Kleinen, um den Großen auch später noch genug Wettbewerb entgegenhalten zu können? Oder bloß die Firmen, die überlebenswichtig sind für den Bestand des Systems wie einst die systemrelevanten Banken? Wie gehen wir mit Unternehmen um, die keine Beteiligung des Staates haben wollen oder bekommen und daher später im Wettbewerb gegen einen »Staatskonzern« benachteiligt sind? Und wann steigt der Staat eigentlich wieder aus dem Unternehmen aus?

Am Beispiel der Commerzbank zeigt sich, dass dies viel Diskussionsstoff liefert. An der Bank hat sich der deutsche Staat nach der Finanzkrise beteiligt. Noch immer liegt der Anteil aktuell bei etwas über 15 Prozent. Und die Bundesregierung tat sich recht schwer, den Einstieg in den richtigen Ausstieg zu finden. Bis heute ist das nicht gelungen. Michael Theurer, stellvertretender Fraktionsvorsitzender der FDP, befürchtet daher in der Coronakrise sogar eine »Staatswirtschaft«, die mit einer »regelrechten Verstaatlichungsorgie« beginnen könne. Und auch DIW-Präsident Marcel Fratzscher sorgt sich um die klare Rollenverteilung zwischen Staat und Unternehmen. »In dieser Krise sehen wir, dass die Trennlinien zwischen Markt und Staat verschwommen sind.«

Ein starker Staat ist wichtig, aber es braucht Instrumente und Menschen, die mit Augenmaß, Kompetenz und viel Weitsicht in der Lage sind, im richtigen Moment das Richtige zu tun. Dass ein starker Staat nicht nur in der Not, sondern auch ganz grundsätzlich eine gute Sache sein kann, ist jetzt schon in den skandinavischen Staaten zu beobachten. Dort schauen wir in Europa oft hin, um zu staunen, leider nicht so oft, um zu lernen und zu übertragen. Ob Bildung, Digitalisierung der Gesellschaft oder Sicherung der Grundbedürfnisse – an einigen Beispielen zeigen die Skandinavier, wo der starke Staat punkten kann.

Vorbild Skandinavien

Seit Jahrzehnten fahre ich nach Schweden und dort in die Einsamkeit. Ein wunderbares Kontrastprogramm zu meinen Zeiten in Kriegs- und Krisengebieten wie im Irak oder in Afghanistan, aber auch zu dem hektischen Treiben rund um die Börse.

Schweden ist flächenmäßig ein deutlich größeres Land als Deutschland, die Einwohnerzahl liegt aber nur bei etwas mehr als zehn Millionen Menschen. Es kann einem dort passieren, dass in Läden kein Bargeld angenommen wird. Aus dem einfachen Grund, weil in der Kasse Ebbe und damit Wechselgeld unmöglich ist. Kartenzahlung ist allgegenwärtig und selbstverständlich, genauso der Geldtransfer per Smartphone. Auch der Umgang miteinander ist unkompliziert. Man grüßt sich in Schweden. Ein freundliches Hej, wenn man sich kennt vielleicht ein kurzer Plausch. Es gibt erkennbar weniger Stress. Die Erwartung der Bürger*innen an ihren Staat ist groß. Und er regelt für die Bürger viel. Mehr als bei uns und manches auch ein wenig zu viel, wie einige meinen. Einmal im Jahr werden in schwedischen Zeitungen Listen über die reichsten Bewohner und die reichsten Politiker des Landes veröffentlicht. Das dient der Transparenz, meinen die meisten Schweden. Viele Skandale, Korruption und Vetternwirtschaft wurden dank des Öffentlichkeitsprinzips enthüllt. So konnten Stockholmer in der Zeitung *Dagens Nyheter* vor Jahren die Einkünfte von zahlreichen Ärzten einsehen. In dem Artikel wurden die Privatisierung der einst staatlichen Allgemeinarztpraxen und die steigenden Einkommen kritisch beleuchtet. Die Betroffenen finden das eher weniger gut.

Die Grundlagen des Lebens gibt der Staat nicht aus der Hand. Und schon gar nicht an private Institutionen. Während in Deutschland die Einführung einer CO_2-Steuer debattiert wurde, erklärte Schweden, dass diese schon seit 1991 für alle Schweden erhoben und von allen bezahlt werde.

Das Verfahren ist einfach. Es gibt feste Steuersätze für jeden Brennstoff, die sich aus dem jeweiligen durchschnittlichen CO_2-Gehalt ergeben. Je schmutziger, desto höher die Steuer. Die Einnahmen werden hauptsächlich in klimafreundliche Projekte investiert, vor allem in den ÖPNV, in energetische Haussanierungen oder in Lade-Infrastruktur für die neue Mobilität. In Schweden ist der Einsatz von Steuergeldern transparent, das erhöht die Akzeptanz. Allerdings ist der Einsatz von fossilen Energieträgern wie Kohle auch deutlich geringer als in Deutschland.

Der Staat sorgt auch dafür, dass Herausforderungen und Probleme auf viele Schultern verteilt werden. So können alle Kinder mit der Volljährigkeit eine finanzielle Unterstützung des Staates erhalten, unabhängig vom Einkommen der Eltern.

Im hohen Norden gibt es alles, was man zum Leben benötigt. Und noch mehr. Keiner muss am Lebensstandard sparen. Im Gegenteil. In der Einsamkeit der Westküste habe ich dennoch so schnelles Internet wie sonst nirgendwo. 5G ist in

Schweden längst Standard. Das Glasfasernetz schon seit Jahren vorhanden. Wenn ich will, habe ich aber auch absolute Ruhe. Ein Gut, das sich bisweilen nicht mit Geld bezahlen lässt.

Geht man einkaufen im Landhandel, im kleinen Supermarkt im Nirgendwo, fehlt es an nichts. Selbst eine kleine Apotheke und Poststelle ist an der Kasse eingerichtet. Es ist alles verfügbar. Alles – nur nicht von jedem Produkt zehn unterschiedliche Sorten. Es gibt eine Sorte Kartoffeln, es gibt drei Sorten Nudeln und Wasser mit oder ohne Kohlensäure. Allerdings eben keine Auswahl unterschiedlicher Hersteller, deren Produkte mitunter von Italien bis nach Schweden Tausende Kilometer hochgefahren werden müssten.

Die Milch kommt von Kühen von der Westküste, an denen man vorbeigefahren ist auf dem Weg zum Einkauf. Das Fleisch ebenso, und Obst gibt es je nach Saison – Kirschen und Spargel also nicht das ganze Jahr über. Ich habe weder Nachbarn noch Touristen in all den Jahren erlebt, denen etwas gefehlt hätte. Erdbeeren im Oktober zum Beispiel. Vor allem aber haben die Lebensmittel aus der Region für die Leute einen Wert, und daher natürlich auch ihren Preis.

Daraus werden wir in ganz Europa lernen können. Produkte und Dienstleistungen müssen ihren Preis haben, weil sie einen Wert haben. Natürlich gibt es auch im hohen Norden Dinge, die deutlich ausbaufähig sind. Zum Beispiel das Gesundheitssystem. Es gibt kein System niedergelassener Ärzte und unendlich lange Wartezeiten in den kleinen Gesundheitszentren, die über das Land verteilt sind. Und sehr lange Strecken zu den Krankenhäusern. Da kann und muss der Staat in Schweden etwas lernen – zum Beispiel von dem Gesundheitssystem in Deutschland.

In diese Richtung gehen auch die Vorschläge von Emmanuel Macron. Wir müssen mehr voneinander lernen. Und Europa wird anders wirtschaften müssen, klarer, fairer und zu Hause mit den anderen in Europa. Das wird mehr kosten, auch die Verbraucher, aber viel mehr bringen. Ein gesünderes Wachstum zum Beispiel.

Mehr Europa wagen

Wir haben in Europa deutlich mehr über das geredet, was uns trennt. Spätestens die gemeinsame Notlage durch den Virus wird uns dazu zwingen, endlich wieder mehr über das zu sprechen, was uns verbindet. Dazu gehört vor allem die wechselhafte und unheilvolle Geschichte auf diesem Kontinent, auf dem Millionen Menschen durch Kriege und katastrophale Politik gestorben sind. Da ist aber auch das unendliche Glück, heute in Sicherheit, Freiheit und großem Wohlstand leben und ohne Grenzen reisen zu können. Andere Kulturen und Lebensweisen sehen, erfahren und vielleicht auch davon lernen zu können. Alles auf einem Kontinent in Frieden.

Mit den Jahren jedoch haben wir vor allem in Deutschland nach der Einheit den Blick für vieles Wesentliche verloren. Wir waren erst glückstrunken von der Wiedervereinigung, dann gefrustet wegen der Kosten. Es fehlt bis heute an Verständnis füreinander, in Deutschland ebenso wie in Europa. Maulen, motzen und jammern war jahrelang normal. Wir alle waren satt, zu satt. Und verloren dabei den Blick für Grundlegendes, suchten uns Probleme und fanden dabei stetig Haare in der Suppe. Die Interessen des Individuums nahmen zu und standen auf einmal im Mittelpunkt. Die Gemeinschaft wurde nicht nur weniger wert, sie begann zu stören, wenn sie die Interessen des Einzelnen auch nur ansatzweise störte. Ob Menschen oder Staaten, das Prinzip ähnelte sich sehr. Ansprüche stiegen stetig, bei uns in Deutschland und in Europa ebenso. Nord gegen Süd, Ost gegen West. Die Mahner, die es durchaus gab und die für mehr Europa warben, wurden verspottet. Diejenigen, die nationale Staaten als Zukunftsmodell sahen, ohne die lästige europäische Verwandtschaft, bekamen Auftrieb.

In Zeiten des Coronavirus wird sich der Wert von Europa zeigen. Kein Land wird nach dieser Krise allein in der Lage sein, sein Wirtschaftsmodell aufrechtzuerhalten. Auch wir nicht. Denn wenn wir in Deutschland aufgrund unserer glücklicherweise vorhandenen Wirtschafts- und Finanzkraft wieder auf die Beine kommen, an wen werden wir unsere Produkte absetzen, wenn um uns herum reihenweise Länder nicht mehr in der Lage sind, uns etwas abzukaufen, weil sie selbst am Boden sind?

Mehr Demokratie wagen

Ein Ausspruch, der in die deutschen Geschichtsbücher eingegangen ist: »Wir wollen mehr Demokratie wagen.« Dieser Satz war der Beginn der Regierungserklärung des Kanzlers Willy Brandt (SPD) im Oktober 1969. In den späten 1960er- und 70er-Jahren waren die Themen vor allem innenpolitischer Natur, aber auch wirtschaftspolitisch waren die Herausforderungen groß. Mit der Ölkrise war die Zeit des Wirtschaftswunders vorbei. Die Nachfolger von Willy

Brandt im Kanzleramt regierten das Land unter der Prämisse von Wirtschaftswachstum und dem weiteren Ausbau des Geschäftsmodells, das Deutschland auszeichnete: *Made in Germany* als Qualitätsmerkmal.

Gut fünfzig Jahre nach dem Satz von Willy Brandt wird »Mehr Demokratie wagen« wieder aktuell. Mehr Demokratie als mehr direkte Demokratie, also zum Beispiel mittels Volksabstimmungen, haben die Väter und Mütter des Grundgesetzes nach den Erfahrungen der Weimarer Republik aus gutem Grund ermöglicht, aber zugunsten einer parlamentarischen Demokratie bewusst eher klein gehalten. Volksabstimmungen sind mitunter eine gute Sache, aber bei jedem Thema? In Großbritannien konnte man mit der Abstimmung über den Brexit gut beobachten, was passieren kann: Unsicherheit, lange quälende Zeiten der Ungewissheit für Wirtschaft und Bürger*innen. Seit dem Referendum 2016 haben viele Briten gelitten. In der Coronakrise haben sich die Einzelkämpfer auf der Insel nicht besser geschlagen als die anderen auf dem europäischen Festland. Die große Frage wird sein: Wie werden die Briten nach Corona wirtschaftlich wieder auf die Beine kommen, ohne Zugang zum europäischen Binnenmarkt? Oder werden die Verhandlungen Londons mit Brüssel über eine Regelung der Beziehungen eine Überraschung bringen?

Der frühere Vizepräsident der USA, Al Gore, sagte bezogen auf eine aus seiner Sicht zu träge und zu geringe Bereitschaft, aktuelle Probleme zu ändern: »Erklärt euren Abgeordneten, was sie tun sollen. Und wenn sie es nicht tun, dann wählt sie ab. Und kandidiert selbst.« Verantwortung in einem Gemeinwesen zu übernehmen, bedeutet mehr Arbeit und Verzicht auf Zeit für sich selbst. Ob in einem Parlament mithilfe eines Mandats, im Gemeinderat, im Stadtparlament oder auch auf anderen Ebenen bis in den Bundestag oder das Europaparlament. Dort schlagen die Herzen der Demokratien unserer Länder und in Zukunft vielleicht noch stärker als bisher in Europa.

Wir müssen auf unsere Demokratie aufpassen. Nicht nur wegen Populisten von links oder rechts, sondern auch von denen, die keine Verständigung im Streit kennen oder nach Lösungen suchen, die keinen Konsens im Dissens ertragen. Wir brauchen eine Streitkultur, die Gesellschaften besser werden lässt durch die Kraft der Argumente, statt Gesellschaften spaltet durch radikale Ansichten oder Taten. Sonst ist Demokratie in Gefahr. Und spätestens dann muss sie wehrhaft sein.

In der Politik und in den Parlamenten scheint es ebenso wie bei Bürger*innen eine Erkenntnis zu geben, dass ungezügeltes Wachstum in der bisherigen ausbeuterischen Form kein Allheilmittel für eine sorglose Zukunft ist, sondern eher das Gegenteil. Daraus eine gesellschaftliche Idee zu formen, ein neues Gesellschaftsmodell zu entwickeln, ist eine Mammutaufgabe. Ein so großes Projekt ist nicht zu stemmen ohne viel Debatte, viele Beteiligte, viel Planung. Einzelne Staaten werden dazu kaum allein in der Lage sein. Was es braucht, sind Mut, Kraft und gemeinsame Anstrengung für eine gute gemeinsame Zukunft. Konstruktiven Streit und eine Vision auf der Basis eines gemeinsamen Fundaments. Wir haben sogar zwei davon. Europa und Demokratie.

Krisen bieten immer auch Chancen. Für Innovationen, für Neues, für Besseres. Und es gibt reichlich Beispiele. Europa ist das allerbeste Beispiel dafür, wie sich Krisen nicht nur zur Katastrophe ausdehnen können, sondern auch dafür, was danach entstehen kann. Gerade die deutsche Geschichte ist ein gutes Exempel. Nach Ende des Zweiten Weltkrieges war nicht nur die Stunde null in Europa, sondern auch die alte Weltordnung Geschichte.

Die Karten wurden neu gemischt. Europa musste wiederaufgebaut werden, für Deutschland bedeutete das in besonderem Maße eine wirtschaftliche, soziale und gesellschaftliche Neuausrichtung. Im damaligen Ostdeutschland wurde eine staatliche Planwirtschaft eingeführt. Im Westen wurde das von den Amerikanern geprägte marktwirtschaftliche System um eine wichtige Komponente erweitert und vor allem verfeinert, worum man die Deutschen weltweit bis heute beneidet: die soziale Komponente, die dem Grundprinzip unserer Gesellschaft bis heute den Namen einer sozialen Marktwirtschaft einbringt.

Die Blöcke USA und Sowjetunion haben über Jahrzehnte nicht nur Gesellschafts- und Wirtschaftssystem geprägt, sondern auch in allen Bereichen der Politik und des Zusammenlebens Maßstäbe gesetzt und Errungenschaften bewirkt. Allerdings brachte der Wettstreit der Systeme Sozialismus versus Kapitalismus die Welt einige Male an den Rand eines neuen Weltkriegs, was im atomaren Zeitalter zur vollständigen Zerstörung der Menschheit hätte führen können. Weil es aber in all den heiklen Fällen auf beiden Seiten zur richtigen Zeit genug Menschen guten Willens gab, konnte verhindert werden, dass aus dem kalten ein heißer Krieg wurde.

Mit dem Zusammenbruch des sozialistischen Systems haben sich Demokratien als das globale Ordnungssystem etabliert. In der neuen multipolaren Welt kommt es auf Größe, Stärke und Durchsetzungsfähigkeit an. Schauen wir auf die vier großen Staaten USA, Russland, China und Indien und ihre Machthaber, dann sehen wir Männer, die wenig von Zusammenarbeit über Grenzen hinweg halten, sondern eine egoistische Politik auf Kosten anderer verfolgen. Auch in Europa wurde das leider zunehmend Mode, zum Beispiel in Großbritannien und Ungarn. Das britische Empire ist jedoch Vergangenheit, heute ist Großbritannien eher ein »Empirele«, wie ich als Schwabe sagen würde.

Der Conoravirus macht alle Gesellschaften gleich, auch die Menschen. Ob durch Chinas Xi Jinping, Indiens Narendra Modi, Russlands Wladimir Putin oder Amerikas Donald Trump – dieser Virus lässt sich vielleicht über Twitter verspotten oder verleugnen. Er frisst sich dennoch durch Systeme und Gesellschaften und zeigt schonungslos auf, welche Strukturen in einem Staat funktionieren und welche nicht, wo gute Führung und Weitsicht herrschen oder nur inhaltslose Posen zu finden sind.

Wertewandel: Die Frage nach dem Warum

Innerhalb der Gesellschaft kündigt sich eine neue Weltordnung bereits seit Jahren an. Ein Wertewandel, der schon längst in unserem Alltag herumschlich und sich in Debatten bei der Arbeit, bei privaten Treffen oder im öffentlichen Diskurs zeigte. Vielen Menschen überdenken ihre Einstellung zum Job, wollen weniger und flexibler arbeiten und mehr Freizeit haben. Bisweilen zeigte sich der Wertewandel aber auch im Unverständnis zwischen den Generationen – zwischen Älteren und Jüngeren –, so wie es eigentlich schon immer war.

Der Wertewandel äußerte sich nicht nur in den Debatten zwischen den Menschen, sondern hatte auch Folgen für die Wirtschaft. Während die einen Autos noch als Statussymbol ansahen und es ihnen wichtig war, regelmäßig das neueste Modell zu besitzen und es auch zu zeigen, setzten immer mehr darauf, ein Auto nur zu benutzen, wenn sie es auch brauchten. Teilen statt besitzen. Carsharing wurde zum Geschäftsmodell und brachte viele Autohersteller ins Schwitzen. Dieser beginnende Verzicht auf ein eigenes Auto gefährdete eine Branche, die jahrzehntelang auf Konsum baute und einen Leitsatz hatte: »Seht her, ich habe es geschafft, ich kann mir das leisten.«

Die Autoindustrie war eine der ersten Branchen, die von dieser neuen Haltung erfasst wurde, und veranlasste die Hersteller, diesen neuen Trend zu nutzen, anstatt ihn zu ignorieren oder amerikanischen Technologieriesen wie Google zu überlassen. So gründeten die deutschen Hersteller von Autos wie Daimler und BMW einen gemeinsamen Dienst – eine Buchungsplattform für Autovermietung, Carsharing, Parkplatz, Chauffeur-Service, Taxi, die nächstgelegene Ladestation für das E-Auto, Hilfe für unterwegs. Zwei deutsche Premium-Marken und direkte Konkurrenten taten sich zusammen, um unter der Dachmarke »Share now« in einer Kooperation gemeinsam zu wachsen und 40 Millionen Kunden zu gewinnen. Und um nicht von den amerikanischen Technologiefirmen oder chinesischen Anbietern überholt und abgehängt zu werden.

Die Generation, die mehr Wert auf nutzen statt besitzen legt, ist die sogenannte Generation Y, die Jahrgänge der 1980er- bis späten 90er-Jahre. Y wird englisch ausgesprochen wie das Fragewort *Why*, zu Deutsch ›Warum‹. Das beschreibt diese Generation ganz gut, denn sie hinterfragt vieles. Sie bricht mit Konventionen und damit auch alte Geschäftsmodelle auf. Vor allem in der Arbeitswelt. An die Chefs haben sie einen Anspruch formuliert: Geld allein reicht nicht, sie wollen Anreize haben. Fortbildung, Mehrwert, Freizeit, einen Ausgleich zwischen befriedigender Arbeit und Privatleben.

Die Generation Y ist bereits jetzt eine Gruppe mit starkem Einfluss. Sie stellt 20 Prozent der Arbeitskräfte. In einer Zeit, in der Fachkräfte Mangelware sind auf dem Arbeitsmarkt, sucht sie sich das beste Angebot, das den besten Ausgleich zwischen Anspruch und Bedürfnis bietet. Work-Life-Balance, dieses Wort versinnbildlicht diese Entwicklung, und manche Ältere vorangegangener Generationen tun sich schwer damit – die Pole schwanken zwischen Unverständnis und heimlichem Neid. Denn der Anspruch der Generation liest sich wie ein Wunschkonzert.

Gefordert werden flexiblere Arbeitszeiten und die Möglichkeit, den Arbeitsplatz zu verlassen, wenn der Teil der Aufgaben getan ist, die Anwesenheit zwingend erfordern. Das Recht auf Homeoffice – in der Coronakrise für viele zur Normalität geworden – war von Anbeginn das zentrale Thema, denn so lassen sich berufliche und private Belange am besten verbinden. Corona dürfte an dieser Stelle wie ein Katalysator wirken. Homeoffice wird in der langen Zeit der Krise und auch danach eher Alltag sein in vielen Unternehmen.

In Berufen, bei denen das nicht ohne Weiteres möglich ist, werden Unternehmen deutlich mehr als bisher in der Verantwortung stehen, Kinderbetreuung und entsprechende Einrichtungen zu organisieren oder aufzubauen. Immer mehr Eltern der neuen Generationen machen keine Deals mehr zwischen Arbeit und Familie – sie erwarten, dass sich beides verbinden lässt und Arbeitgeber dabei ihren Teil der Verantwortung für gut ausgebildete Mitarbeiter*innen übernehmen. Das gilt auch für Führungspositionen. Der Widerspruch zwischen einer Top-Position im Beruf und einer ausgeglichenen Work-Life-Balance wird sich weiter auflösen. Allein schon durch den Druck der Generation Y und einer weiteren, den der nachfolgenden Generation Z, der Arbeitgebern noch mal mehr Flexibilität abverlangen wird.

Mitten in der Krise haben sich schon viele Veränderungen gezeigt, die uns einen Einblick geben, wie die Welt von morgen tickt. Sie ist einerseits ein Stück kleiner. Das Zuhause spielt eine größere Rolle als früher, allein schon weil wir durch die Schutzmechanismen gezwungen waren, daheim zu bleiben. Zugleich wird die Welt auch deutlich größer wirken, weil Reisen nicht mehr so ohne Weiteres möglich ist und uns bewusst geworden, wie weit weg unsere Urlaubsländer eigentlich sind.

Coronabedingter Verzicht und Reduzierung haben uns gezeigt, was wesentlich ist. Und dass vieles, was uns bisher normal und selbstverständlich erschien, keineswegs selbstverständlich ist. Unser Verhalten wird sich ändern. Maßhalten und tatsächlich mehr wertschätzen, was mit geringem Aufwand erreichbar ist. Beim Reisen zum Beispiel.

Mir ist es selbst so ergangen, als ich nach den Jahren als Auslandskorrespondent in Südasien wieder nach Hause kam. Als Berichterstatter aus fernen Ländern mit einem großen geografischen Zuständigkeitsgebiet ist man ständig auf Tour. Mehr als 200 Tage unterwegs und auf gepackten Koffern sind ganz schön, aber mit den Jahren nutzt sich der Effekt ab. Seitdem gehören weite Reisen nicht mehr zu meinen Lieblingsbeschäftigungen. Tatendrang und Erkundungsdurst sind zwar geblieben, aber es sind eher die Ziele in der näheren Umgebung, das eigene Land – und Europa. Das ist mir Spannung und Entdeckergeist genug.

Wir können uns sicher sein: Werte werden nach Corona eine neue Beachtung erfahren. Und sie werden einen neuen Preis haben. Nicht nur ideell, sondern auch materiell. Wir werden diskutieren über andere Belange, die bislang entweder nichts zählten oder denen ein falscher Wert zugemessen wurde. Zum Beispiel der Frage nach dem Gesundheitssystem. Darf ein so zentraler Teil unserer Gesellschaft den Prinzipien einer Marktwirtschaft untergeordnet werden oder muss die Gesundheit dabei ausgeklammert werden nach der Erfahrung mit Covid-19? Welchen Preis dürfen Grundbedürfnisse wie Wasser, Strom und vielleicht Wohnen haben? Muss der Staat dies stärker kontrollieren?

Auch ethische Fragen bekommen durch die Coronakrise mehr Gewicht. Die Generation Greta fordert dies bereits ein, von der Gesellschaft und auch von der Wirtschaft. Das zeigte eine weltweite Umfrage der Wirtschaftsberatungsgesellschaft Deloitte aus dem Jahr 2019 unter Jugendlichen. Demnach sagten 63 Prozent der Jugendlichen, der Hauptzweck eines Unternehmens sollte nicht Wachstum sein, sondern die »Gesellschaft zu verbessern«. Dieser gesellschaftliche Wertewandel, der ein gesünderes Wirtschaften einfordert, dürfte durch die Pandemie beschleunigt werden. Sei es, dass die Krise viele positive Beispiele von Solidarität hervorgebracht hat, wie die eines Unternehmers, der dem Hilfeaufruf einer Diakonie nachkommt, und 150 Atemschutzmasken nähen lässt. Oder die Hilfsbereitschaft der Menschen untereinander im Lokalen. Einen breiten ethischen gesellschaftlichen Diskurs über den richtigen Umgang mit dem bedrohlichen Virus hat auch der wirtschaftliche *Lockdown* provoziert. Angestoßen durch den früheren Goldman-Sachs-Chef in Deutschland, Alexander Dibelius, der fragte, ob »zehn Prozent der – wirklich bedrohten – Bevölkerung geschont, 90 Prozent samt der gesamten Volkswirtschaft aber extrem behindert« werden dürften. Die Medien griffen die Debatte auf und spitzten sie zu auf die Frage »Geld oder Leben«? So titelte der *Spiegel* – und lieferte die Antwort gleich mit: »Darf man den wirtschaftlichen Schaden des Lockdowns abwägen gegen die Menschenleben, die eine Ausbreitung des Coronavirus kosten würde? Ja, man darf. Man muss sogar.« Die *Frankfurter Rundschau* hielt dagegen: »Eine kühl-rationale Behauptung, die betroffen macht. Denn welchen Preis, so fragt man sich unwillkürlich, ist die Gesellschaft wohl bereit, für einen selbst zu zahlen, wenn es denn knapp wird mit den Ressourcen?« Zur Ehrenrettung des *Spiegel* sei gesagt, dass er darauf verweist, dass »die Frage nach dem Preis des Lebens« sich bereits vor der Coronakrise gestellt habe: »Jeder Beschluss, Krankenhauspersonal abzubauen oder eine Notaufnahme schlechter auszustatten, entscheidet indirekt über Leben und Tod, in jeder Diskussion über teure Krebsmedikamente. Am Ende des Lebens geht es um dieselbe Frage.«

Selten wurde so viel, so breit und so kontrovers über grundsätzliche Fragen der Demokratie diskutiert oder darüber, wie tief in die individuellen Grundrechte eingegriffen werden darf. Die Coronakrise lieferte vielerlei Anlässe, so zum Beispiel die Frage, ob man in Zeiten des Kontaktverbots noch ein Buch auf einer Parkbank lesen dürfe. Erst hieß es von der Politik nein, dann ja. Es wurden vielfach Grenzen überschritten, die menschliche, individuelle und demokratische Freiheit in bedenklichem Maße beschnitten. Ethische Werte blieben auf der Strecke, wie der bekannte Benediktiner Notker Wolf kritisierte. In der Befolgung des eisernen Schutz- und Sicherheitsplans der Pandemie wurde die Menschenwürde in vielfältiger Weise verletzt. In Krankenhäusern und Pflegeheimen konnten Patientenverfügungen nicht respektiert, dem Wunsch nach einem menschenwürdigen Tod nicht nachgekommen werden. Menschen mussten allein sterben und wurden zu Grabe getragen, ohne dass Angehörige Abschied nehmen konnten.

Notker Wolf warnte davor, dass die Gesellschaft in der Coronakrise unmenschlich werden könnte, ohne es zu bemerken. Einwände wie diese wurden von vielen Menschen diskutiert, sie haben eine breite Debatte angeregt, die dem gesellschaftlichen Wertewandel dienlich sind. Natürlich hat die Pandemie etliche Negativbeispiele hervorgebracht. Menschen, die versuchten, aus einer Notlage Profit zu schlagen. Desinfektionsmittel und Schutzmasken wurden überteuert im Internet verkauft. Ein Start-up in Berlin bot einen Coronatest für zu Hause für 249 Euro an. Finanzkräftige Unternehmen wie Adidas, H&M und Deichmann stoppten erst mal ihre Mietzahlungen. Und dann waren da noch die US-Senatoren, die große Aktienpakete verkauften, während sie das Risiko des Virus in der Öffentlichkeit herunterspielten.

Die Debatte, wie unsere Gesellschaft nach der Coronakrise aussehen wird und ob wir besser gerüstet sein müssen als bisher, wird sicher weitergehen. Sie wird kontrovers und lang anhaltend sein. Sie wird uns und unsere Gesellschaft verändern. Und sie wird sowohl der Wirtschaft, den Unternehmen als auch der Politik Hausaufgaben diktieren, wie sie den Wertewandel in ihrer Zukunftsplanung zu berücksichtigen hat.

Nicht kleckern, klotzen! Große Geschenke erhalten die Wirtschaft

Ungewöhnliche Verhältnisse erfordern ungewöhnliche Medizin. In Zeiten der Pandemie sogar Medizin, die in den vergangenen Jahren vehement abgelehnt wurde: großzügige Geldspritzen für die Konjunktur und damit verbunden höhere Schulden. Bis zum Ausbruch von Corona hatte die Bundesregierung jeden Euro zweimal umgedreht, damit sie nicht die schwarze Null kassieren musste. Man stritt im Bundestag um jeden noch so kleinen Ausgabeposten: um Investitionen in Bildung, in Infrastruktur oder Klimaschutz – dafür neue Schulden machen, kam nicht infrage. Lieber übte man sich in Sparsamkeit, sechs Jahre lang. Dem Staatshaushalt bloß keine Neuverschuldung aufhalsen. Die schwarze Null stand für die CDU unerschütterlich fest, seit sie der damalige Finanzminister Wolfgang Schäuble 2014 zum Dogma erhoben hatte.

Als aber der Coronavirus zur Lebensbedrohung wurde, seit wir überrascht wurden von dieser Wucht der Infektionswelle, änderte sich alles. Der einzige Weg, den Virus zu stoppen, war, Gesellschaft wie Unternehmen mittels Kontaktsperre lahmzulegen.

Viel wurde darüber diskutiert, ob dies der richtige Weg ist. Weil klar war, dass es eine große Belastung für die Menschen sein würde – sozial und ökonomisch. Dass die Wirtschaft darunter leiden würde, dass viele Menschen in Kurzarbeit würden gehen müssen oder sogar arbeitslos würden. Und weil man wusste, dass es viel, viel Geld kosten würde, die wirtschaftlichen Schmerzen zu lindern. Im Schwarze-Null-Denken verhaftet, wurde viel debattiert, und es ging kostbare Zeit verloren. Um schließlich doch zu der Erkenntnis zu kommen, dass es ohne *Shutdown* nicht geht. Letztlich hat man parteiübergreifend erkannt: Das ist das kleinere Übel. Lieber ein wirtschaftlich schmerzhaftes Pausieren von Geschäften und Ausbremsen von Unternehmen als eine humanitäre Katastrophe oder kollabierende Kliniken. Zugleich erkannte man: Das einzige Medikament, das jetzt noch hilft, sind riesige Geldspritzen. Deutschland muss dafür reichlich neue Schulden machen.

Medizin von der Politik – Valium und Aufputschmittel

2020 wird sich der Staatshaushalt in einem ersten Schritt mit rund 156 Milliarden Euro neuverschulden. Schätzungen gehen von einer Schuldenquote von bis zu 75 Prozent der Wirtschaftsleistung aus – oder sogar mehr. Jedenfalls wird es mehr sein, als die EU mit ihrer Maastrichter Grenze von 60 Prozent eigentlich erlaubt. Eine Notklausel für Katastrophenfälle macht's möglich. Aber solche Überlegungen sind momentan ohnehin nachrangig.

Es geht nur noch ums Überleben, das Überleben von Menschen, aber auch von Unternehmen und Arbeitsplätzen. Und dafür wurden vielerlei lebensrettende Medikamente und Aufputschmittel entwickelt: Kredite aus einem Stabilisierungsfonds für Großunternehmen. Zuschüsse für Selbstständige und kleine Firmen: bis zu 15 000 Euro binnen drei Monaten. Die Förderbank KfW wurde zur Rettungsaktion akquiriert, um Unternehmen mit einem unbegrenzten Sonderkreditprogramm unter die Arme zu greifen. Die Regeln zur Kurzarbeit wurden ausgeweitet, damit Unternehmen ihre Beschäftigten nicht entlassen müssen, und die Höhe der Zahlungen schrittweise angehoben. Krankenhäuser werden mit drei Milliarden Euro unterstützt, damit sie der Infektionswelle standhalten können. Familien, denen das Einkommen wegbricht, sollen leichter einen Kinderzuschlag bekommen. Mietern wird erlaubt, ihre Mietzahlung auf bessere Zeiten zu verschieben. Und bei Hartz-IV-Anträgen will man bei der Vermögensprüfung für ein halbes Jahr nicht mehr so genau hinsehen. Milliardensummen gehen da über den Tisch.

Eine Heilung bedeutet das noch lange nicht. Es geht erst einmal nur darum, den komatösen Patienten Wirtschaft am Leben zu erhalten. Erst im zweiten Schritt, wenn der Kreislauf wieder hochgefahren wird, geht es um einen echten Heilungsplan für die Wirtschaft.

All diese Hilfen summieren sich auf gigantische Beträge. Allein beim ersten Rettungspaket der Bundesregierung war immer die Rede von 750 Milliarden Euro. Aber es war weit mehr, wenn man neben dem neu geschaffenen Wirtschaftsstabilisierungsfonds auch den erweiterten Garantierahmen für die Kreditanstalt für Wiederaufbau (KfW) miteinrechnete: insgesamt 1,2 Billionen Euro oder 1200 Milliarden Euro. Vielleicht bekommt man eine bessere Vorstellung von der Summe, wenn man sie mal ausgeschrieben sieht: 1 200 000 000 000 Euro. Das ist annähernd ein Drittel unserer normalen jährlichen Wirtschaftsleistung, also ein Drittel aller von uns in Deutschland hergestellten Waren und Dienstleistungen. Und nicht nur in Deutschland, sondern weltweit ziehen die Regierungen irrsinnige Geldspritzen auf. Die größte Volkswirtschaft der Welt, die USA nehmen sogar drei Billionen Dollar in die Hand, was rund 2,8 Billionen in europäischer Währung entspricht – und es wird auch noch über eine Verdoppelung der Summe gesprochen. Da kann Deutschland als Nummer vier in der Weltrangliste nicht mithalten. Japan ist vergleichsweise zurückhaltend, wenngleich die Konjunkturpakete der drittgrößten Volkswirtschaft der Welt mit über 100 Billionen Yen oder umgerechnet mehr als 900 Milliarden Euro ebenfalls gigantisch sind.

In allen drei Ländern hieß es: Das ist das größte Rettungspaket in der Geschichte des Landes, also noch größer als während der zurückliegenden Finanzkrise. Nur China werde sich da nicht einreihen können, glauben Ökonomen. China und seine Staatsunternehmen seien zu stark verschuldet. Doch dann war doch von Billionen-Hilfen die Rede, unter anderem einem Tech-Programm, um endgültig an den USA vorbeizuziehen.

Diese riesigen Geldausgaben sollen erstens den Betrieben und Arbeitnehmern in akuter Not helfen. Und sie sollen zweitens eine gefährliche Abwärtsspirale verhindern, in deren Sog die Menschen wie auch die Unternehmen aus Angst vor einer unsicheren Zukunft ihr Geld zusammenhalten, also weniger konsumieren und investieren.

Dafür greifen einige Staaten sogar zu ganz unorthodoxen Mitteln: Helikoptergeld. Das sind Geldgeschenke an die Bürger – als würde man aus einem Helikopter Dollars regnen lassen, daher der Name. Es geht zurück auf ein Gedankenexperiment von Wirtschaftsnobelpreisträger Milton Friedman, bei dem die Notenbank einfach Geld druckt und es dann an die Bürger verschenkt. Eine extreme Form der Geldpolitik also. Im übertragenen Sinne spricht man aber auch dann von Helikoptergeld, wenn der Staat derartige Geldgeschenke macht.

In den USA bekamen 70 Millionen Bürger – überwiegend Geringverdiener und Rentner – einen Scheck über 1200 Dollar vom Staat, vielleicht sogar einen zweiten. Wobei es sich Trump nicht nehmen lassen wollte, seinen Namen auf die Schecks zu setzen, selbst wenn sich die von der Notenbank gesteuerte Produktion und die Auslieferung dadurch verzögerte. »Ich bin mir sicher, dass sich die Menschen sehr freuen werden, einen großen, fetten Scheck zu bekommen und mein Name steht darauf«, sagte Trump. Wahlkampf in Zeiten von Corona. Die Idee hinter dem Helikoptergeld: den Konsum unterstützen – immerhin ist der Konsum *die* Stütze der amerikanischen Wirtschaft und ein Überlebensfaktor. Auch andere Staaten haben schon Geld-Helikopter kreisen lassen: Hongkong kündigte bereits Ende Februar 2020 an, jedem Bürger 10 000 Hongkong Dollar (rund 1200 Euro) zu schenken. Ebenso die Stadtstaaten Macao und Singapur, allerdings mit geringeren Summen. Und schließlich Japan: Jeder Einwohner soll 100 000 Yen oder umgerechnet circa 850 Euro bekommen.

Streng genommen hat selbst Deutschland Helikoptergeld abgeworfen: Die beschriebenen Direkthilfen für die Kleinstunternehmen und Solo-Selbstständigen, die sonst in der Coronakrise pleitegehen würden, sind ja auch geschenkt. Außergewöhnliche Medizin, die zuvor immer mal wieder plakativ in Krisen zur Diskussion gestellt wurde, die aber jedes Mal undenkbar schien. Eben bloß ein Gedankenexperiment. Bis Corona kam.

Ungewöhnliche Zeiten erfordern eben ungewöhnliche Mittel, ungewöhnliche Summen – und außerplanmäßige, hohe Schulden. Es wird sogar noch weit mehr Geld werden. Denn nach den ersten Stabilisierungsspritzen werden bereits neue aufgezogen, um die Wirtschaft wieder anzuschieben. China hat schon neue Infrastrukturprogramme aufgelegt, etwa für den 5G-Netzausbau. Auch für Deutschland sollen reichlich Investitionen fließen, in die Infrastruktur, in Schulen, schnelle Internetleitungen, Schutz vor Cyberkriminalität, Schienennetz und Stromtrassen, Landwirtschaft und Bundeswehr, Autokonzerne, Handel, Gastronomie – alle fordern Hilfe. Es wird ein hartes Ringen.

Die große Angst vor der Inflation

Es sind Summen im Spiel, dass einem schwindelig wird. Haben wir denn so viel Geld?, mag sich der entsetzte Leser fragen. Woher sollen sie denn kommen, die Millionen, Milliarden, Billionen? Die Staaten leihen sich das Geld einfach. Und von wem? Man könnte jetzt antworten: von ihren jeweiligen Notenbanken – aber so ist es natürlich nicht richtig, weil es so nicht sein darf. Der EZB ist dies im »Vertrag über die Arbeitsweise der Europäischen Union« (Art. 123, Absatz 1) verboten. Sie darf keine Kredite direkt an einzelne Länder vergeben. Aber sie darf es indirekt: indem sie Geld an Banken verleiht, und die das Geld weiterverleihen an die Staaten, indem sie ihnen Staatsanleihen abkaufen.

Dass genug Geld zum Verleihen da ist, dafür sorgen die

Notenbanken. Überall kann man lesen, dass ihre Druckerpressen auf Hochtouren laufen. Natürlich darf man das nicht ganz wörtlich nehmen. Im 21. Jahrhundert wird längst nicht mehr alles Geld gedruckt, das im Geldsystem kursiert. Selbst die Notenbanken sind im digitalen Zeitalter angelangt. Aber: Sie »schaffen« das Geld quasi aus dem Nichts – nämlich einfach auf dem Papier –, indem sie Banken Anleihen abkaufen und ihnen dafür frisches, neu geschaffenes Geld aufs Konto überweisen. In Zeiten von Corona schaffen die Notenbanken rund um den Globus damit so viel neues Geld wie noch nie in ihren Bilanzen und erreichen neue Rekordstände: Anfang April 2020 stehen bei der EZB 5,2 Billionen Euro in der Bilanz, bei der amerikanischen Notenbank Fed noch etwas mehr: über 6 Billionen Dollar oder 5,5 Billionen Euro. Damit haben die Notenbanken bereits zu Beginn der Krise weit mehr Geld geschaffen, als zur Bewältigung der Finanzkrise vor zwölf Jahren nötig war. Dabei hatte man schon die damaligen Zentralbank-Geldmengen für schier unmöglich gehalten. Und das Geld ist nicht nur um ein Vielfaches mehr, das Zweibis Dreifache von damals, es wird auch noch um ein Vielfaches schneller geschaffen als damals.

Geld ohne Grenzen heißt also auch die Medizin der Notenbanken rund um den Globus. Eine gefährliche Medizin. Aber es ist die einzige im Moment rettende Medizin angesichts einer Pandemie dieses Ausmaßes, die auch noch von einer Ölpreiskrise flankiert wird. Nur mit der Geldflut der Notenbanken kann ein Übergreifen der Wirtschaftskrise auf den Finanzsektor verhindert werden – vielleicht.

Auch die Europäische Zentralbank hat sich der grenzenlosen Geldflut verschrieben oder wie es EZB-Präsidentin Christine Lagarde über Twitter schrieb: *»no limits«*. Fürs

Erste nimmt die europäische Notenbank im Krisenjahr 750 Milliarden Euro in die Hand – oder wenn's sein muss eben auch mehr – und schickt sich damit an, Großkäufer von Anleihen zu werden. Staatsanleihen und Unternehmensanleihen sollen es sein. Nimmt man die bereits laufenden Kaufprogramme dazu, kauft die EZB monatlich für rund 100 Milliarden Euro Anleihen, bis Jahresende 2020 für 1,1 Billionen Euro.

Damit kann die Notenbank viel bewegen. Sie kann auf diese Weise Staat und Wirtschaft mit Geld versorgen. Zugleich kann sie mit den Anleihekäufen das Zinsniveau drücken und gibt damit Staaten wie Unternehmen die Chance, günstiger Kredit zu bekommen. Das ist vor allem für hoch verschuldete Länder wie Italien überlebenswichtig. Mit einer Staatsverschuldung von 135 Prozent der Wirtschaftsleistung und einem zu erwartenden Wirtschaftseinbruch für 2020 von mehr als neun Prozent, so die Prognose der EU-Kommission, steht das Land eigentlich vor dem Bankrott. Sehr schnell könnte die Frage aufkommen, wer diesem Land noch Geld leiht. Die prekäre Lage in den südlichen Euroländern könnte eine neue Eurokrise heraufbeschwören und die Währungsgemeinschaft bedrohen – auch das versucht die EZB mit ihrem Pandemie-Rettungspaket zu verhindern.

Dennoch gilt diese massive Geldflut der Notenbanken als gefährlich. Denn es steht unweigerlich die Frage im Raum, ob das nicht mit einer Geldentwertung und Teuerung einhergeht, wenn nicht gar in eine starke Inflation mündet. Wie bisweilen zu lesen ist, müsse dies zwangsläufig eintreten. Die sogenannten Crash-Propheten sprechen von Hyperinflation, angesehene Ökonomen eher von Inflation.

SEITENBLICK
Die Mär von der Geldmenge

Man liest häufiger, Notenbanken wie die EZB hätten eine Lizenz zum Gelddrucken oder eben Geldschaffen. Dadurch könnte man meinen, alles von ihr geschaffene Geld kommt auch in Umlauf – und erhöht die Geldmenge. Dem ist aber nicht so. Wenn von der Geldmenge die Rede ist, ist das Geld im Geldbeutel und auf den Giro- und Sparkonten gemeint. Es ist all das Geld, das der Wirtschaft zur Verfügung steht, bar wie digital. Die Geldmenge wird also erst dann erhöht, wenn die Banken das Geld, das sie von der EZB bekommen, auch an Unternehmen weiterverleihen. Und wenn die Unternehmen es weiter investieren, wachsen und Mitarbeiter einstellen, dann kurbelt das die wirtschaftliche Nachfrage insgesamt an – zumindest in der Theorie – und somit wächst auch die Nachfrage nach neuen Krediten. Diese Geldmenge, die Geschäftsbankengeldmenge, hat aber mit der Zentralbankgeldmenge, die sich durch die Anleihekäufe der EZB extrem ausweitet, nichts zu tun. Wer das bewusst verzerrt darstellt, dessen Ausführungen sollten Sie mit großer Skepsis bewerten.

Entscheidende Voraussetzung dafür ist aber zunächst nicht die extreme Geldflut in den Notenbankbilanzen, sondern inwieweit diese Geldflut in der Wirtschaft auch tatsächlich ankommt: ob sie die Kreditvergabe der Banken anregt und inwieweit dies zu weiteren Investitionen, weiterem Konsum und damit weiterem Wirtschaftswachstum führt. Die Angst vor Inflation stand auch nach der Finanzkrise im Raum, weil das Zentralbankgeld so extrem ausgeweitet wurde; die EZB hat es rund verdreifacht. Die Geldmenge wuchs ebenfalls, aber längst nicht so rasant. Und auch die Kreditvergabe der Banken an Firmen nicht. Und die Inflation? Die ist überhaupt nicht angesprungen. Das alles zeigt: Die extreme Ausweitung der Zentralbankgeldmenge spielt keine bzw. eine untergeordnete Rolle, ob die Inflation angekurbelt wird.

Als wichtige Größe wird auch die Umlaufgeschwindigkeit der Geldmenge herangezogen. Sie zeigt, inwieweit Kredite zu weiteren Krediten führen. Doch die Krux in der volkswirtschaftlichen Rechnung ist, dass diese Umlaufgeschwindigkeit nirgendwo direkt ablesbar ist. Sie wird nach der Quantitätsgleichung von Irwing Fisher ermittelt, ist also eigentlich nur eine rechnerische, abgeleitete Größe.

Wie soll man aber voraussagen, wohin das durch Kreditaufnahme in Umlauf gebrachte Geld tatsächlich fließt? Ob es tatsächlich in der realen Wirtschaft ankommt, ob es weiter zirkuliert und wie oft. Oder ob es gespart oder gar gehortet wird, in Aktien und Immobilien investiert wird, und damit die Vermögenspreise treibt, nicht aber die Verbraucherpreise. Oder in Goldmünzen und -barren angelegt wird und damit lediglich den Preis des Edelmetalls treibt. Schon jetzt werden angesichts der Unsicherheit manche Goldmünzen und -barren knapp.

Alles Geld, das in einer dieser Formen gebunden wird, steht nicht mehr direkt für die Kreditvergabe zur Verfügung. Die oft heraufbeschworene Hyperinflation nach der Finanzkrise ist aus diesen Gründen auch ausgeblieben. Und genauso hat Japan es trotz extremer Geldflut mehr als zwei Jahrzehnte lang nicht raus aus der Deflation geschafft. In der Coronakrise könnte es ähnlich sein. Denn die Deutschen dürften so viel sparen wie seit 20 Jahren nicht mehr, prognostiziert die DZ Bank. Die Sparquote, also der Anteil der Ersparnis am verfügbaren Einkommen, dürfte auf 12,5 Prozent steigen. Einfach aus Unsicherheit, wie sich die Zukunft entwickelt.

Wenn aber das Geld im Wirtschaftskreislauf nicht im Fluss bleibt, wenn es nicht investiert und konsumiert, sondern stattdessen gehortet wird für schlechte Zeiten, kann auch keine Inflation entstehen. Oder um es mit der erwähnten Quantitätsgleichung zu sagen: Wenn die Umlaufgeschwindigkeit des Geldes sinkt – und das hängt von der Zukunftseinschätzung ab, wie sich Wirtschaft, Arbeitsplatz und Einkommen entwickeln, und von vielen anderen Dingen wie etwa den Immobilienpreisen oder der Sozial-, Lohn- und Steuerpolitik –, wenn also die Angst überwiegt und Geld nicht im Wirtschaftskreislauf zirkuliert, kann die Notenbank noch so viel Geld zur Verfügung stellen: Die Inflation kommt dann nicht in Gang. Und es wäre eher Deflation zu erwarten als Inflation.

Deflation ist in der Coronakrise – zumindest anfangs – auch deshalb das wahrscheinlichere Szenario, weil ein Nachfrageschock den Konsum ausbremst. Das macht einen deflatorischen Schock wahrscheinlicher. Die Preise sinken bereits an einigen Stellen. Zum Teil wurden Kunden beim Onlinekauf schon mit Rabatten gelockt, weil beispielsweise die Lager vieler Modeunternehmen zum Bersten voll sind. Bei Öffnung der Geschäfte ging eine Rabattschlacht los. Unternehmen werden jedenfalls vorsichtig sein, die Preise zu erhöhen, weil die Menschen wegen der Zukunftsangst wenig kaufen. Nach Inflation klingt das nicht. Zudem wurde die Inflation zu Beginn der Coronakrise durch fallende Preise bei Heizöl und Benzin gedrückt.

Auf dem Automarkt ist die Lage nicht ganz eindeutig. Zwar konnten die Hersteller zeitweise nichts fertigen – und ein sinkendes Angebot könnte für steigende Preise sprechen. Aber: Die Autohersteller hatten zuvor noch gut produziert, teils auch auf Halde, weil die Nachfrage einbrach. Sehr wahrscheinlich werden die Autohersteller versuchen, diese Überbestände abzubauen. Mit steigenden Preisen? Wohl kaum. Erst recht nicht, wenn sich dann auch noch verunsicherte Verbraucher mit größeren Anschaffungen zurückhalten. Gleiches gilt für kostspielige elektronische Geräte. Oder für Investitionen von Firmen. Wenn die Unsicherheit zu groß ist, werden sie wohl nicht expandieren. Alle werden sich zurückhalten beim Geldausgeben, Unternehmen wie Verbraucher.

Denkbar ist aber durchaus, dass in bestimmten Bereichen die Preise steigen. Thomas Mayer vom Flossbach von Storch Research Institute, früher Chefvolkswirt der Deutschen Bank, erwartet zum Beispiel Preissteigerungen für Dienstleistungen. Der Friseurbesuch ist bereits teurer geworden, als bei der Öffnung alle Welt ihre coronabedingten Frisurprobleme beheben wollte. Gleiches ist zu beobachten im Tourismusgeschäft, Urlaub in Deutschland kostet jetzt deutlich mehr. Bei einem Ende der Kontaktsperre und wieder geöffneten Grenzen könnte auch der Tourismus im Ausland wegen des hohen Nachholbedarfs boomen, was in der Regel mit steigenden Preisen einhergeht. Gleiches gilt für Waren, bei denen das Angebot etwa aufgrund stockender Lieferketten knapp wird oder dadurch bedingt die Rohstoffpreise oder die Transportkosten steigen. Wenn wir zum Beispiel eine zweite Infektionswelle erleben. Oder wenn wir Nachschubprobleme bekommen, weil Lieferungen aus Entwicklungsländern auf sich warten lassen. Dann besteht die Gefahr von Preissteigerungen. Gleiches gilt für den möglichen Trend der Deglobalisierung. Studien der Bank für Internationalen Zahlungsausgleich (BIZ) zufolge hat die Globalisierung unsere Inflation um rund einen Prozentpunkt gedrückt.

Gleichwohl würden eine neue Infektionswelle und stärkere Infektionszahlen in anderen Teilen der Welt die Wirtschaft länger in der Rezession halten, und die damit verbundene Nachfragezurückhaltung würde den Preisauftrieb bei vielen Gütern im Zaum halten. Wie Sie sehen, ist eine Prognose extrem schwierig, Inflation und Deflation liegen näher beieinander, als man glaubt.

Eine entscheidende Rolle wird spielen, wie stark die Arbeitslosigkeit steigt. Denn angesichts von Unsicherheit über den eigenen Arbeitsplatz werden die Menschen ihr Geld eher noch eine Weile zusammenhalten. Die Frage ist zudem, wie gut die Menschen einen Lohnausfall überbrücken können. Die Mehrheit könnte wohl schon nach zwei bis drei Monaten Probleme bekommen. In vielen Ländern sind Arbeitslosengelder und Sozialleistungen nicht so üppig wie in Deutschland.

Auf längere Sicht könnte eine mögliche Deglobalisierung der entscheidende Faktor sein: Wenn Unternehmen als Lehre aus der Coronazeit versuchen, ihre Lieferketten zu diversifizieren, um weniger von einem Land oder Lieferanten abhängig zu sein; oder wenn sie versuchen, die Lieferketten ins Inland zurückzuverlagern. Dadurch dürften die Produktionskosten und auch die Lohnkosten steigen. Dann käme sie, die Inflation, die über zwei Jahrzehnte künstlich niedrig war, obwohl Europäische Zentralbank, Bank of Japan und amerikanische Notenbank Fed seit Jahren versuchten, eine Inflationsrate von zwei Prozent zu erreichen.

Thomas Mayer geht für 2021 von einer Inflation im mittleren einstelligen Prozentbereich aus – also um die 5 Prozent. Jörg Krämer erwartet dagegen für die nächsten zwei bis drei Jahre nur bis zu drei Prozent Inflation, weil wegen der schlechten Lage am Arbeitsmarkt kaum Lohnsteigerungen drin sind – und das mildere den Preisanstieg ab.

All diese Faktoren gilt es, im Auge zu behalten, um zu schauen, ob das Pendel eher Richtung Deflation oder Richtung Inflation ausschlägt. Die Medizin der Notenbanken muss also nicht zwingend den bitteren Inflations-Beigeschmack bekommen.

Entscheidend wird am Ende sein, wie viele Kredite von der Wirtschaft für frisches Wachstum und für Investitionen genutzt werden. Anfangs werden Unternehmer die Konjunkturhilfen der Regierung vor allem für dringend wichtige Zahlungen nutzen, also zum Beispiel für Mieten und Löhne. Wohl kaum für Investitionen. Daher sind nach den akuten Hilfsgeldern weitere Geldspritzen der Regierung nötig, um die Zuversicht der Menschen zu stärken und die Investitionstätigkeit anzukurbeln – um der Deflation zu entkommen und die Inflation auf ein gesundes Maß zu bringen. Es geht um gezielte Konjunkturprogramme in bestimmte Projekte und Branchen.

Die Notenbanken müssen all das aufmerksam verfolgen, damit die freigesetzte Geldflut nicht wieder zu Exzessen am Aktien- oder Immobilienmarkt führt. Mit weiterhin so extrem niedrigen Zinsen ist das durchaus im Bereich des Wahrscheinlichen. Diese Zinsen später wieder anzuheben ohne die Konjunktur abzuwürgen, wird eine große Herausforderung. Ebenso die Geldflut wieder einzudämmen.

Nach mir die Geldflut

Das Interessante an dem EZB-Rettungspaket ist nicht nur die schiere Größe. Sondern, dass die EZB damit sogar stärker ins Risiko geht als früher. Die europäischen Währungshüter akzeptieren jetzt selbst Ramschanleihen oder Krisenkredite an Selbstständige und Verbraucher als Kreditsicherheit – Papiere also, die ein höheres Ausfallrisiko haben. Früher war das undenkbar. Not kennt in der Coronakrise aber kein Gebot. Jetzt aber geht es auch darum, den Banken das Leben zu erleichtern. Mit den lockereren Sicherheitsregeln können sich die Geldinstitute leichter Geld bei der EZB leihen.

Die EZB kippte noch eine andere Sicherheitsregel: Sie darf jetzt auch mehr als ein Drittel der Staatsanleihen eines Eurolandes aufkaufen. Und sie ist sogar bereit, das 2012 geschaffene Krisenprogramm OMT (*Outright Monetary Transactions*) zu aktivieren, mit dem sie unbegrenzt Staatsanleihen von einzelnen Krisenstaaten wie Spanien, Italien oder Griechenland kaufen kann. In diesen Ländern ist die Not besonders groß. Allerdings müssten die betroffenen Staaten dafür unter den Rettungsschirm ESM (Europäischer Stabilitätsmechanismus) schlüpfen, was wiederum mit Auflagen verbunden wäre.

Durch die ganzen Änderungen steigen die Risiken in der EZB-Bilanz jedenfalls. EZB-Chefin Christine Lagarde drückt es anders aus: »Unser Bekenntnis zum Euro ist grenzenlos.« Und für diese Risiken der EZB haften am Ende alle Euroländer gemeinschaftlich. Womit die Schulden der Euroländer quasi durch die Hintertür bereits vergemeinschaftet werden, wie Carsten Brzeski, Chefvolkswirt der Bank ING Deutschland, sagt – und wir bei den umstrittenen Eurobonds wären. Die kontroverse Diskussion zu diesen Gemeinschaftsanleihen ist aus diesem Blickwinkel daher nicht ganz zu verstehen.

Nun kann eine Notenbank natürlich nicht pleitegehen, auch die EZB nicht. Notenbanken schaffen das Geld ja selbst. Es kann aber das Vertrauen in eine Notenbank und damit das Vertrauen in eine Währung schwinden. Normalerweise hat der Euro ein recht gutes Standing, er wird zeitweise sogar von Staaten und Investoren als Fluchtwährung genutzt, eben weil die europäische Währung als so sicher gilt. Doch wenn sich im Zuge der Coronakrise wieder eine Eurokrise entwickelt, dann würde das Vertrauen Kratzer bekommen – und der Eurokurs sinken. Der Kurs der Gemeinschaftswährung hat bereits gelitten, zeitweise aus Angst vor einer neuen Eurokrise. Aber wohl auch, weil Schwellenländer Euros abstoßen, um ihre eigene Währung gegen den Verfall zu stützen.

Währenddessen türmen sich die Schuldenberge weltweit weiter auf – finanziert durch das Gelddrucken der Notenbanken. Alles wird in Coronazeiten auf Pump bezahlt. Und alle verschulden sich, Staaten ebenso wie Haushalte und Unternehmen.

»Die Hauptlast werden die jungen Menschen bezahlen. In doppelter Hinsicht. Wenn die Schulbildung leidet, spüren das die Leute jahrelang«, sagt Gabriel Felbermayr, Präsident des Instituts für Weltwirtschaft (IfW) in Kiel. »Und ausgerechnet diese Generation wird dann auch noch für die Schulden aufkommen müssen, die jetzt gemacht werden.«

Das Schuldenmachen ist die einzige Lösung, aber gleichwohl birgt es viele Gefahren. Bei Unternehmen etwa, die jetzt Notkredite aufnehmen, um ihre Umsatzausfälle auszugleichen. Sie werden später sparsam leben müssen, um die

Kredite zurückzuzahlen. Zwei Jahre sind sie tilgungsfrei gestellt, aber in zehn Jahren müssen die Kredite zurückgezahlt sein. Wo da nach dem Stillstand der Wachstumsschub herkommen soll, bleibt fraglich. Je nachdem, wie lange die Unternehmen keine Geschäfte machen können, droht die Überschuldung.

Und das Gleiche dräut auch vielen Ländern, ein enormer Anstieg der Staatsverschuldung bis hin zum Staatsbankrott. Die Höhe dieser Schulden erinnert Thomas Mayer vom Flossbach von Storch Research Institute an Kriegszeiten. »Da dieser Anstieg in vielen Ländern zu dem durch die Finanzkrise vor einem Jahrzehnt bedingten Anstieg hinzukommt, wird die Staatsverschuldung auf Höhen steigen, die vordem nur zu Kriegszeiten zu sehen waren.« Staaten, Unternehmen, Banken und Privathaushalte haben dem Washingtoner Institute of International Finance (IIF) zufolge Anfang 2020 weltweit 255 Billionen Dollar Schulden aufgetürmt, ein Rekord, auch schon vor der Coronakrise. Und die Pandemie wird das Schuldenmachen noch beschleunigen.

Das Institut warnt davor, dass es vor allem kritisch wird, wenn auslaufende Kredite und Anleihen durch neue Schulden ersetzt werden müssen. Bis Ende 2020 geht es da um 20 Billionen Dollar, ein Fünftel allein entfällt auf die Schwellenländer. Wo diese neuen Kredite herkommen sollen, wenn IWF und Weltbank schon jetzt mit ihren Pandemieprogrammen am Anschlag sind, ist nicht klar. Dem einen oder anderen Staat droht die Zahlungsunfähigkeit. Zusätzlich rollt noch eine gewaltige Pleitewelle bei Unternehmen auf uns zu. Laut Internationalem Währungsfonds könnten 40 Prozent der Unternehmenskredite in Industrieländern ausfallen.

Auch für die Eurozone werden das keine leichten Zeiten. Gerade in Ländern wie Spanien und Italien gilt es, das Schlimmste zu verhindern. Die Geldflut der EZB vermag die Not zu lindern.

Europas Zukunft – Zusammen statt allein

Ein Blick zurück in die Geschichte ist hilfreich, um Optionen für die Zukunft auszumalen. So leer viele Straßen während der Coronakrise speziell des *Lockdowns* waren, so leer waren sie in den frühen Siebzigerjahren auch schon mal. 1973, zum Höhepunkt der Ölkrise, gab es in Deutschland sogar einige sogenannte autofreie Sonntage. Bundesweite Fahrverbote. Im Herbst 1973 blieben die Fahrzeuge in den Garagen stehen und die Autobahnen gehörten Spaziergängern.

Auslöser war mal wieder ein Konflikt im Nahen Osten. Am 6. Oktober 1973 griffen Ägypten und Syrien ihren Nachbarn Israel an und brachten das Land an den Rand einer Niederlage, bis Waffenlieferungen aus den Vereinigten Staaten das Blatt wendeten und Israel den Krieg gewann. Die nur wenige Tage dauernden Kämpfe gingen als Jom-Kippur-Krieg in die Geschichtsbücher ein. Sowohl die USA als auch die damalige Sowjetunion sowie die Vereinten Nationen (UNO) drängten mit Macht auf einen Waffenstillstand, in dessen Folge sich die Vertreter der arabischen Staaten als Verlierer des Konflikts sahen. Organisiert durch eine angeblich einseitige Unterstützung Israels durch die Industriestaaten des Westens. Gedemütigt schworen sie Rache und nutzten ihre Macht: den Schmierstoff der Wirtschaft – Öl.

Der Ölpreis vervierfachte sich, ausgelöst durch einen Lieferboykott der OAPEC, in der sich seinerzeit die Länder der ölexportierenden Länder Arabiens zusammengeschlossen hatten – ein Gegenmodell zur OPEC, in der auch nicht arabische Staaten vereint waren. Die Rache für die Schmach von Jom Kippur zielte vor allem auf die USA – und auch die Niederlande, wo sich mit dem Hafen Rotterdam der wichtigste und größte Umschlag- und Verteilplatz für die gesamte europäische Ölindustrie befand. Panik brach in Europa aus. Denn nicht nur für die Wirtschaft, deren Produkte und Geschäfte war Öl elementar. Es stand schlicht und einfach auch schon der Winter vor der Türe – und Unmengen von Ölheizungen mussten befüllt werden. Zunächst reagierte die Politik beschwichtigend, die Lager wären voll und würden problemlos ein halbes Jahr reichen. Weil das nicht genügte, erließ die Regierung im Herbst 1973 ein Gesetz zur Sicherung der Energieversorgung. Der autofreie Sonntag kam.

Und damit das Ende der vermeintlichen Gewissheit, dass Öl auf alle Zeiten günstig zu haben und immer verfügbar wäre. Diese Verletzlichkeit beendete zugleich das deutsche Wirtschaftswunder, das in den 1950er-Jahren begonnen hatte. Der Schock saß tief. Im Zuge der Ölkrise brachen die Absatzzahlen der deutschen Autoindustrie ein, in der Folge auch die Umsätze der Stahlbranche, die Arbeitslosigkeit stieg und Kurzarbeit nahm schnell zu. Zwar beendeten die arabischen Staaten ihren Lieferboykott, den Preis aber behielten sie bei – und der war horrend hoch.

Das traf nicht nur Deutschland, sondern ganz Europa, wo ganz ähnliche Erfahrungen aufgrund des Ölpreisschocks gemacht wurden. Einige Mitgliedsstaaten der damaligen Europäischen Wirtschaftsgemeinschaft namens EWG, einer

Vorläufer-Organisation der heutigen Europäischen Union, bekamen Probleme mit ihrer Zahlungsbilanz. Oder mit anderen Worten: Einigen ging das Geld aus. Vor allem Italien machte die Ölkrise zu schaffen. Das europäische Projekt war existenziell bedroht.

Und so kam man auf die Idee, dass man zusammen vielleicht mehr erreichen könnte. Allein war man zu klein und zu schwach – und gemeinsam eben deutlich stärker. So schuf man ein geradezu revolutionäres Instrument, mit dem man versuchen wollte, die Krise wirksam zu überstehen: die erste europäische Gemeinschaftsanleihe.

Mit der Verordnung (EWG) Nr. 397/75 entwarfen die Staaten in den 1970er-Jahren das, was wir heute Vorläufer der viel debattierten Eurobonds nennen dürfen. Die europäische Gemeinschaft wurde ermächtigt, Gelder von Drittländern, Banken oder direkt auf den Kapitalmärkten zu beschaffen und Darlehen an die Mitgliedsstaaten zu vergeben. So steht es in den Archiven der Europäischen Kommission in Brüssel. Die erste Anleihe wurde an die Krisenländer Italien und Irland ausgezahlt. In den 1980er- und 90er-Jahren folgten weitere Anleihen für Frankreich, Griechenland und Portugal.

Die Kommission muss sich heute mit der Frage beschäftigen, ob die durch den Coronavirus in ihren Grundfesten erschütterte Europäische Union sich nicht einer fast fünfzig Jahre alten Idee bedienen und sie in eine neue, der aktuellen Lage angemessene Gestalt gießen soll, um Europa zu retten.

Damals hatten die Länder der EWG eine Idee und ein Instrument geboren, das heute eine ungleich höhere Wirkung erzielen könnte – echte Gemeinsamkeit. Gemeinsame Probleme, gemeinsame Sorgen, gemeinsame Lösungen. Die Bewältigung der wirtschaftlich riesigen Probleme nach dem Coronavirus dürfte für die EU die letzte Chance sein, die Gemeinschaft zu retten und das völlige Abdriften in kleine und wirtschaftlich wie gesellschaftlich langfristig nicht erfolgreiche Nationalstaaten zu verhindern. Eine europäische Solidarität kann jetzt nur noch über die Begrenzung wirtschaftlicher Probleme funktionieren. Entweder die Staaten Europas ergreifen diese Chance, dann wird nach Corona mehr Europa sein, oder es wird kein Europa mehr sein. Wir erleben die Entscheidung, der Virus ist der Katalysator.

Die Notwendigkeit einer gemeinsamen europäischen Wirtschaftshilfe ist in Deutschland schon bei anderen Krisen umstritten gewesen. Die deutsche Regierung und Bevölkerung sorgte sich stets, dass andere Länder, vor allem des Südens, sich auf Kosten der Deutschen gesundstoßen könnten. Nun, diese Sorge kann man wenigstens in dieser Krise nehmen, denn von Italien wird wirtschaftlich nach Corona wenig übrig bleiben. Wir Deutsche haben allen Grund, uns für Europa einzusetzen. Vor allem für eines, das wirtschaftlich schnell wieder zu Kräften kommt.

Einige der wichtigsten und stimmgewaltigsten deutschen Ökonomen sind der Meinung, dass europäische Solidarität für den Erhalt von Wohlstand und die Rettung der Wirtschaft nicht nur in Deutschland, sondern in ganz Europa wichtig, gar essenziell ist. Ob Professoren für Volkswirtschaftslehre, gewerkschaftsnahe Ökonomen oder Vertreter von Instituten, die eher die deutsche Wirtschaft und auch die Arbeitgeber in den Blick nehmen: Sie alle gehen in dieser Frage in die gleiche Richtung: Wenn Europa in Zukunft noch eine Bedeutung haben will und wir Deutsche in der Mitte dieses Kontinents unsere Errungenschaften erhalten wollen, dann müssen wir uns ernsthaft und vor allem schnell daranmachen, Werkzeuge und schnelle, wirksame Mittel gegen den virusbedingten Zerfall der Wirtschaft in Europa zu finden.

Das Mittel für alle kleinen und mittelgroßen Staaten in Europa muss Zusammenhalt heißen. Von großen Staaten kann man gar nicht sprechen in Europa. Wer sich die Weltkarte ansieht, bekommt einen klaren Eindruck davon. Was Größe ist, können wir in China, in Russland, in den USA und in Indien sehen. Was wir dagegenstellen können in einer neuen Welt, ist Zusammenhalt. Alle unterhaken und mit dem festen Willen und beurkundet zusammen mehr erreichen zu können als allein. Die Fehler nicht mehr zu wiederholen, die Europas Staaten zu Beginn machten, als der Coronavirus die Menschen in den europäischen Ländern infizierte und alle Staaten ihre Grenzen hochzogen und sich als Einzelkämpfer probierten.

Damit die Schwachen die Starken nicht mit in den Abgrund reißen, müssen jetzt die Starken die Schwächeren unterstützen. Einst mit den Gemeinschaftsanleihen aus den Jahren der Ölkrise. Die Coronakrise ist um ein Vielfaches größer, also müssen die neuen Anleihen dies auch sein. Experten fordern eine Krisenanleihe in der Größenordnung von einer Billion Euro. Sie würde gemeinsam von den Ländern ausgegeben, gemeinsam würden die Euroländer dafür haften. Gemeinsam deshalb, weil kaum ein Land annähernd die Kraft hätte, sich allein gegen die wirtschaftlichen Folgen der Krise zu stemmen.

Das Prinzip folgt dem, was in skandinavischen Ländern normal und selbstverständlich ist: dass Herausforderungen und Probleme sowie deren Lösungen auf viele Schultern verteilt werden. Zum Beispiel Familie. In Schweden teilen sich beide Partner die Arbeit zu Hause und mit den Kindern. Daher ist es selbstverständlich, dass darauf auch der Arbeitgeber mit entsprechenden Arbeitszeitmodellen Rücksicht nimmt und auf diese Bedürfnisse eingeht. Mit dieser Herangehensweise könnten europäische Länder gestützt werden und weiterhin die Möglichkeiten erhalten, sich an den Finanzmärkten mit Geld zu versorgen. Es würde keine europäischen Staaten geben, die an den Finanzmärkten als Bettler dastehen. Durch die gemeinschaftliche Haftung würden die Eurozone und Europa an Stabilität gewinnen. Mit einer langen Laufzeit, um den Wiederausbau der Wirtschaft und dadurch Wohlstand zu gestalten.

Eurobonds wären ein gemeinsames Instrument der europäischen Staaten. Hier geht es nicht mehr um die Europäische Zentralbank, die mit geldpolitischen Mitteln an Stellschrauben wie Zinsen und Kaufprogrammen drehen kann. Hier geht es um das größte Geschütz, das Gesellschaften zur Verfügung haben. Solidarität der Staaten und Gesellschaften Europas mit einem klaren Plan und vor allem einer klaren Botschaft, die weithin auf unserem Kontinent und darüber hinaus zu hören sein würde. Es ist die Zeit einer gemeinsamen europäischen Fiskalpolitik. Eines gemeinsamen Haushaltes mit klaren Regeln, wofür Geld ausgegeben wird und die Zeit einer gemeinsamen Schuldenaufnahme. Kurz: einer gemeinsamen europäischen Wirtschaftsregierung.

Das Thema spaltet. Eurobonds, dieses Wort klingt wie eine Giftpille in den Ohren einiger Politiker und Experten. Hinter diesem Begriff verbirgt sich eine gemeinsame, europäische Anleihe, die die Eurostaaten gemeinsam herausgeben würden. Bisher hat jedes Land seine eigenen Staatsanleihen –

und eine eigene, individuelle Bewertung der Bonität, also der eigenen Kreditwürdigkeit. Während zum Beispiel Deutschland mit der Bestnote bewertet wird wie auch Frankreich oder Luxemburg, müssen Länder wie Spanien oder Italien tiefer in die Tasche greifen, weil sie Käufern von Staatsanleihen mehr Zinsen bezahlen müssen, da ihre Kreditwürdigkeit niedriger und die Ausfallgefahr damit höher ist. Das verschärfte sich mit der Coronakrise noch einmal. Somit wird es für diese Länder schwieriger, günstig an Geld zu kommen und ihre Staatshaushalte und damit die gesamte Gesellschaft über Wasser zu halten.

Eurobonds würden dies verhindern und dafür sorgen, dass die Last aus den Zinsen für wirtschaftsschwächere Länder sinken würde – für Deutschland aber würde es eine Erhöhung der Zinslast bedeuten, da nicht mehr allein die eigene Haushaltspolitik ausschlaggebend wäre. Das würde in aller Konsequenz darauf hinauslaufen, dass die starken Länder, die im Norden Europas zu finden sind, die schwächeren Länder des Südens mit ihrer Kraft unterstützen und auch für die europäische Verwandtschaft im Süden mit garantieren. Ein Konstrukt, das angesichts der Größe und Tiefe dieser Krise angemessen scheint, um Ländern wie Italien und Spanien Luft zu verschaffen und ihnen die Möglichkeit zu geben, weiter atmen zu können.

Wie akut die Lage ist, zeigte ein Aufruf zu Solidarität in Europa und für eine gemeinsame Krisenanleihe von wichtigen Ökonomen. Von den vereinigten Professoren gerät kaum jemand in den Verdacht, sozialistischem Gedankengut anzuhängen. So gehörte zum Beispiel Michael Hüther vom Institut der Deutschen Wirtschaft, das von den Arbeitgebern finanziert wird, zu den Unterzeichnern; ebenso renommierte

Volkswirtschaftler wie Jens Südekum von der Universität Düsseldorf und sein Kollege Moritz Schularick von der Universität zu Bonn; auch das ehemalige Mitglied des Sachverständigenrates der Bundesregierung, Peter Bofinger von der Universität Würzburg. Sie alle forderten zusammen in dem Aufruf, dass die Länder der Eurozone »begrenzt auf diese Krise Gemeinschaftsanleihen in Höhe von 1000 Milliarden Euro emittieren«. Eine Billion Euro oder acht Prozent des jährlichen Bruttoinlandsproduktes der Eurozone. Die Ökonomen untermauerten ihren Aufruf mit einem dringenden Appell: »Es gilt jetzt, keine Zeit zu verlieren. Je länger die gegenwärtige Krise anhält, umso deutlicher werden die Unterschiede in der Fiskalsituation in Europa werden.«

Forderungen dieser Art gab es schon aus den am schwersten betroffenen Ländern heraus – und auch die EU in Gestalt der Kommission kann sich diese gemeinsame Krisenanleihe vorstellen. Neun Länder der Eurozone waren da schneller. Belgien, Frankreich, Griechenland, Irland, Italien, Luxemburg, Portugal, Slowenien und Spanien wollten den Druck erhöhen und gemeinsame Schuldtitel ausgeben, »damit sich alle Mitgliedsstaaten auf der gleichen Grundlage und zum Nutzen aller« Gelder beschaffen könnten, so der Wortlaut des Briefes der Staats- und Regierungschefs der betreffenden Länder an den EU-Ratspräsidenten Charles Michel.

Allerdings weisen auch einige Volkswirte darauf hin, dass eine Vergemeinschaftung der Schulden eine gemeinsame, demokratisch legitimierte Wirtschaftspolitik erfordern würde, die es im Euroraum jedoch nicht gibt. Ein wichtiger und zutreffender Punkt. Entsprechend gibt es auch Widerstand. Klare Ablehnung kommt aus Deutschland und aus Österreich, und dort jeweils vor allem von der Regierung – insbesondere wegen der generellen Vergemeinschaftung von Schulden, wodurch für alle Schulden der einzelnen Mitgliedstaaten die anderen voll und ganz mithaften. Das Thema Eurobonds hat so viel Brisanz und es wurde darüber so emotional gestritten – es hat die Kraft, Europa zu spalten.

Eine Debatte über die gemeinsame Haftung haben die europäischen Staaten bereits in der Finanzkrise und in mehreren anderen Stadien der griechischen Staatsschuldenkrise geführt. Stets hatten sie die Idee und Anwendung von Eurobonds verworfen. Aber der Coronavirus hat Europa härter getroffen als alle anderen Krisen zuvor. Die Ausmaße sind nach wie vor unüberschaubar, die Zeit drängt. Diese Fehler darf niemand in dieser Krise machen: die Werkzeuge zu klein zu dimensionieren und vor allem zu zögerlich einzusetzen. Diese Krise zeigt uns, dass nun der Moment gekommen ist, sich nicht nur mit allen Mitteln der Krise entgegenzustellen, sondern auch schnell und pragmatisch zu handeln. Ohne Ideologien und Vorbehalte.

Der Wert Gemeinsamkeit

Während viele Ökonom*innen eine gemeinsame europäische Anstrengung und Instrumente wie eine gemeinsame Corona-Anleihe für sinnvoll erachten, gibt es in weiten Teilen der deutschen Politik eine andere Auffassung. Vor allem die Bundesregierung ist zurückhaltend. Kanzlerin und Vizekanzler lehnen beide solche Bonds ab.

Corona-Bonds seien keine Antwort auf die humanitären Katastrophen in den jeweiligen Ländern. Denn es bräuchte viele Gesetzesänderungen, in Deutschland des Grundgesetzes und auf europäischer Ebene Vertragsänderungen. Deren Realisierung sei zum einen ungewiss und zum anderen nicht von heute auf morgen machbar.

In den ablehnenden Worten schwingt ein Hauch der vergangenen, aber noch nicht bewältigten Finanzkrise von 2008/2009 mit. Auch damals hatten im Zuge der Staatsschulden-, Banken- und Eurokrise vor allem die Nordstaaten des Euro eine harte Haltung an den Tag gelegt. Damals waren insbesondere Länder mit wenig widerstandsfähigen Haushalten und ebenso wenig wettbewerbsfähigen Wirtschaften in arge Bedrängnis geraten. Vornehmlich waren diese Länder im europäischen Süden zu finden. Spanien hat sich seitdem gut entwickelt, auch in Griechenland wächst die Wirtschaft nach harten Jahren wieder. Die damalige Absage an gemeinsame Eurobonds und damit eine gemeinsame Haftung zugunsten derer, die nicht gut gewirtschaftet hatten, war damals nachvollziehbar und hatte in der Rückschau einen wichtigen Effekt. Die Finanzkrise sorgte zwangsläufig und auch durch Druck der Nordländer für eine andere Haltung im Süden Europas.

Der Unterschied zwischen Finanzkrise und Coronakrise aber ist groß und entscheidend. In der Krise 2008 und danach war mit dem Finanz- und Bankensektor ein Teilbereich der Wirtschaft betroffen, der sich dann auf die Staaten ausdehnte. Der Coronavirus hat eine ganz andere Dimension. Er löste einen externen Schock aus, der alle Teile der Gesellschaft trifft und auch nachhaltig beschädigen kann. Der sogar das Potenzial hat, Gesellschaften und Volkswirtschaften zu zerstören. Bei dieser Krise gibt es keine Kontrolle, wie wir tagtäglich sehen können. Es gibt nur eines: alle infrage kommenden Optionen gut und wohldurchdacht zu prüfen. Es ist nicht nur die Stunde der Staaten. Es ist die Stunde der starken Staaten. Es ist die Stunde zu klären, ob Europa handlungsfähig ist und sich selbst helfen kann. Der Preis heißt Solidarität, die Währung Euro, der Wert Gemeinsamkeit.

Wenn Europa nun nicht zusammenhält und aufgrund von Bedenken nicht an einem Strang und in eine Richtung zieht, dann kann es passieren, dass Staaten aus dem europäischen Verbund ausscheiden und Kolonnen von anderen, größeren Staaten in Asien werden. Das kann nicht unser aller Interesse sein. Nur Solidarität kann eine solche Entwicklung verhindern. Die große Frage ist, wie diese verpackt und verkauft wird. Eines ist sicher: Die Finanzpolitik der Europäischen Union muss dringend weiterentwickelt werden.

Der rettende Schutzschirm der EU

Solidarität, dieses Wort wird von vielen in Europa seit Ausbruch der Coronakrise benutzt, aber unterschiedlich interpretiert. Diejenigen, die eine finanziell gemeinschaftliche Haftung in Form von Eurobonds unbedingt verhindern wollten, setzten auf ein anderes, altbekanntes Instrument: den sogenannten Rettungsschirm mit der offiziellen Bezeichnung Europäischer Stabilisierungsmechanismus (ESM).

2012 gründeten ihn die Mitgliedsstaaten der Eurozone, damals 17 an der Zahl. Die Einrichtung löste den alten Euro-Rettungsschirm EFSF (Europäische Finanzstabilisierungsfazilität) ab. Mit den Rettungsschirmen wollten die Staaten denjenigen Ländern helfen, die mit Problemen anlässlich der Finanzkrise zu kämpfen hatten. Vor allem Griechenland stand damals vor dem Bankrott. Und es gab noch ein Ziel:

Die Eurozone weiterhin zu erhalten, indem man sie als Ganzes stabilisierte.

Die Mitgliedsstaaten stellten das Grundkapital bereit. Deutschland war als größte Volkswirtschaft der Eurozone der größte Geldgeber mit einem Anteil von rund 27 Prozent. Um die Hilfsmaßnahmen zu finanzieren, lieh sich der ESM aber in erster Linie selbst Geld an den Kapitalmärkten. Das Stammkapital dient der Absicherung dieser Geschäfte und soll helfen, günstig an Geld zu kommen und von den Ratingagenturen die beste Bonitätsnote »AAA« zu erhalten.

Die Konstruktion des ESM sah von Anbeginn verschiedene Hilfsmöglichkeiten vor. Zum einen direkte Kredite für einzelne Mitgliedsstaaten. Oder auch die Möglichkeit einer vorsorglichen Kreditlinie, womit Gelder innerhalb des vereinbarten Rahmens abgerufen werden konnten. Wichtiger als davon tatsächlich Gebrauch zu machen, war vor allem, das Vertrauen von Investoren in diese Länder zu stärken.

Außerdem konnte ein Staat ein ESM-Darlehen beantragen, um den eigenen Banken helfen zu können. Diese Möglichkeit wurde später noch erweitert. So konnten direkte Hilfen an Banken ausgezahlt werden. Eine *Ultima Ratio*, der letzte Ausweg sozusagen und nur möglich, wenn weder Eigentümer der Bank noch der Staat in der Lage waren, die Hilfen selbst aufzubringen.

Schließlich durfte der ESM Staatsanleihen der Eurostaaten aufkaufen. Entweder direkt, wenn sie ausgegeben wurden. Oder an den Finanzmärkten, an denen diese Staatsanleihen von anderen Investoren gehandelt wurden. Um als Staat den ESM überhaupt anzapfen zu können, mussten zwei Voraussetzungen erfüllt sein: Sie mussten erstens für den betreffenden Staat dringend notwendig sein, und zweitens auch »unabdingbar« für die Stabilisierung der Eurozone als Ganzes. Geprüft wurde dies durch die EZB in Frankfurt am Main. Und nach Prüfung konnten dann die Regierungsvertreter der Eurozone darüber entscheiden, ob der Antrag eines Staates zur Hilfe durch den ESM positiv beschieden wurde oder nicht und in welcher Höhe.

In der Finanzkrise hat sich der ESM bewährt. Irland, Portugal, Spanien und Zypern haben mithilfe dieser Einrichtung viel erreicht, ihre Volkswirtschaften stabilisiert und den Rettungsschirm inzwischen verlassen. Auch Griechenland ist auf gutem Weg. Aber die Hilfe hatte auch ihren Preis, denn mit ihr waren Auflagen verbunden. Leistung gegen Leistung, so das Grundprinzip. Und je größer die Hilfe, umso härter die Auflagen. Die waren vor allem an tiefgreifende Reformen des Arbeitsmarktes und des Sozialstaats geknüpft. Zum Beispiel im Bereich der Gesundheitssysteme. So erklärte die EZB der italienischen Regierung, dass der Schutz vor steigenden Zinsen auf italienische Staatsanleihen nur unter der Bedingung harter Sparanstrengungen gewährt werden könne. Auch die EU-Kommission und der Internationale Währungsfonds teilten diese Haltung. Die italienische Regierung kam den Forderungen nach mit der Folge, dass die Zahl der Krankenhäuser im Land um 15 Prozent sank. Das Kollabieren des Gesundheitssystems in der Corona-Pandemie ist eine Folge davon.

Der ESM verfügt noch immer über Geld. Im Rettungstopf sind mehr als 200 Milliarden Euro verfügbar. Das kann erst einmal helfen zur Linderung der größten Not. Die Auflagen – ein großer Streitpunkt – wurden weitgehend heruntergeschraubt. Die einzige Bedingung ist, dass die Gelder für Gesundheitskosten verwendet werden.

Es war ein zäher Kampf.

Die Nordländer und damit auch Deutschland favorisierten den ESM als Instrument aus der Finanzkrise, um dem stark vom Coronavirus infizierten Patienten Europa zu helfen. »Ich glaube, dass wir mit dem ESM ein Kriseninstrument haben, was uns viele Möglichkeiten eröffnet, die nicht sozusagen die Grundprinzipien unseres gemeinsamen, aber dann auch wieder jeweils verantwortlichen Handelns infrage stellen«, sagte Bundeskanzlerin Angela Merkel nach einem der vielen Videogipfel. Und in dieser Aussage steckte nicht nur der Unterschied zu den Eurobonds, sondern auch der Hauptstreitpunkt. Es ging um die Frage, ob die Länder des Nordens für die Länder des Südens haften müssen.

Dieser Streit geht noch immer mitten durch Europa. Italien reicht das Instrument des ESM nicht aus. Der italienische Ministerpräsident Giuseppe Conte und auch Spaniens Pedro Sanchez setzen auf neue, für den Wiederaufbau angemessene Finanzinstrumente: auf Hilfen, die sie nicht zurückzahlen müssen.

Die Mitte Mai von den Euro-Finanzministern freigegebenen 240 Milliarden Euro sind dagegen als ESM-Kredite gedacht, um Liquiditätsengpässe wegen der direkten und indirekten Gesundheitskosten der Corona-Pandemie zu vermeiden. Hilfreich ist dies vor allem für Länder, die wegen hoher Verschuldung selbst höhere Zinsen am Kapitalmarkt zahlen müssten als der ESM. Eben für Griechenland, Spanien und Italien. Aber gerade diese Länder zögern. Zu wach sind offenbar die Erinnerungen an die Finanzkrise und die berühmtberüchtigte Troika.

Zwar lobte der italienische Finanzminister das neue ESM-Programm, aber ob Italien es nutze, werde man zu gegebener Zeit entscheiden. Aus spanischen Regierungskreisen kamen ähnliche Äußerungen. Sie fürchten, durch den ESM stigmatisiert zu werden.

Während Europa um eine gemeinsame Position lange ringt, gehen die stärksten Volkswirtschaften der Welt als G20 einen Schritt aufeinander zu. Sie alle wollen die nötigen Schritte mit den supranationalen Organisationen – den Vereinten Nationen, der WHO, der Weltbank und dem IWF – gemeinsam unternehmen, um dieser Krise Herr zu werden und diese zu überwinden. Sie haben sich auf einem G20-Videogipfel Ende März 2020 darauf geeinigt, 5 Billionen Dollar für die Wirtschaft weltweit zur Bewältigung der Coronakrise zu zahlen. In der größten Misere klappt es also doch mit der Solidarität. So bleibt zu hoffen, dass die Not auch die EU eint.

Europa knüpft am Sicherheitsnetz

Im Plan der europäischen Staaten, wie sie der Coronakrise begegnen sollen, spielen zunächst drei Instrumente die Hauptrolle: der beschriebene Hilfsfonds ESM sowie EIB und SURE. Das ganze Paket ist 500 Milliarden Euro schwer. Der ESM spielt dabei die entscheidende Rolle. Jedes Euroland soll zwei Prozent seiner Wirtschaftsleistung als Kreditvolumen aufnehmen können. Im Falle Italiens waren das 39 Milliarden Euro, bei Spanien 28 Milliarden.

Die EIB ist die Europäische Investitionsbank, die europäische Schwester der deutschen KfW. Beide Unternehmen haben in der Coronakrise die Aufgabe, vor allem kleineren und mittleren Unternehmen aus der finanziellen Klemme zu helfen. Die KfW in Deutschland, die EIB in Europa. Die Anteile der Mitgliedsstaaten am Kapital der Bank richten sich nach dem wirtschaftlichen Gewicht des jeweiligen Landes innerhalb der Europäischen Union (gemessen am BIP) zum Zeitpunkt seines Beitritts.

Die EIB soll über einen Garantiefonds 200 Milliarden Euro mobilisieren. Die EU-Staaten zahlen anteilig 25 Milliarden Euro in den Fonds ein. Im Unterschied zu den Hilfen aus dem ESM, der ausschließlich für die Eurostaaten gilt, soll das EIB-Geld allen in Europa offenstehen.

Hinter der dritten Säule »SURE« verbirgt sich ein typischer technischer Begriff: *Support mitigating Unemployment Risks in Emergency*. Das kann man kurz und knapp mit »Kurzarbeitergeld« übersetzen, und ähnlich dem erfolgreichen deutschen Pendant soll es auch funktionieren. 100 Milliarden Euro, um Beschäftigte in Arbeit zu halten, bis die Krise überstanden ist. Über diesen Geldtopf können sich Staaten finanzieren, die nicht mehr genug Geld in ihrem Kurzarbeit-Topf haben.

Eurobonds oder Rettungstopf, Kredite oder Direkthilfen, dazu das Drei-Stufen-Modell aus ESM, EIB und SURE – so viele Hilfen, so viele verschiedene Instrumente und Konzepte, dass einem schwindelig wird. All das zeigt, wie sehr in Europa gerungen wird – zum einen, um der Krise zu begegnen und zum anderen, um weiter die eigenen Interessen zu verfolgen. Die einen wollen Bonds, die anderen sind strikt dagegen. Am Ende wird vor allem zählen, wie sich diese Hilfsprogramme in der Verschuldung der Staaten Europas auswirken.

Ein Hauptproblem und auch ein Hindernis in der europäischen Konstruktion sind die geringen Spielräume zwischen Regierungen und Parlamenten in den einzelnen Staaten, das fördert der Coronavirus deutlich zutage. Selbst wenn einige

Regierungen weitergehen wollten in der Frage einer großen Lösung für Europa – sie könnten es nicht, weil sie nur mit Zustimmung der Parlamente entscheiden können. Und ob es zu einer solchen Zustimmung käme, wäre in vielen Ländern nicht sicher. Staaten wie Ungarn und Polen könnten die Lage ausnutzen, um ihre Interessen durchzubringen.

Aber wir werden nicht umhinkommen, an vielen Stellen mehr europäische Einigung herzustellen. Die Nationalstaaten Europas sind zu klein, um mit den großen Ländern wie Russland, China, Indien und den USA mithalten zu können. Europa als Einheit könnte es, aber da es die Vereinigten Staaten von Europa (noch) nicht gibt, bleibt die Wertegemeinschaft Europäische Union vorerst der einzige Weg. Diese Union hat sich bereits verändert. Mit dem Austritt Großbritanniens aus der EU wandelt sich das Antlitz der Gemeinschaft, und die Probleme und Herausforderungen wurden schon vor der Coronakrise größer.

Wenn die Staaten Europas in der Krise stecken, dann erlebt das auch immer die Wertegemeinschaft. Und immer geht es auch um Geld zur Krisenbewältigung. Wir müssen aus jeder Krise lernen und am besten gestärkt aus ihr hervorgehen. Wir müssen lernen, die Fragmentierung, die Zerfaserung Europas zu beenden. Einer dieser Bereiche sind die Kapitalmärkte, an denen Aktien und Anleihen gehandelt werden. Auf unserem Kontinent haben wir so viele Kapitalmärkte wie Mitgliedsstaaten. Unterschiedlich aufgestellt und, was viel schlimmer ist, sie sind aufgrund ihrer nationalen Gesetzgebung auch unterschiedlich geregelt.

Das macht jeden Einzelnen eher schwächer als stärker. Obwohl wir einen großen gemeinsamen Binnenmarkt haben, machen Investoren in Europa immer noch vor nationalen

Regeln an Kapitalmärkten halt. Obwohl eigentlich mehr als genug Kapital vorhanden ist, können wir dieses Kapital aufgrund von unterschiedlichen Regelwerken in Europa nicht zielgerichtet einsetzen. Damit vergeben wir Chancen. Zum Beispiel die Technologien der Zukunft weiter voranzutreiben und auch den Wandel zu nachhaltigeren Produkten und Produktionen zu forcieren. Statt Möglichkeiten für Investitionen zu bündeln, Jobs und Wachstum zu schaffen, belassen wir es bei einer Kleinstaaterei der Kapitalmärkte.

Wie soll Europa in dieser Gestalt mit den großen Märkten in den Vereinigten Staaten, in Asien mithalten können? Geschweige denn sich durchsetzen? Umso wichtiger ist eine gemeinsame europäische Linie. Wir müssen zusammenrücken und gemeinsame Interessen der Staaten Europas definieren. Dies ist umso dringlicher, als sich schon jetzt unter den größten Unternehmen der Welt nur noch vereinzelt europäische Unternehmen befinden. Aber sehr viele aus den USA – und aus China.

Um das zu ändern oder um zumindest die Chancen zu verbessern, dass auch europäische Firmen wieder aufschließen, hätte man längst tätig werden müssen. 2014 wurde der erste Anlauf genommen. »Investitionsplan für Europa« hieß das Programm, um den europäischen Kapitalmarkt zu vereinheitlichen. Wie das aber so ist in der Europäischen Union: Es dauert. Und meist zu lange. 2019 haben die Finanzminister Frankreichs und Deutschlands noch einmal einen Anlauf gewagt und eine hochrangige Expertengruppe ins Leben gerufen: *The Next CMU High-Level Group*. Der Auftrag: fünf Jahre nach der Verkündung des »Investitionsplans für Europa« Vorschläge für die nächsten Schritte zu erarbeiten, um die Kapitalmärkte in Europa weiter einander anzunähern.

Der Gruppe gehörten die Vertreter Frankreichs, der Niederlande, Italiens, Spaniens, Polens, Schwedens und für Deutschland der ehemalige Bundesbank- und KfW-Vorstand Joachim Nagel an.

Er skizzierte den Kern des Themas und die Notwendigkeit einer Vereinheitlichung der Kapitalmärkte in Europa: »Wir haben die Erkenntnis gewonnen, dass die Finanzkrise noch nachwirkt, der Finanzsektor das verlorene Vertrauen bei den Anlegern seither nicht vollständig zurückgewonnen hat. Vor diesem Hintergrund hielten wir es für umso wichtiger, den Sinn und Zweck einer Kapitalmarktunion klarer darzustellen und bekannter zu machen, damit die EU ihren Platz unter den Top-Finanzzentren der Welt behält.«

Die sieben Mitglieder tagten nicht im Verborgenen, aber doch weitgehend unbeachtet von der großen Öffentlichkeit. Dabei sind ihre Vorschläge von großer Bedeutung, gerade da sich Europa in der tiefsten Krise nach dem Zweiten Weltkrieg befindet. Ihre Empfehlungen zielen vorrangig darauf, mehr Investitionen als bisher in Bereiche der Wirtschaft zu fördern. In bestehende Industrien, in neue Technologien und vor allem auch in nachhaltige Bereiche der Wirtschaft. Jene Teile, die nur gemeinsam den Wohlstand in Europa aufrechterhalten können und im Wettbewerb bestehen müssen.

Aus deutscher Sicht haben die Experten eine durchaus heikle Empfehlung gegeben: eine Stärkung der kapitalgedeckten Altersvorsorge. Was nichts anderes bedeutet, als dass die Deutschen mehr Geld an die Börse bringen und sich von Sparern zu Anlegern entwickeln sollten. In dem Abschlusstext hieß es: »Bürger sollten dabei unterstützt werden, ihre Ersparnisse am Kapitalmarkt profitabler anzulegen und damit die Wirtschaft anzukurbeln.« Warum diese Empfehlung? Weil ein Großteil des Vermögens der Deutschen aus Bargeld besteht oder auf Sparbüchern und Tagesgeldkonten liegt: mehr als 2,5 Billionen Euro, das sind 2500 Milliarden Euro, die unverzinst herumliegen. Zumindest ein Teil dieser Summe wäre aus Sicht der Experten als Risikokapital bestens geeignet. Für Konzerne, die sich für die Zukunft ausrichten müssen mit neuen Produkten und Technologien. Für mittelständische Unternehmen ebenso wie für Start-ups. Und auch für die Bürgerinnen und Bürger, die über einfachere Produkte Zugang zu einem einheitlich geregelten europäischen Kapitalmarkt haben sollten.

Die Europäische Union hat an dieser Stelle Nachholbedarf. Der Druck durch die Entwicklungen in der Weltpolitik und Weltwirtschaft mit Handelskonflikt, durch drohende Zölle, Protektionismus und Brexit war bereits hoch – der Virus erhöht die Notwendigkeit, mehr europäische Gemeinsamkeit herzustellen.

Zum Glück lernen Menschen und Politiker aus der Vergangenheit und aus Krisen. Sie haben erkannt, dass die enge Verflechtung zwischen den öffentlichen Haushalten und dem Bankensektor leicht zu grenzüberschreitenden Ansteckungseffekten und finanziellen Verwerfungen in anderen EU-Ländern führen könnte. Die Steuerzahler*innen mussten in der Vergangenheit stets bezahlen, wenn Banken gerettet werden mussten. Mit der Errichtung einer Bankenunion wollten die europäischen Baumeister dafür sorgen, dass dies aufhört. Keine Bankenrettung mehr durch die Steuerzahler*innen.

Dazu bedarf es eines stabilen Fundaments und einheitlicher Regeln. Was wie oben beschrieben beim Kapitalmarkt dem Expertengremium zufolge passieren muss, ist bei der Bankenunion bereits Wirklichkeit. Die Regeln sind einfach und klar. Erstens eine klare Aufsicht mit strengen Regeln für Banken. Zweitens ein ebenso klares Verfahren für den Fall der Fälle, nämlich Banken abwickeln zu müssen und drittens einen besseren Anlegerschutz als bisher. Das sind die drei Säulen.

Zuständig für die Aufsicht sind neben der größten und wichtigsten Bank in Europa, der Europäischen Zentralbank (EZB), auch die nationalen Aufsichtsbehörden. Die größten Banken werden von der EZB in Frankfurt am Main direkt überwacht. Ihrer Kontrolle unterstehen derzeit mehr als 100 Institute. Unter die direkte Aufsicht der EZB fallen Großbanken, deren Bilanzsumme mehr als 30 Milliarden Euro oder 20 Prozent der Wirtschaftsleistung eines Landes beträgt. In jedem Fall die drei größten Banken eines Mitgliedslandes.

Die Eurostaaten zahlen Milliarden Euro in einen Fonds ein, um Banken in Notlage abwickeln zu können. Ein wichtiger Schritt zur Entlastung der Bürger*innen Europas und eine Lehre aus der Finanzkrise.

Aber auch an diesem Konstrukt regte sich Kritik. Aus dem deutschen Mittelstand und auch von Professoren. Etwa von dem Berliner Finanzwissenschaftler und Juristen Markus C. Kerber. Er zog bis vors höchste Gericht nach Karlsruhe, um prüfen zu lassen, ob eine Übertragung der Bankenaufsicht von Deutschland auf die europäische Ebene überhaupt rechtens sei, da die Haftungsrisiken aus Sicht der Kläger nicht zu kontrollieren seien. Sie sorgten sich, dass am Ende doch die deutschen Sparer*innen für Banken in den Ländern Südeuropas bezahlen müssten, wenn diese pleitegingen. Doch die Klage fiel durch. Das Bundesverfassungsgericht entschied, dass die europäische Bankenunion nicht gegen das Grundgesetz verstößt. Aber noch ist die Bankenunion nicht vollendet.

Es fehlt eine gemeinsame Einlagensicherung, also ein Notfallfonds, falls Banken pleitegehen oder sogar ein Staat. Dann müssten die betroffenen Sparer nicht mehr um die Sicherheit ihrer Konten fürchten. Doch über eine gemeinsame Einlagensicherung gibt es Streit, weil deutsche Banken sich dagegen wehren, für andere europäische Institute in den Fonds einzuzahlen. Auch an dieser Stelle fehlt die Solidarität noch.

Ein (grüner) Marshallplan für den Wiederaufbau

Für die Rettung Europas gibt es viele unterschiedliche Initiativen. Die Brüsseler Kommission will für den EU-Haushalt 2021 bis 2027 einen »Marshallplan« über 1,5 Billionen Euro zum Wiederaufbau aufstellen. Eine gewaltige Erweiterung des bisherigen Budgets von rund einer Billion Euro. Dieser Sicherungstopf wäre eine Art Marshallplan 2.0 – in Anlehnung an den früheren nach dem Zweiten Weltkrieg, der Europa den Wiederaufbau aus den Trümmern ermöglichte.

Das Europaparlament will sogar Hilfen über 2 Billionen Euro bereitstellen. Es beschloss Mitte Mai in einer Resolution eigene Eckpunkte für den Aufbauplan. Dazu zählt die bemerkenswerte Forderung, dass die EU eigene Einnahmequellen brauche, zum Beispiel Steuern erheben könne – was nur ein Staat kann. Andernfalls müssten die EU-Staaten höhere Beiträge einzahlen. Das Parlament beschloss zudem, dass Gelder vor allem in Form von Direkthilfen fließen sollten und nicht nur über Kredite. Das ist eine der großen Konfliktlinien zwischen den Mitgliedsstaaten, neben der Summe und der Haftungsfrage: gemeinsame Haftung, ja oder nein?

Einen EU-Topf mit dem Marshallplan der Nachkriegszeit zu vergleichen, halten manche Experten für unangebracht, weil das Geld von den europäischen Regierungen selbst kommen müsste. Unangebracht aber auch, weil 1,5 Billionen im Verhältnis zur europäischen Wirtschaftsgröße weit weniger sind als die Nachkriegshilfen durch die USA – und der Großteil der EU-Haushaltsmittel ohnehin schon verplant ist für bestehende Programme. So beansprucht die Agrarpolitik rund 35 Prozent der Mittel. Für einen wirksamen neuen Marshallplan müsste ein weit größeres Budget her. Die amerikanische Hilfe in den Jahren 1948 bis 1952 betrug durchschnittlich 2,6 Prozent der Wirtschaftsleistung der Empfängerländer, wie Benn Steil, amerikanischer Ökonom und Autor des Buches *The Marshall Plan*, klarstellt. Rund 14 Milliarden Dollar waren das damals, was heute einer Kaufkraft von 140 Milliarden Dollar entspräche. Der Vorschlag der EU-Kommission beläuft sich nur auf 1,11 Prozent des Bruttonationaleinkommens, und die EU-Mitgliedsländer streiten darüber, ob nicht auch 1,0 oder 1,07 Prozent reichen. Erschwerend kommt hinzu, dass der EU-Austritt Großbritanniens ein Loch von 75 Milliarden Euro in der EU-Kasse hinterlässt. Daher glauben Kritiker, dass der EU-Haushalt nicht groß genug ist, um die wirtschaftlichen Folgen der Krise zu bewältigen. Einige sorgen sich zudem, der EU-Marshallplan könnte das Bestreben konterkarieren, schon vor der Krise bestehende strukturelle Schwächen in den Mitgliedsstaaten durch Reformen zu überwinden.

Bei all dem Ringen um Eurobonds und Marshallplan scheint ein zentrales Projekt der EU ins Hintertreffen zu geraten: der *Green Deal*. Der Plan für ein klimaneutrales Europa 2050. Viele Experten schlagen daher vor, Europas Marshallplan auch zu einem *Green Deal* zu machen. Ein Plan, der mehr Gesundheit, Wohlbefinden und gemeinsamen Wohlstand auf einem gesunden Planeten schafft, »damit wir wirklich gestärkt und widerstandsfähiger aus diesem Notfall hervorgehen können«, appellieren die Co-Präsidentin des Club of Rome, Sandrine Dixson-Declève, sowie der Direktor des Potsdam Institut für Klimafolgenforschung, Johan Rockström, in einem Brief an die EU-Staatschefs. Auch die Klimaexperten des Wuppertal-Instituts plädieren dafür, die Bewältigung von Coronakrise und Klimakrise zu verknüpfen.

Nach den Hilfen für die Gesundheitsvorsorge und den kurzfristigen Hilfen zur Abwehr der Krise brauche es Konjunkturprogramme, um Wirtschaft und Gesellschaft langfristig und nachhaltig zu transformieren. Wirtschaftshilfen und Konjunkturprogramme seien dafür sinnvoll, »sie dürfen aber nicht nach dem ›Gießkannenprinzip‹ verteilt werden«, sagen die Wuppertaler Professoren Manfred Fischedick und Uwe Schneidewind.

Inmitten der Diskussionen um das richtige Rezept zur Wiederbelebung der europäischen Wirtschaft kam im Mai überraschend die deutsch-französische Achse wieder in Bewegung. In einer gemeinsamen digitalen Pressekonferenz in Berlin und Paris stellten Präsident Macron und Kanzlerin Merkel einen Vorschlag für einen Wiederaufbaufonds der EU vor, ergänzend zum EU-Haushalt, um besonders von der Coronakrise betroffenen Regionen oder Branchen zu helfen.

Nicht die Summe von 500 Milliarden Euro zur Unterstützung der am meisten beeinträchtigten Länder ließ aufhorchen, sondern die Art der Hilfe. Sie soll nicht zwingend in Gestalt von Krediten, sondern kann in Form von Zuschüssen fließen. Und die Empfänger müssten das Geld nicht zurückzahlen.

Der Macron-Merkel-Plan sieht außerdem vor, dass die EU-Kommission das Geld über Anleihen am Kapitalmarkt aufnimmt. Eine fundamentale Kursänderung der deutschen Politik. Denn mit diesem Plan billigt die Kanzlerin die Aufnahme gemeinsamer Schulden über den Haushalt der EU. Gemeinsame Schulden? Da denkt man unweigerlich an die umstrittenen Corona-Bonds. Doch der Unterschied ist: Es gibt keine gesamtschuldnerische Haftung. Deutschland muss nur für einen Teil der Schulden eintreten, in der Höhe des Anteils, den jedes EU-Land in den europäischen Haushalt einzahlt. Und: Es dürfen nur Projekte finanziert werden und nicht etwa ganze Staatshaushalte einzelner Mitgliedsstaaten. Aus dem EU-Haushalt würden die Schulden über einen langen Zeitraum von etwa 20 Jahren wieder abgestottert werden. Eurogruppen-Chef Mario Centeno betrachtet einen solchen Fonds als einen großen Schritt »hin zu einer Fiskalunion und zu einer wirklich funktionierenden Währungsunion«.

Dass Deutschland nach langem Zögern wieder zusammen mit Frankreich Motor Europas sein will, hat nach Ansicht mancher Beobachter mit dem EZB-Urteil des deutschen Bundesverfassungsgerichtes zu den EZB-Anleihekäufen zu tun: Wenn Karlsruhe die europäischen Notenbanker und ihr Euro-Rettungsprogramm bremst, muss die Bundesregierung umso mehr aufs Gaspedal drücken, um deutlicher Position für Europa zu beziehen.

Doch, wie sollte es in der EU anders sein, Widerspruch ließ nicht lang auf sich warten. Die »Sparsamen Vier« – Österreich, die Niederlande, Schweden und Dänemark – präsentierten umgehend einen Gegenvorschlag zum Macron-Merkel-Corona-Fonds. Sie lehnen direkte Zuschüsse ab, wollen stattdessen Kredite. Die kriselnden Länder müssen das Geld also wieder zurückzahlen. Und: Das Geld aus diesem Nothilfefonds soll auf zwei Jahre befristet sein.

Die EU hat die schwierige Aufgabe, die Mitgliedsstaaten zu einen. Denn: Alle EU-Staaten und ihre Parlamente müssen jeden Plan, wie auch immer er aussieht, absegnen. Eine große Hürde. Die Diskussionen über den richtigen Weg aus der Krise und über den Umgang mit dem Geld werden noch lange weitergehen. Und im Ringen um die Rettung der Europäischen Union schwingt immer auch die Spaltung der Gemeinschaft mit.

Die Risiken von morgen

Hatten wir nicht schon genug Probleme? Waren nicht schon vor Corona die Herausforderungen irrsinnig groß? Der größte Brocken: der Klimawandel und die damit einhergehende Energiewende. Für viele Unternehmen wird es ein Kraftakt, auf fossile Brennstoffe zu verzichten – und es bedeutet vor allem: hohe Kosten. Dann die nicht minder große Herausforderung: die fortlaufende Digitalisierung mit 5G, künstlicher Intelligenz und der Einsatz von Big Data. Unternehmen müssen ihre Geschäftsprozesse neu aufstellen, Strategien überdenken – vor allem aber wieder: investieren. Und dann kommt noch ein Virus auf uns zu, der sich wirtschaftlich als weit gefährlicher als Corona entpuppen könnte: Deutschlands Alterungsprozess. Zwar scheint der demografische Wandel wie die drohende Klimakatastrophe noch weit weg, und beide rollen auch anders als Corona mit weniger gefährlich wirkender Langsamkeit auf uns zu, sodass man sie gut ausblenden konnte. Aber beides ist mindestens so brandgefährlich wie SARS-CoV-2. Drei Themen, die nahezu alle Wirtschaftsbereiche betreffen und verändern werden. Sie bergen schwer kalkulierbare Zukunftsrisiken, die für immense Unsicherheit sorgen und zur Kostenfalle werden können. Diese unaufhaltsamen Trends werden die Gesellschaft epochal verändern, ebenso die Unternehmen. Die Autobranche muss obendrein die Mobilitätswende meistern – und damit stellt sich sogar die Überlebensfrage für viele Autohersteller und Zulieferbetriebe.

Und jetzt haben wir auch noch Corona. Einen Virus, der die Wirtschaft in die Rezession treibt und Staaten sowie Unternehmen in die Schuldenfalle. Als erforderten die eingangs genannten Probleme und Herausforderungen nicht schon genug Kraftanstrengung.

Überall ist jetzt zu lesen, wir sollten die Coronakrise als Chance begreifen. Genauso müssen wir auch all die anderen Probleme und Risiken als Chance verstehen, damit aus Herausforderungen neue Ideen entstehen. Die Coronakrise kann da als Beschleuniger wirken. Der Virus zwingt uns ohnehin schon umzudenken. Nötigt die Wirtschaft, sich neu zu orientieren. Zwingt die Politik, Konjunkturpakete für eine Gesundung der Wirtschaft zu schnüren. Warum die Wirtschaft nicht gleich mit den Konjunkturhilfen in eine zukunftsträchtige Richtung lenken?, schlagen viele Wirtschaftsexperten und Zukunftsforscher vor. In eine grüne, nachhaltige Richtung – wie die Akademie Leopoldina in einem viel beachteten Empfehlungsschreiben an die Bundesregierung Mitte April riet. Wenn der Staat die Wirtschaft wieder auf den Wachstumspfad zurückbringt, sollte dieser »stärker als zuvor von Prinzipien der Nachhaltigkeit bestimmt sein, nicht zuletzt, weil hierin enorme Potentiale für die wirtschaftliche Entwicklung liegen«, empfiehlt das Beratergremium, in dem auch zwei hochrangige Ökonomen sitzen, der Wirtschaftsweise Lars Feld von der Uni Freiburg und Clemens Fuest, der Chef des ifo-Instituts für Wirtschaftsforschung. »Wird diese Chance vertan, so dürfte auf Grund der Größe der jetzigen

Wirtschaftsprogramme ein später nötiges drastischeres Umsteuern extrem schwierig werden.«

Der Weg wird hart, teuer und komplex. Es geht eben nicht nur um die Veränderung hin zu einer klimagerechten und ressourcenschonenden Welt. Das Leben wird ja auch digitaler. Wobei die Digitalisierung zugleich den Wandel zu mehr Nachhaltigkeit, zur Energie- und Mobilitätswende unterstützen kann – und bei vielen Problemen zu schnelleren Lösungen verhelfen kann.

Allerdings haben wir als Gesellschaft uns bei all den beschriebenen Herausforderungen bislang als zu träge, zu schwerfällig und bisweilen zu wenig gewillt gezeigt, die notwendigen Änderungen anzugehen. Das muss sich ändern. Schnell. Die Zukunft unserer Industrie ist nur gesichert, wenn sie wettbewerbsfähig bleibt – aber das nicht nur allein. Entscheidend ist die Frage, wie innovativ sie sein wird. Werden wir künftig besser als bisher erkennen, welche Lebensbereiche sich besonders schnell entwickeln werden und welche Produkte dafür vorhanden sind – oder noch erfunden werden müssen? Werden wir weiterhin mit unseren Konzernen, den mittelständischen Unternehmen und den Familienbetrieben Innovationen von bestechender Qualität erfinden und dann in alle Welt verkaufen?

Die Grundvoraussetzungen sind nicht schlecht. Deutschland ist ja ein Land der Erfindungen, und Produkte *Made in Germany* stehen für höchste Qualität. Mit den Mitteln vor der Coronakrise werden wir aber nicht die Wirtschaft nach dem Virus wieder auf ein Niveau heben können, das international wettbewerbsfähig sein wird und zugleich den Wohlstand in unserem Land sichern kann. Mit alten Lösungen werden wir die Herausforderungen in der neuen Zeit nicht meistern können. Was vor wenigen Monaten noch als Zukunftstrend galt, wird schon bald alltäglich sein. Manches wird sich durchsetzen nach der Krise.

Digitalisierung – Die Lösungsformel für all unsere Probleme?

Was Technologien wie künstliche Intelligenz (KI) leisten können, lässt sich an der Ausbreitung des Coronavirus gut sehen. Volle zehn Tage vor der offiziellen Warnung der Weltgesundheitsorganisation WHO, am 31. Dezember 2019, hatte eine Gesundheitsplattform namens BlueDot vor der Ausbreitung eines Virus in China gewarnt. Die Betreiber von BlueDot waren weder Hellseher, noch hatten sie bessere Informationen als der Rest der Welt. Sie hatten aber einen Algorithmus auf der Basis künstlicher Intelligenz. Algorithmen sind vereinfacht gesagt Rechenformeln, die Daten sortieren, filtern und auswerten.

Diese algorithmischen Formeln von BlueDot werteten Meldungen, Nachrichten und wissenschaftliche Artikel aus und veröffentlichten am letzten Tag des Jahres 2019 die Empfehlung, die chinesische Großstadt Wuhan zu meiden. Anders als die den Vereinten Nationen unterstehende WHO (*World Health Organisation*) oder auch das amerikanische *Centers for Disease Control and Prevention* (CDC), das von Atlanta aus am 6. Januar über die Ausbreitung des Virus berichtete und sich dabei wie die WHO auf Quellen offizieller Stellen in China berief, bekam BlueDot seine Informationen aus Foren, in denen sich Menschen austauschten, oder aus Blogeinträgen, in denen viele ihre persönlichen Erlebnisse,

Augenzeugenberichte oder neue Informationen einstellten. Die schiere Anzahl dieser Einträge fiel der künstlichen Intelligenz auf. So erkannte sie den SARS-CoV-2-Ausbruch in Wuhan sehr früh. Der Algorithmus verarbeitete daneben auch Mobilitätsdaten wie Flugbewegungen. Daher konnte die künstliche Intelligenz treffsicher voraussagen, in welchen Teilen der Welt sich der Virus weiter ausbreiten würde. Von China nach Thailand, nach Südkorea, nach Japan. Und so trat es auch ein. Wären die von BlueDot veröffentlichten Daten einer breiteren Masse aufgefallen, dann wären der Coronavirus und die weltweit daraus folgende Krise anders verlaufen.

Die Geschichte zeigt uns, dass wir Trends, die vermeintlich nur etwas für Nerds sind, ernst nehmen sollten. Waren Robotik, künstliche Intelligenz und Big Data bislang vor allem etwas für die Jüngeren, so werden wir uns mit dem Gedanken anfreunden müssen, dass all dies in unsere Gesellschaft flächendeckend Einzug halten und alle Lebensbereiche betreffen wird. Viele Mitarbeiter*innen in Unternehmen und Konzernen haben die Digitalisierung zuvor als Bedrohung empfunden, vor allem die Älteren. Es war etwas Neues, das sich rasant veränderte und mit dem sich vor allem die jüngeren Generationen gut auskannten und es auf alle erdenkliche Arten nutzten. Mehr und mehr aber wirkte sich die Digitalisierung auf den Arbeitsplatz und die Arbeit selbst aus, ständiges Lernen und Fortbilden wurde nötig. Kurzum: Die Technik, die Digitalisierung, hatte viel Potenzial, Menschen zu ängstigen. Einige kamen sich wie Getriebene vor.

Mit der Coronakrise hat sich das bei den meisten geändert. Die Sorge über die für viele immer noch neuen und nicht immer leicht zu lernenden und zu beherrschenden

Technologien hat sich oft zu der Erkenntnis verändert, dass Technik nicht nur die Arbeit im Homeoffice weiter gewährleisten kann, sondern auch private Verbindungen in die Außenwelt ermöglicht. Viele Skeptiker, die eher der Generation X oder *Babyboomer* angehören, haben den Segen der Digitalisierung erfahren. Geschäftliche Treffen über Videokonferenzen und Weiterbildung über Webinare – alles kein Problem dank Anbietern der entsprechenden Software oder Kommunikationsplattformen. Wie massiv diese Technologien eingesetzt wurden, zeigen die Nutzerzahlen des Anbieters Zoom: Sie schossen von 10 Millionen täglichen Nutzern im Dezember 2019 auf 200 Millionen im April 2020. Was wäre diese Krise ohne die Technologien von heute. Ein noch größeres Desaster.

Durch Corona wird sich unsere Arbeitswelt noch viel nachhaltiger und stärker verändern. Bestimmte Arbeitsweisen werden sich nicht auf ein Maß zurückdrehen lassen, das bei den eingefahrenen Mustern von vor der Krise einfach weitermacht. Positive Beispiele sind Sitzungen. Die wird es sicher wieder geben, aber bestimmt nicht in der Fülle, wie sie einst normal waren. Ob Dienstreisen in der Schlagzahl wie vor der Krise stattfinden werden, darf bezweifelt werden. Nicht nur aus Kostengründen, sondern auch aus Gründen der Zeiteffizienz und Effektivität.

Allerdings sind sich manche Ökonomen auch sicher, dass wir in eine neue Phase der Globalisierung eintreten werden, die viel mit Verdrängung zu tun haben wird. Und da spielen Daten, Technologien und Homeoffice eine entscheidende Rolle.

Die Globalisierung war bis Vor-Corona-Zeiten von der Idee geprägt, dort zu produzieren, wo es am billigsten ist. Daher haben Unternehmen viel im Ausland, vor allem in Asien, herstellen lassen. Dort kostete eine Arbeitskraft deutlich weniger und der Gewinn war höher. Viele Jobs in Deutschland, vor allem wenn dafür keine besonderen oder hohen Qualifikationen wie Studienabschlüsse nötig waren, fielen dieser Form von Globalisierung zum Opfer. Nach Corona könnte sich die nächste Phase der technologischen Revolution bemerkbar machen, und zwar bei den Dienstleistungen, die bisher von Digitalisierung und Automatisierung nicht in gleichem Maße betroffen waren wie Güter und Waren: Zwar wurden Serviceleistungen ebenfalls ins Ausland verschoben, zum Beispiel Callcenter oder IT-Kapazitäten von Banken nach Indien. Aber in verhältnismäßig kleinem Umfang.

Durch das Mehr an Technologie ändert sich das gerade. Wir haben eben erfahren, dass wir problemlos zu Hause sitzen und dennoch für Unternehmen im Dienstleistungsbereich arbeiten können. Und wenn die Firma nun nicht in der nächsten Stadt sitzt, sondern in einem anderen Land? Einem anderen Kontinent? Die Entfernung ist durch bessere digitale Kommunikation kein Problem mehr. So wie der Virus keine Grenzen einhielt, als er um die Welt ging, so kennt auch moderne Kommunikation durch entsprechende Systeme, die wir alle heute schon nutzen und die sich rasant weiterentwickeln, keine Grenzen mehr. Und was für Einzelne gilt, das trifft umso mehr auf Gruppen und Teams zu, die miteinander vernetzt sind. Weit getrennt voneinander, aber verbunden übers World Wide Web.

Unsere Wirtschaft wandelt sich zunehmend von einer Güter- zu einer Dienstleistungs-basierten Welt. Inzwischen geben wir von unserem monatlichen Budget mehr Geld für Services als für Waren aus. Dienstleistungen sind nicht nur der Friseurbesuch oder Yogastunden, wir nehmen sie bei Banken, Versicherungen, über Tourismus, Unterhaltungsangeboten und in der Bildung in Anspruch. All das wird mehr und mehr übers Internet angeboten. So ist es für uns auch einfacher, Dienstleistungen im Ausland anzubieten, umgekehrt drängen Anbieter aus dem Ausland mit ihren Angeboten auf unseren Markt, wie man etwa am Anbieter Airbnb sieht, der das hiesige Beherbungsgewerbe ordentlich durchgeschüttelt hat. Oder dem Fahrdienst Uber, der dem alten Taxigewerbe in Deutschland so schnell Konkurrenz machte, dass sich die Taxi-Zentralen regelrecht überrollt sahen.

Deutschland hat bei der Digitalisierung dem Digitalverband Bitkom zufolge noch reichlich Aufholbedarf. Das wird kosten, sich aber auszahlen. Zum Beispiel bei den Maschinenbauern: Sie verdienen heute mehr Geld mit den Servicediensten, die nach dem Verkauf einer Maschine in Anspruch genommen werden. Mit Investitionen in digitale Serviceportale sichern sie ihre wirtschaftliche Zukunft.

Krisen verändern nicht nur das Verhalten von Menschen und damit Konsumenten, sie wandeln auch Produkte und Produktionsweisen. Das war bereits bei anderen Krisen zu sehen. So beschleunigte sich nach den Anschlägen des 11. September der Siegeszug der DVD, weil weniger Menschen in die Kinos gingen. Nach der Finanzkrise 2008/2009 nahm die Nutzung von Online-Banking zu, immer weniger gingen in ihre Bank.

Nur eine kleine Auswahl, aber sie zeigt, dass Krisen auch ein Katalysator sind für gesellschaftlichen Wandel. Veränderungen werden wahrscheinlich. Wie beim Einzelhandel. In der *Lockdown*-Zeit geschlossene Läden ohne Online-Handel werden die Umsätze nicht nachholen können – aber sie werden ihr Internetangebot zu verbessern suchen. Online-Händler, vor allem die großen amerikanischen Online-Plattformen wie Amazon, konnten Tausende Arbeitsplätze neu einrichten, weil sie mit der Lieferung von Bestellungen nicht nachkamen. Ob sich dieser Trend zurückdrehen lässt, darf bezweifelt werden. Online einkaufen dürfte nach der Krise noch stärker im Bewusstsein und der Routine der Menschen verankert sein. Mit allen Nachteilen, die das mit sich bringt. Wie viele Läden werden nach der Krise nicht überleben, weil nach dem *Lockdown* die finanziellen Reserven erschöpft sind? Werden die Innenstädte verwaisen? Denkbar ist natürlich auch, dass die Konsumenten genau entgegengesetzt reagieren werden, weil wir Produkte zum Anfassen brauchen und nicht nur zum Ansehen im Netz. Oder weil sie aus Solidarität die kleinen, lokalen Händler unterstützen und die Großen boykottieren. Was immer die Zukunft bringen mag: Es ist wichtig, sich mit den Technologien auseinanderzusetzen, die uns schon jetzt begleiten und noch viel stärker in unserem Alltag eine Rolle spielen werden.

Was für den Handel gilt, wird nach der Krise zunehmend auf viele Firmen und Konzerne zutreffen, die bisher mit klassischen Gütern ihre Geschäfte gemacht haben, und in deren Welt Digitalisierung längst eine bestimmende Größe ist. Vor Corona ließen sie Produkte und Güter in weiter Ferne herstellen. Das wird sich aus zwei Gründen ändern. Zum einen, weil wir durch den Coronavirus und seine Folgen gelernt haben, dass es sinnvoll ist, bestimmte Dinge besser zu Hause herzustellen. Produkte wie Atemmasken oder Schutzanzüge, die in normalen Zeiten zu Centbeträgen zu bekommen waren, in der Coronakrise aber nur noch zum sechs- bis zehnfachen Preis oder gar nicht. Weil die gesamte Welt diese Produkte auf demselben kleinen Markt eingekauft hat. Andere Branchen werden versuchen, Lieferketten nach den Erfahrungen von Corona zu reduzieren oder aber die Abhängigkeit von einem einzelnen Land zu verringern. Oder dafür sorgen, dass Endkunden wie zum Beispiel Krankenhäuser Schutzbrillen und Atemmasken oder andere Produkte für den Klinikalltag zum Beispiel mittels 3-D-Drucker selbst herstellen können. Was freilich immer noch nötig sein wird, sind die Rohstoffe, um diese Produkte ausdrucken zu können.

Unsere Daten in der Hand von China und den USA?

Sich unabhängiger von Risiken zu machen, ist ein zunehmender Trend, nach dieser Krise allemal. Lieber mehr Daten liefern, dafür weniger Frachtvorgänge. Wo es möglich ist, werden Firmen das versuchen. Um Kosten zu sparen und Risiken zu senken. Dazu braucht es eine Aufstockung der Daten-Volumen, idealerweise aus heimischen Quellen. Zurzeit sind wir noch von Konzernen aus China und den USA abhängig, den Platzhirschen in der Branche der Daten und der Clouds. Solange die meisten Serverparks in Amerika und Asien stehen, ist Europa im Hintertreffen – und das muss sich ändern. Schnell und nachhaltig. Wir dürfen uns unsere digitalen Zukunftsaussichten nicht dadurch erschweren oder gar unmöglich machen, dass wir dieses Feld den USA und China überlassen. Viele Experten machen sich Sorgen um unsere Souveränität auf diesem Feld, der Technologiebranche.

Eine Expertengruppe mit Fachleuten aus Frankreich, Polen, Irland, Italien, Schweden und Deutschland, beauftragt von den Finanzministerien ihrer Länder, kam im Frühjahr 2019 zu dem Schluss, dass die Daten nahezu aller europäischen Institutionen, Banken und Unternehmen auf Servern liegen, auf die im Krisenfall nicht zugegriffen werden kann, weil diese nicht in Europa, sondern in den USA oder Asien stehen. Sie empfahl ihren Auftraggebern mit Nachdruck, zu handeln. Schon seit geraumer Zeit verfolgt Deutschland die Idee eines eigenen Netzwerks. Ein Verbund von Hochleistungsrechnern, mit dem den Konkurrenten im Westen und im Osten Paroli geboten werden kann. Die Idee war da, doch die Durchsetzungskraft fehlte. Zu geringe Investitionen des Staates, zu langwierige Genehmigungswege, zu hohe Stromkosten für die Rechenzentren. Zu viel Ideologie und Verwaltung, zu wenig Pragmatismus. Corona könnte das ändern und der Durchbruch sein für eine europäische Lösung. Vielleicht wird es noch lange nicht reichen, um den Vorsprung der USA und Chinas wettzumachen und die vollständige Kontrolle der eigenen Daten bei uns in Europa zu bekommen, aber wir sollten es auf alle Fälle versuchen. Zum Beispiel, indem wir Nokia und Ericsson, großen europäischen Unternehmen, den Vorzug beim 5G-Ausbau geben. Der Wirtschaftsvirus hat uns gezeigt, dass Handlungsbedarf besteht.

Der Roboter übernimmt die Führung

Ein Bereich, bei dem Deutschland schon seit geraumer Zeit im Spitzenfeld mitwirkt: die Roboterisierung. In der deutschen Industrie kommen auf 10 000 Arbeitnehmer 338 Roboter. Das ist nach Singapur und Südkorea die höchste Dichte weltweit, so teilt es der Verband, die *International Federation of Robotics* (IFR), mit.

War der Einsatz von Robotern bisher schon hoch, so wird sich der Trend weiter verstärken, schätzt Dalia Marin vom Lehrstuhl für Internationale Wirtschaftsbeziehungen an der Universität zu München. Weil die Lohnkosten in der Produktion nicht mehr die entscheidende Größe seien, rechne sich die Rückverlagerung nach Deutschland.

Die meisten Industrieroboter sind in den beiden Schlüsselbranchen der deutschen Wirtschaft zu finden: in der Automobilindustrie und im Maschinenbau. Beide Branchen haben weltweit einen Bedarf, der bei weit über einem Drittel aller eingesetzten Roboter liegt. Und der Einsatz wird zunehmen – auch in anderen Bereichen der Wirtschaft. Denn die Geräte werden kleiner und billiger, da die Programmierung schneller, einfacher und damit auch kostengünstiger ist. Und Kosten zu senken, ist in den Zeiten nach der Coronakrise einer der wichtigsten Faktoren überhaupt. Kollege Roboter hat für die Wirtschaft noch einen weiteren großen Vorteil: Er macht keine Pausen und braucht keinen Urlaub. In der Coronakrise haben sie sich weiter in den Alltag vorgedrängt. In Singapur werden sie zur Beachtung der Hygieneregeln eingesetzt, ein Roboter-Hund, der Parkbesucher auf die Abstandsregeln hinweist, ein Krankenhaus-Roboter, der Zimmer desinfiziert.

Die Bedeutung der Industrie wird nach den massiven Veränderungen in der Wirtschaftslandschaft nach Corona steigen. Zum einen, weil die meisten Industrieunternehmen einfach so groß sind, dass sie eine Krise leichter überstehen können. Zum anderen, weil diese großen Konzerne bereits seit Mitte der 1990er-Jahre verstärkt in Roboter investiert haben. Und weil viele unserer Industrieunternehmen Perlen der deutschen Wirtschaft sind, staatliche Unterstützung oder gar Beteiligung erfahren.

Corona hat tektonische Verschiebungen in der Weltwirtschaft ausgelöst, die sogar eine Renaissance der Industrie in Deutschland und in anderen reichen Industrieländern in Europa bewirken können, so Dalia Marin. Der Anteil der Industrie an der Wertschöpfung werde steigen, auch wenn dies nicht unbedingt den Beschäftigten zugutekäme.

Der Coronavirus kann mittelfristig ein Turbolader ungeahnter Stärke für unser Leben und unsere Wirtschaft sein. Denn die Entwicklung der bisherigen Technologien wird sich weiter beschleunigen. Auch hier gibt es eine Parallele zwischen dem Coronavirus und Daten, Technologie und künstlicher Intelligenz: Grenzen werden eingerissen. Wissen ist durch das Internet für die ganze Welt da. Das wird Wirtschaft und Handel noch rasanter verändern als bisher, weil Technologien wie Robotik und künstliche Intelligenz den entscheidenden Vorteil haben, effizienter, einfacher zu bedienen und vor allem preisgünstiger zu sein. Durch Automatisierung und Übersetzungsprogramme wird es unerheblich sein, wo auf der Welt Produkte zum Beispiel mittels 3-D-Drucks hergestellt werden. Man muss bloß eine Lizenz für ein Produkt kaufen und benötigt natürlich einen 3-D-Drucker. Das wird sicher nicht für alle Produktgruppen gleichermaßen gelten, aber die Palette der Möglichkeiten wird sich immens verbreitern. Automatisierung und Roboterisierung müssen nicht einmal einen negativen Effekt auf die Beschäftigung haben. Der *International Federation of Robotics* (IFR) zufolge sind Roboter keineswegs Jobkiller, sondern schaffen im Gegenteil neue Arbeitsplätze, weil sie Unternehmen produktiver und damit wettbewerbsfähiger machen.

Künstliche Intelligenz intelligent nutzen

Wie können wir Erfahrungen effizient nutzen? Können wir Maschinen intelligenter machen? Dazu forschen Wissenschaftler an Modellen, um künstliche Intelligenz zu schaffen: Sie versuchen, menschliches Lernen und Denken auf den Computer zu übertragen, Funktionen unseres Gehirns nachzubauen, sodass KI selbstständig Antworten und Lösungen finden kann. Es gibt sowohl viele verschiedene Arten von Modellen als auch unterschiedliche Techniken dafür, Modelle zu erstellen. Zum Beispiel im Maschinenbau. Dort sollen Frühwarnsysteme lernen, Mechanismen zu entwickeln, die rechtzeitig einen Fehler erkennen und einem Ausfall der Maschine auf diese Weise vorzubeugen.

Künstliche Intelligenz ist ein enormer Wirtschaftsfaktor. Sie verbindet Effektivität und Effizienz in höchstem Maße. Vielleicht werden wir uns künftig nicht mehr auf Dienstreise begeben müssen, sondern treffen uns mit *Virtual-Reality*-Brillen in künstlich geschaffenen Räumen. Möglich ist das bereits alles. Denn die virtuelle Welt gibt es schon längst. In der Telemedizin und in der Industrie werden diese künstlichen Räume ständig mehr. Zwar bewegen sich die Menschen dann real auf einer kleinen Fläche im heimischen Wohnzimmer oder im Büro, aber durch die visuelle Täuschung der VR-Brille befinden sie sich in riesigen Fabrikhallen oder Großraumbüros an einem anderen, künstlichen Ort. Klingt so, als würden die Menschen auf der Strecke bleiben. Ja, in gewisser Weise stimmt das. Arbeit im herkömmlichen Sinne wird sich verändern, und zwar schneller als je zuvor. Manche Berufe, die bisher in Unternehmen ganz selbstverständlich waren, werden durch Technologien wie Robotik verändert –

einige werden verschwinden. Doch es werden auch viele neue entstehen, auch viele höherqualifizierte. Daher ist es so immens wichtig, in Bildung und digitale Kenntnisse zu investieren.

Es tun sich in der Summe nahezu unbegrenzte Möglichkeiten auf. Und gleichzeitig Gefahren, denn das Netz ist kein neutraler Ort, sondern ideal auch für Gauner aller Art: Hacker, die im Netz Daten abgreifen und damit Konten leer räumen, Geschäfte schädigen oder Menschen manipulieren. Oder ganze Unternehmen. In aller Welt.

Wie am 12. Mai 2017, als ein Schadprogramm namens »Wannacry« 230 000 Rechner in 150 Ländern infizierte und die Cyber-Angreifer Lösegeld von den Unternehmen verlangten. Eines davon war eine Tochter der »Deutschen Bahn« – das Logistik-Unternehmen Schenker. Sichtbar wurde dies sogar für Reisende an den Bahnhöfen, denn Anzeigetafeln fielen aus. »Wannacry« war auch deshalb so gefährlich, weil sich die Schadsoftware ohne Zutun der Nutzer verbreiten konnte. Sonst sind Virenprogramme oft als Anhang einer Mail beigefügt. Wird diese geöffnet, infiziert sie den Rechner. Bei »Wannacry« war das anders. Die Schadsoftware nutzte eine Schwachstelle aus, die auf vielen PCs mit älteren Betriebssystemen zu finden war.

Dieser Angriff ging wie der Coronavirus um die Welt. Ein Angriff mit Nachhall. Alle Branchen und auch staatliche Einrichtungen können Ziel von Cyberangriffen werden. Besonders gefährdet sind die Wasser- oder Energieversorgung und natürlich Atomkraftwerke. »Dies kann insbesondere in Netzwerken von Unternehmen und Organisationen zu großflächigen Systemausfällen führen«, heißt es beim Bundesamt für Sicherheit in der Informationstechnik (BSI).

Aufrüstung gegen Angriffe ist dringend nötig, denn nach wie vor ist es um die IT-Sicherheit nicht immer bestens bestellt. Ein Sorgenfaktor gerade auch während der Coronakrise, als deutsche Kliniken und Unternehmen der Pharmaindustrie verstärkt ins Visier von Hackern gerieten. Das BSI bemerkte eine Zunahme von Cyberangriffen mit Bezug auf den Coronavirus. Ende März 2020 berichtete die Behörde von Attacken einer chinesischen Hackergruppe mit dem Namen APT41, die seit Ausbruch der Corona-Pandemie vermehrt ausländische Ziele angreife, auch Gesundheitseinrichtungen. »APT41 wird eine Verbindung zur chinesischen Regierung unterstellt, sodass Informationsdiebstahl das wahrscheinlichste Tatmotiv ist«, heißt es in dem internen BSI-Lagebericht.

Am IT-Schutz haben viele Unternehmen gespart, große Konzerne, vor allem aber die kleinen Selbstständigen und mittleren Unternehmen. Sie haben begrenzte Geldmittel, die meist schon dafür draufgehen, bei Innovationen vorn mit dabei zu sein. Für den digitalen Schutz aber, der ein großer Kostenfaktor ist, reicht es dann oft nicht mehr.

An dieser Stelle umzudenken, wird immer wichtiger werden, denn die Angriffsflächen nehmen zu. Ob Digitalisierung, Robotik oder die intelligent vernetzte Fabrik, die unter dem Schlagwort Industrie 4.0 bekannt ist. In der digitalisierten Zukunft werden alle Maschinen und die von ihnen produzierten Güter mit Sensoren ausgerüstet sein. Sie kommunizieren ständig. Nicht nur untereinander, sondern mit anderen Systemen. In der Industrie 4.0 etwa werden Produktion, Vertrieb, Entwicklung, sogar Kunden und Lieferanten in die vernetzte Welt eingebunden. Eine schöne neue Produktionswelt – in der die Angriffsmöglichkeiten so unendlich sind wie die Chancen für Wirtschaft und Gesellschaft. Lösegeld-Forderungen, staatlich organisierte Angriffe über Geheimdienste oder Terroranschläge – alles, was es in unserer analogen Welt an Kriminalität gab, wird uns ebenso in der digitalen Welt begegnen.

Dennoch, die Entwicklungen hin zu mehr Technologie in der Wirtschaft nach Corona werden sich nicht zurückdrehen lassen, sie werden zunehmen. Durch den Virus schneller als bisher. Wir müssen für den Schutz unserer digitalen Infrastruktur deutlich mehr Geld in die Hand nehmen.

Autobranche auf der Fahrt ins Ungewisse

Für die Automobilindustrie bringen Digitalisierungstrend und Corona die wohl einschneidendsten Veränderungen. Sie ist zugleich eine unserer wichtigsten Branchen und kann getrost als systemrelevant für Deutschland bezeichnet werden. Kaum eine Industrie ist so bedeutsam, wenn es darum geht, gut bezahlte und sichere Arbeitsplätze vorzuhalten sowie Produkte zu erfinden, zu bauen und anzubieten, die in der ganzen Welt begehrt sind und gerne gekauft werden. Wer irgendwo in der Welt in einem Auto aus Deutschland unterwegs ist, setzt auf Qualität und hat offenbar auch Geld, denn die Fabrikate haben in allen Klassen ihren Preis.

Das Auto wurde in Deutschland erfunden, deshalb haben wir eine besondere Beziehung zu ihm. Es gibt kein Tempolimit auf Autobahnen und einen besonderen Schutzmechanismus der Politik für die Hersteller. Und die Konsumenten in Deutschland zeigen gerne, welche vier Räder sie vor der Tür oder in der Garage stehen haben.

Jahrzehntelang haben die Autokonzerne dafür gesorgt, dass sich in vielen Teilen Deutschlands zahlreiche Zulieferbetriebe ansiedeln konnten, die ebenfalls ausgesprochen gut davon lebten, dass Premiumwagen gefragt waren. Und auch die Städte und Kommunen profitierten von den Fabriken und Zentralen von Daimler, BMW, Volkswagen, Porsche und Co. Es flossen reichlich Steuern in die Kassen der Finanzämter, von Firmen wie Mitarbeiter*innen. Es war eine goldene Zeit – die nun erst einmal vorbei zu sein scheint. Denn die Zukunft sieht nicht gerade rosig aus für Deutschlands Vorzeigeindustrie.

Wochenlang standen die Bänder in den Fabriken still. In China, wo die Deutschen besonders viel produzieren und verkaufen, im wichtigsten Absatzmarkt, fehlte es an Bauteilen und Arbeitern, die in die Werke kommen konnten. Der Virus und der Schutz vor ihm legten die Produktion lahm. Als die Bänder in Asien langsam wieder anliefen, war der Virus in Europa angekommen, und die Autofirmen mussten dort die Werke schließen.

Hersteller, die keine Autos bauen können, haben ein Problem. Das ließ sich zwar wieder beheben, als die Fabriken nach der Coronakrise wieder anliefen. Doch der vorherige Produktionsstopp war ausgesprochen teuer für alle Hersteller weltweit. Dank gut gefüllter Kassen einiger, und dazu gehörten die deutschen Hersteller glücklicherweise bisher, ließ sich das eine Zeit lang durchhalten. Bis zur Wiederaufnahme der Fertigung konnten Maschinen gewartet werden. Richtig viel Arbeit hatten die Teams aber, die dafür sorgten, dass beim Anfahren der Bänder all das, was erforderlich ist für den reibungslosen Ablauf in einer Fabrik, zur richtigen Zeit am richtigen Ort und in entsprechender Anzahl vorhanden ist. Eine *Just-in-time*-Produktion wieder hochzufahren, ist komplex. Denn alle Zahnräder müssen ineinandergreifen, und das werden sie nicht reibungslos beim Anfahren. Problematisch ist auch der Nachfrageschock, der noch länger anhalten dürfte: Wie viele Autos sollen die Hersteller denn eigentlich jetzt bauen? Wer wird Autos kaufen? Welche Modelle? Und zu welchem Preis?

Analysten von Banken, Händler an der Börse, kleine Anleger*innen genauso wie die knapp eine Million Beschäftigten der Autoindustrie stellen diese Fragen. Die Antwort hängt entscheidend davon ab, wie sich die Wirtschaft entwickelt. Ob sie sich nach einem tiefen Einbruch schnell erholt. Oder ob sie etwas länger braucht, um wieder nach oben zu kommen, das wäre der mittlerweile berühmte U-Verlauf in einer Kurve mit einem längeren Tal der Tränen, aber immerhin mit einem ordentlichen Aufschwung danach. Oder ob es zum problematischsten aller Verläufe kommt – einem L, bei dem die Erholung ganz ausfällt oder auf niedrigem Niveau bleibt. Für die Autoindustrie sind aber noch andere Maßstäbe wichtig: Wie entwickeln sich die Märkte in Asien, wie in den USA? Erholen sich die Volkswirtschaften dort? Die Einschätzung von ausgewiesenen Autoexperten ist unterschiedlich, ein Absatzeinbruch zwischen 15 und 30 Prozent wahrscheinlich. Auch langfristig sind die Prognosen eher pessimistisch.

Ein immenser Arbeitsplatzverlust in der Größenordnung von 100 000 der rund 830 000 Arbeitsplätze bei Autobauern und Zulieferern ist zu erwarten, so der als »Autopapst« bekannte Experte Ferdinand Dudenhöffer, »unter optimistischen Annahmen«. Seine Prognose beruht auf den Erfahrungen der Finanzkrise 2008/2009, als die Autohersteller für den Aufholprozess zehn Jahre benötigten. Die Coronakrise ist weitaus schlimmer. Die Autoindustrie habe deshalb »ein gravierendes, längerfristiges Nachfrageproblem«. Verstärkt durch das grundsätzlich veränderte Kaufverhalten der Kunden, weil Autos immer weniger Statussymbol sind. Außerdem durch den zunehmenden Druck, klimafreundlich zu produzieren und klimaneutrale Autos zu bauen. All das vor allem bisher in Europa.

Angebots- und Nachfrageschock, dazu noch der immense gesellschaftliche Druck zum Umbau der Mobilität. Diese Themen sind jetzt weltweit auf der Tagesordnung, nur haben sie durch Corona eine andere Dimension. Eine der großen Gefahren besteht darin, dass es zu einer neuerlichen Infektionswelle kommen kann und sich der Virus erneut ausbreitet. Das ist gar nicht so unwahrscheinlich, wie die Entwicklungen in China, Südkorea und Singapur zeigen. Bei anderen Pandemien – selbst damals bei der Spanischen Grippe – gab es auch mehrere Wellen. In diesem Falle würden die Produktionen zumindest an manchen Stellen wieder gestoppt werden müssen. Bei einer weltweiten *Just-in-time*-Produktion ein großes Problem.

Aber auch ohne eine neue Infektionswelle bleibt die Verunsicherung bestehen. Viele Menschen mussten in der Krise auf Ersparnisse zurückgreifen oder staatliche Hilfe beanspruchen. Millionen Menschen fürchten um ihre Rente und private Alterssicherung. Wer denkt da in den kommenden Monaten daran, ein neues Auto zu kaufen? Auch Unternehmen oder Behörden werden sich überlegen müssen, ihre Fuhrparks und Dienstwagenflotte gegebenenfalls zu verkleinern oder Neuanschaffungen zu verschieben. All dies müssen die Konzernlenker in Stuttgart, München, Wolfsburg und anderswo auf der Welt bedenken.

Damit kommt eine Herausforderung auf die Hersteller zu, deren laufende Kosten immens sind. Die Werke geschlossen zu halten, schlug mit täglichen Aufwendungen in Millionenhöhe zu Buche. Denn die Maschinen mussten weiterhin gewartet und einige sicher auch noch abbezahlt werden. Und das ohne die Einnahmen aus dem Verkauf von Autos. Die füllten vor den Werken und bei den Händlern weltweit zu Millionen die Parkplätze. Ob diese Modelle noch zu verkaufen sein werden? Möglich. Nur, zu welchem Preis? Spätestens, wenn die Hersteller wieder voll produzieren, werden die Preise fallen, denn es kommt dann darauf an, Absatz zu machen. Das dürfte einen verschärften Preiskampf der internationalen Autobauer nach sich ziehen, der zu einem großen Problem für einige Hersteller werden könnte.

Unterdessen ist die Autobranche in Zeiten von Corona immer noch mit der Aufarbeitung der alten Krisen beschäftigt. Dazu gehören die Nachwirkungen der Finanzkrise, aber vor allem die selbst verschuldeten Versäumnisse der Vergangenheit, wie der Skandal um manipulierte Abgastests von Dieselfahrzeugen und das zunächst zu zaghafte Umschwenken auf alternative Antriebe wie den über Batterien oder Wasserstoff betriebenen Elektromotor. Manche Hersteller sind zudem nicht besonders weit in der Digitalisierung ihrer Wagen und der Produktion. Hinzu kommen immer mehr von der Gesellschaft formulierte Forderungen nach einer Mobilität, die wenig mit Statusfahrzeugen zu tun hat, sondern eher mit *Car-Sharing*-Modellen und Autos, die zwar Emotionen ansprechen, aber keine Emissionen ausstoßen. Auch die Gesetzgeber machen Druck. In Zukunft gelten noch strengere Grenzwerte für den CO_2-Ausstoß von Pkw und Lkw. Alle in der Europäischen Union neu zugelassenen Wagen sollen ab

2020 im Durchschnitt den CO_2-Grenzwert von 95 Gramm pro Kilometer einhalten. Bis 2030 soll der Kohlendioxid-Ausstoß von Neuwagen um 37,5 Prozent im Vergleich zu 2021 sinken, für leichte Nutzfahrzeuge ist eine CO_2-Reduktion von 31 Prozent vorgesehen. Wer als Produzent dagegen verstößt, sieht sich schnell mit milliardenschweren Strafen konfrontiert.

Jede der genannten Herausforderungen an sich ist bereits groß, zusammen ergeben sie eine Herkulesaufgabe, die schwer zu meistern ist. Viele in der Autoindustrie und auch in der Politik und Gesellschaft halten diese Aufgabe für nicht lösbar und fordern daher weitere Hilfen. Vor allem Kaufprämien analog zur 2009 gezahlten Umwelt- oder Abwrackprämie, und zwar sowohl für Verbrenner als auch für Plug-in-Hybride und E-Autos über die bestehenden Öko-Prämien hinaus.

Die Vorsitzende des Verbandes der Autoindustrie (VDA), Hildegard Müller, hat bereits bei der EU-Kommission Laut gegeben und gefordert, die Ziele zum Erreichen des sogenannten *Green Deal* von EU-Kommissions-Chefin Ursula von der Leyen zu strecken. Über das geplante Ziel von 2030 hinaus. Klimaschützer sehen darin einen Rückfall in alte Denkmuster der Autobranche, die sich einer dringend nötigen Modernisierung verweigert. Verbandschefin Müller aber erklärt in der Coronakrise nicht nur die nackte Not der Unternehmen, sondern eines ganzen Wirtschaftszweigs: »Wir müssen die wirtschaftlichen Auswirkungen erst seriös bewerten, bevor wir über mögliche zusätzliche Belastungen sprechen.«

Von der einstigen Perle der deutschen Industrie zum Sorgenkind – die Lage der Autohersteller ist ernst. Allerdings haben sie sich zum Teil auch selbst dorthin manövriert. Corona ist nicht allein schuld an der existenziellen Krise. Diese begann bereits mit der dramatischen Fehleinschätzung der gesellschaftlichen Debatte über Klimaschutz und die Zukunft der Mobilität in Europa und auch in den USA. Zwar verkauften sich dort wie in Asien vor allem die großen, Hubraum- und PS-starken Fahrzeuge der gehobenen und Luxusklasse weiterhin gut, aber es begann ein Umdenken, selbst in Asien. Weniger, weil die Kunden über Nacht ihr Herz für alternative Antriebe entdeckt hätten oder Klimaschutz an oberste Stelle rückte. Die Gründe waren vor allem wirtschaftlicher und politischer Natur.

Wer jemals in Peking oder einer anderen chinesischen Metropole war, kennt die Gründe: Städte, die im Smog ersticken, und die Einwohner gleich mit. Zunehmend wird auch im Staatskapitalismus Chinas die Lebensqualität ein Thema. Nicht nur für die Menschen, auch für die Führung des Landes. Anteil am Aufschwung zu haben, wird nicht nur mit besserer monetärer Stellung in Verbindung gebracht, sondern auch mit besseren Lebensverhältnissen. Der mit allen Mitteln auf Machterhalt setzende Staat wird also auch Verbesserungen für die Bevölkerung durchsetzen. Da zudem in China viele Rohstoffe vorkommen, die die Autoindustrie für den Elektroantrieb benötigt, ist der Schritt nicht mehr weit, selbst groß ins internationale Autogeschäft mit alternativen Antrieben einzusteigen. Im eigenen Land verbietet das Reich der Mitte ab 2030 Autos mit Verbrennungsmotor. Das sind für viele Hersteller gerade noch zwei Modellzyklen. Wer den Markt in China nicht verlieren will, muss schleunigst umsteuern.

Die Führung in China entdeckt zunehmend die Rohstoffe für die Mobilität der Zukunft, um Druck auf Länder und ihre Unternehmen auszuüben. Peking veränderte die Handelspolitik mit Rohstoffen und verknappte deren Ausfuhr. 17 dieser Rohstoffe werden von der Europäischen Union als »kritisch«, also als eine sehr wichtige Ressource für die Wirtschaft, eingestuft. Die Rohstoffversorgung für die deutsche Industrie könnte beeinträchtigt werden. Zu diesen wichtigen Rohstoffen gehören Kobalt, ein bläulich-gräuliches Übergangsmetall, und Lithium, ein Alkalimetall. Beide werden benötigt für die Produktion von Batterien, etwa für die Elektromobilität. Doch jetzt wird der Markt enger. Laut einer Untersuchung der Deutschen Rohstoff-Agentur Dera, die im Auftrag des Bundeswirtschaftsministeriums Analysen zur Versorgungssicherheit erstellt, hat Chinas Kurswechsel zwei Gründe: zum einen, dass sich das Land höhere Umweltstandards zum Ziel setzt, zum anderen, dass sich das Wachstum in China deutlich abkühlt. Das Reich der Mitte arbeitet nun daran, seine Arbeitsproduktivität zu erhöhen, indem es höherklassige Güter herstellt, die dank Automatisierung bei gleichem Input mehr Umsatz bringen.

Daher hat die chinesische Führung nun eine veränderte Rohstoffpolitik im Blick. Bei mineralischen Ressourcen wie Seltenen Erden, Magnesium oder Wolfram wächst der Eigenbedarf. Die Versorgung mit Rohstoffen, von denen das Land selbst viel importieren muss, soll laut Dera zudem durch weitere Auslandsinvestitionen abgesichert werden. China ist vor allem in Afrika aktiv und konkurriert dort mit anderen Staaten. Für den Zeitraum von 2016 bis 2020 dürfte Chinas Nachfrage nach Hightech-Metallen wie Kobalt oder Lithium um über 10 Prozent zugelegt haben, schätzt die Rohstoff-Agentur Dera. Andererseits müssen viele Länder weiterhin chinesische Rohstoffe beziehen. Bei Magnesium, das etwa im Leichtbau der Auto- oder Computerindustrie eingesetzt wird, hat die Rohstoffmacht China einen Produktionsanteil von über 80 Prozent – auch deshalb war die künstliche Verknappung bei einigen Metallen dringend notwendig.

Chinas neue Strategie könne dazu führen, dass »kritische Rohstoffe verstärkt für die eigene industrielle Fertigung eingesetzt werden, um höherwertige Produkte herstellen zu können«, analysiert die Rohstoffagentur. Mögliche Folge wäre »eine Beeinträchtigung der Rohstoffversorgung für die deutschen Industrien und ein intensiverer Wettbewerb in der Herstellung von höherwertigen Materialien und Industriegütern«.

Insgesamt stuft die Europäische Union sogar 27 Rohstoffe als »kritisch« für die eigene Wirtschaft ein. Dass davon 17 aus China eingeführt werden, zeigt die Bedeutung der Volksrepublik für den europäischen Kontinent, der mit anderen Ländern um die Importe konkurriert. Eine zu hohe Lieferabhängigkeit »birgt die Gefahr von Versorgungsengpässen, wenn unvorhersehbare Ereignisse oder Konfliktsituationen auftreten«, so Dera. Industriepolitische Maßnahmen oder Krisen wie die aktuelle Covid-19-Pandemie gehören zweifellos zu derartigen Ereignissen.

China fährt zweigleisig. Neben dem Verknappen von Rohstoffexporten setzt es vermehrt auf die Etablierung von Umweltstandards. Das Land plant allein für die kommenden drei Jahre Investitionen von rund 300 Milliarden Euro in grüne Energien. Und je mehr davon erzeugt werden kann, umso größer wird der Vorteil von Elektromobilen. Das von Kritikern oft gebrauchte Argument, die Emissionen würden bei einem E-Mobil vom Auspuff nur in das Kraftwerk verschoben, verliert dann an Stärke.

Im Bereich der Elektroautomobile wird sich dadurch der Wandel noch schneller vollziehen und der Markt, auch politisch, gelenkt. Analysten der Schweizer Bank UBS rechnen damit, dass schon im kommenden Jahr die *»Total Cost of Ownership«*, also die gesamten Kosten für Anschaffung und Betrieb eines Elektroautos, auf dem gleichen Niveau liegen werden wie für ein Auto mit traditionellem Antrieb. In fünf Jahren, meinen die Schweizer, wird der Absatz nach oben geschnellt sein auf 14 Millionen Fahrzeuge weltweit. Immer noch ein geringer Anteil, wenn man die Gesamtzahlen dagegenhält, aber ein nachhaltiger Trend mit Wirkung. Nicht nur im Sinne des Klimaschutzes, sondern auch politisch nachhaltig. Länder wie Schweden und Norwegen fördern diesen Trend durch eine höhere Besteuerung von herkömmlich angetriebenen Fahrzeugen schon länger. Wenn nun auch China und Indien, wie angekündigt, solche politischen Entscheidungen im angedachten Zeitraum von zehn Jahren umsetzen, dann muss der von der deutschen Autoindustrie sehr späte, aber nun umso vehementer vorangetriebene Umstieg auf die E-Mobilität und andere alternative Antriebe erfolgreich werden. Um nahezu jeden Preis, denn sonst droht der Vorzeigebranche, die jahrelang Prestige und Wohlstand brachte, eine existenzielle Krise.

Um das zu verhindern, müssen die Hersteller so innovativ sein, wie sie es schon oft bewiesen haben. Sie dürfen keine weitere Zeit mehr verlieren wie in Debatten der Vergangenheit, etwa beim Dieselskandal. Der Staat muss mit Infrastrukturmaßnahmen wie zum Beispiel flächendeckenden Ladestationen an den Autobahnen dafür sorgen, dass Deutschland ein Land der Zukunftsmobilität wird. Europa braucht eine politische Antwort auf die politischen Offensiven aus Asien und die Technologieriesen aus den USA, deren Softwareentwickler in die Autodomäne vordringen. Und auf Autos setzen, die wie ein Auto aussehen, aber in Wahrheit ein Werkzeug sind für die Mobilität von morgen – schon heute. Die Zukunft ist ungewiss für eine unserer wichtigsten Branchen in Deutschland und Europa. Die Chancen sind da, aber die Zeitfenster schließen sich.

Der Altersvirus in der vergreisenden Wirtschaft

Wenn der Patient Wirtschaft dank Akuthilfen vom Staat auf dem Weg der Besserung ist, muss ein umfassender Heilungsplan her, um den Patienten wieder zu Kräften zu bringen. Dabei ist zu berücksichtigen, dass der Genesene in fortgeschrittenem Alter ist und nicht jünger wird. Die alternde Gesellschaft und ihre Unternehmen sind anfälliger für Krisen, Herausforderungen wie der digitale Wandel schwieriger zu bewältigen – so wie ältere Menschen anfälliger für Krankheiten wie Corona sind. Die zunehmende Vergreisung ist eine Entwicklung, die Deutschland mit anderen Industrienationen teilt. Eine gewaltige demografische Verschiebung ist im Gange. Denn in den Industriestaaten geht die bevölkerungsstarke *Babyboomer*-Generation, die zwischen 1955 und 1969 Geborenen, jetzt nach und nach in Rente. Legt man zugrunde, dass sie ab einem Alter von 67 Jahren den wohlverdienten Ruhestand genießen werden, geht die große Zahl der Babyboomer von 2022 bis 2038 in Ruhestand. Der geburtenstärkste Jahrgang von 1964 ist voraussichtlich im Jahr 2031 dran.

Zwei große Probleme wurden in den vergangenen Jahren

in diesem Zusammenhang häufig diskutiert: Erstens der dadurch zu erwartende Fachkräftemangel, der für die deutsche Wirtschaft eine große Herausforderung wird und sie bereits jetzt schwächt, in manchen Branchen ist die Lage schon katastrophal. Die bevölkerungsschwachen nachfolgenden jüngeren Generationen, die neu auf den Arbeitsmarkt kommen, können die immer größer werdende Zahl der Ruheständler nicht ausgleichen. Mehr als die Hälfte der Unternehmen betrachtet den Fachkräftemangel als das größte Geschäftsrisiko, wie der Fachkräftereport des Deutschen Industrie- und Handelskammertages (DIHK) aufzeigt. Und dieser Mangel wird sich zumindest bis 2031 beschleunigt vergrößern.

Die Vergreisung Deutschlands wird zweitens problematisch für die Finanzierung der Renten, also für die Staatskassen und damit für die Gesellschaft als Ganzes. Das ist für unser Rentensystem heikel, weil es umlagefinanziert ist: die junge arbeitende Bevölkerung also Rentenbeiträge einzahlt, und diese sofort wieder als Renten an die Älteren ausgezahlt werden.

Unsere Wirtschaftskraft lastet in Zukunft auf immer weniger Schultern. Und diese müssen eine immer größere Last tragen in Form steigender Sozial-, Kranken- und Pflegeleistungen. Diese wenigen Schultern müssen mit ihren Einkommen und ihren Steuern für den Erhalt oder gar die Steigerung des Wohlstands der ganzen Gesellschaft sorgen. Das nennt sich Generationenvertrag.

Erschwerend an dem Deal ist die gestiegene Lebenserwartung. Es gibt nicht nur immer mehr Rentner, sie leben auch länger. Das Umlagesystem trägt sich schon jetzt nicht mehr, der Staat muss derzeit rund 100 Milliarden Euro im Jahr an die Rentenkasse überweisen. Und es werden jedes Jahr mehr Milliarden. De facto füllen wir alle als Steuerzahler diese Lücken. Die coronabedingte Vollbremsung der Wirtschaft wird die Lage verschärfen. Sie dürfte einhergehen mit steigender Arbeitslosigkeit, wodurch weniger Arbeitnehmerbeiträge in die Rentenkasse eingezahlt werden – sodass der Staat das Rentensystem mit noch einigen Milliarden mehr subventionieren muss. Und die Arbeitnehmer müssen wahrscheinlich zusätzlich noch höhere Rentenbeiträge zahlen.

Mit ständigen Aufbauspritzen vom Staat kann unser umlagefinanziertes Rentensystem aber nicht geheilt werden. Das Rentensystem braucht eher eine echte Reha-Maßnahme, auf dass es irgendwann wieder allein laufen kann. Stattdessen werden die immer gleichen wenig einfallsreichen Vorschläge aus der Mottenkiste geholt: Rentenbeiträge oder Renteneintrittsalter rauf. So könnten die Rentenbeiträge schon ab 2025 erhöht werden. Vor allem Arbeitgebervertreter fordern, das Renteneintrittsalter heraufzusetzen. Doch – vorerst – will die Regierung am Beginn der Rente mit 67 festhalten. Es scheint nur diese Rezepte zu geben: entweder die Arbeitnehmer oder die Rentner schlechter stellen.

Eine echte Reha-Maßnahme wäre ein Staatsfonds, der das Rentensystem heilen könnte. Ein staatlich gemanagter Fonds zur Ergänzung der Altersvorsorge, der bei der Deutschen Rentenversicherung angesiedelt wäre, und in den jeder Beschäftigte zusätzlich einzahlen könnte. Solche Staatsfonds legen einen Großteil ihrer Gelder an der Börse an. In vielen Ländern wie etwa Norwegen oder Schweden sind sie üblich und sehr erfolgreich. Norwegens Fonds brachte im Schnitt 8 Prozent Rendite im Jahr ein.

Viele Experten und Politiker haben einen solchen Staatsfonds zur Diskussion gestellt. Robert Habeck von den Grünen plädierte dafür. Der frühere hessische Finanzminister Thomas Schäfer (CDU) startete einen Versuch mit der »Deutschlandrente«. Doch mit der Bundesegierung ist das nicht zu machen. Finanzminister Olaf Scholz (SPD) findet, unser System der Altersvorsorge habe sich bewährt und wir müssten es nur weiterentwickeln. Allerdings hat die Rentenkommission nach fast zwei Jahren Beratung keine substanziellen Vorschläge, wie das Rentensystem nach 2025 wetterfest werden könnte. Es gab lediglich vage Empfehlungen. Man wolle das bewährte System »nicht vom Kopf auf die Füße« stellen, hieß es in dem Abschlussbericht vom März 2020, nur das Finanzierungsgefüge müsse neu justiert werden, dabei müssten Beitragszahler, Steuerzahler und Rentner ausgewogen finanziell beteiligt werden. Nachvollziehbar ist das nicht. Schlussendlich hat der Arbeitskreis also ein »Weiter so« empfohlen, im Prinzip die alte Rechenformel nur mit veränderten Prozentzahlen. Aber diese Gleichung der Umlagefinanzierung kann nach den demografischen Verschiebungen nicht mehr aufgehen.

Zwar muss man dem Umlagesystem bei aller Kritik eines lassen: Es hat sich in der Coronakrise als wetterfester gezeigt als die sonst immer so überlegenen und viel gelobten Staatsfonds. Der Corona-Crash hat Norwegens Staatsfonds im ersten Quartal 2020 einen Verlust von 15 Prozent beschert – in Euro umgerechnet mehr als 100 Milliarden Euro. Noch ein Negativbeispiel: Irland. Der *National Pensions Reserve Funds*, in den die Regierung jährlich ein Prozent des Bruttonationaleinkommens einzahlte, lief dank großer Investments in Aktien anfangs super. Bis zur Finanzkrise: Da musste der irische Fonds 30 Prozent Verlust einstecken. Unsere umlagefinanzierte Rentenkasse dagegen tangieren die Kursstürze an der Börse nicht im Geringsten. Dennoch wäre ein staatlicher kapitalgedeckter Pensionsfonds oder die von Hessen in die Diskussion gebrachte Deutschlandrente eindeutig ein Fortschritt.

Denkbar wäre es, einen Staatsfonds mit einem Wiederaufbaufonds zu verbinden, als Ergänzung zum Umlagesystem. Gerade jetzt, da die Wirtschaft in der Coronakrise am Boden liegt, könnte sich die Gesellschaft darüber am wirtschaftlichen Aufbau Deutschlands beteiligen und später am Gewinn partizipieren. Jetzt, da Aktien so günstig wie lange nicht sind, gäbe es günstige Einstiegsmöglichkeiten, und das Geld der Bürger*innen könnte für Projekte der Zukunft genutzt werden. Die aktuelle Krise bietet langfristig betrachtet eine gute Chance, einen großen staatlichen Fonds für die Altersvorsorge aufzubauen, ein funktionierendes Altersvorsorgesystem, verbunden mit einem Förderungssystem für politisch wünschenswerte Trends: Technologien, Infrastrukturprojekte oder den Klimawandel. Mit einem solchen Fonds könnten auch innovative Konzepte und Start-up-Firmen gefördert werden. Auf der UN-Klimakonferenz etwa schlug das *Institute for Advanced Sustainability Studies* (IASS) aus Potsdam einen Zukunftsfonds zur Dekarbonisierung in Deutschland vor. Die Klimaforscher erhoffen sich davon eine Signalwirkung, Wirtschaft und Gesellschaft in Richtung Nachhaltigkeit zu transformieren. Ein Teil der Einkünfte dieses Fonds könnte auch zum Aufbau eines europäischen Fonds genutzt werden.

Die Frage ist natürlich, woher in Deutschland das Geld für einen wie auch immer gearteten Staatsfonds kommen soll. Viele ausländische Staatsfonds, die am Kapitalmarkt zu mächtigen Größen gewachsen sind, speisen ihre Mittel entweder aus ihren Einnahmen, wie etwa Norwegen, Kanada oder arabische Golfstaaten aus dem Ölgeschäft. Oder aus ausländischen Devisenüberschüssen, wie etwa asiatische Fonds. Für den deutschen Zukunftsfonds zur Rettung des Klimas dachte man an eine Finanzierung durch eine CO_2-Steuer und eine höhere Erbschaftssteuer. Denkbar ist für einen Rentenfonds auch eine Einzahlung durch die Bürger. Das schwedische Altersvorsorgemodell – wie es bei der Deutschlandrente angeregt wurde – könnte dafür Vorbild sein. Es ist eine Mischform aus Umlagefinanzierung und kapitalgedeckter Altersvorsorge über einen Staatsfonds. In diesen müssen die Schweden 2,5 Prozent ihres Einkommens einzahlen. Ergänzend könnte ein Staatsfonds Anleihen oder Bürgeraktien ausgeben, um einen Kapitalstock aufzubauen.

Im Prinzip hat Deutschland sogar schon einen Staatsfonds. Den 2017 gegründeten Atomfonds, in dem das Geld verwaltet wird, mit dem der Atommüll entsorgt und der Abriss von Atomkraftwerken finanziert wird. Diesen Fonds, in den die großen Energieversorger rund 24 Milliarden Euro Startkapital eingezahlt haben, managen Finanzprofis. Für den Anlageausschuss konnte man zum Beispiel den früheren Chef des schwedischen Staatsfonds gewinnen. Als ein Quasi-Staatsfonds wird auch die Kreditanstalt für Wiederaufbau (KfW) gesehen, in der die Gelder des Marshallplans nach dem Zweiten Weltkrieg stecken, und die unter anderem Existenzgründungen, Hauskredite oder Maßnahmen zum Energiesparen fördert. Doch für einen angemessen dimensionierten Fonds, sei es zur Altersvorsorge oder zur Finanzierung des Klimawandels, lassen sich Mehrheiten nur schwer finden. Großer Widerstand gegen solche Pläne kommt aus der Finanzindustrie. Ein staatlicher Rentenfonds würde der Fondsbranche und ihren Altersvorsorgeprodukten das Wasser abgraben.

Es gibt auch die durchaus berechtigte Sorge, dass ein staatlich verwalteter Pensionsfonds in Notzeiten vom Staat für andere Zwecke angezapft werden könnte. Es gibt einige Beispiele in der Geschichte, etwa Irland oder Spanien. Ein neuerer Fall aus der Coronakrise ist Kolumbien, das in den Rentenfonds greifen will, um Banken und Konzerne zu stützen. Derartiger Missbrauch und Zweckentfremdung müssten natürlich durch Kontrollmechanismen ausgeschlossen werden. Bei dem Konzept der Deutschlandrente war eine Verwaltung durch die Deutsche Rentenversicherung im Gespräch. Für einen Zukunftsfonds wurde eine Ansiedlung bei der KfW diskutiert. Und ifo-Präsident Fuest schlug zur Absicherung eines Bürger- oder Staatsfonds vor, dass dieser von der Bundesbank verwaltet würde und dass jeder Bürger ein individuelles Konto erhielte.

Beim Szenario eines Staatseinstiegs zur Unterstützung von Unternehmen wurde viel darüber gestritten, ob der Staat dadurch nicht zu viel Mitsprache erhält und dies die Wettbewerbsfähigkeit einschränkt. Ob ein Staatseinstieg nicht ein Schritt Richtung Sozialismus und staatlicher Planwirtschaft sei und dies einem Systemwechsel gleichkäme, einer Abkehr von der Marktwirtschaft. Auch diesem Argument ließe sich mit der Kontrolle durch eine staatsferne Organisation entgegentreten.

Ein Staatsfonds ist sicherlich kein alleiniges Allheilmittel gegen die demografische Krise. Auch da könnte der Alterungsprozess zum Problem werden, weil wie bei der umlagefinanzierten Altersvorsorge immer weniger Erwerbstätige die Kapitalerträge der wachsenden Schar der Rentner erwirtschaften müssten. Doch können diese Staatsfonds auch im Ausland Gelder anlegen, wo durchaus höhere Erträge möglich sind und die Erwerbstätigenzahl noch steigt. Unser herkömmliches Rentensystem um eine kapitalgedeckte Komponente zu erweitern, kann daher nicht schaden – bietet aber große Chancen auf Wohlstandsgewinne. Ein Staatsfonds hätte schließlich auch noch den charmanten Nebeneffekt, dass er die Aktienkultur in Deutschland fördern würde.

Neben diesen direkten Veränderungen bei der Ausgestaltung des Rentensystems gibt es weitere Hebel: Ein Ansatz wäre, mehr Frauen auf den Arbeitsmarkt zu bringen. Dazu müssten Familie und Beruf besser miteinander vereinbar sein, also Kinderbetreuungsangebote ausgeweitet und Arbeitszeiten flexibler werden. Unternehmen könnten ihre Chancen auf gute Arbeitskräfte durch bessere Arbeitsbedingungen erhöhen, zum Beispiel durch das Angebot von Homeoffice.

Auch durch Zuwanderung lässt sich der Fachkräftemangel abmildern und somit auch langfristig die Rentenkasse entlasten – und zwar am besten durch junge qualifizierte Zuwanderung. Eigentlich soll das neue Fachkräfteeinwanderungsgesetz Abhilfe schaffen, das die Einwanderung von außerhalb der EU ermöglicht. Nur: Um wirklich Entlastung zu schaffen und den Fachkräftebedarf zu decken, müssten bis 2060 jedes Jahr netto 260 000 Menschen nach Deutschland kommen, hat das IAB-Forschungsinstitut der Bundesagentur für Arbeit ermittelt. Anfang der 2030er-Jahre dürften bereits sechs Millionen Menschen im erwerbsfähigen Alter fehlen, schätzt Arbeitgeberpräsident Ingo Kramer. Die Bundesregierung rechnet vorsichtig mit einer Zuwanderung von rund 25 000 Menschen im Jahr durch das neue Gesetz.

Das reicht nicht. Vor allem bei Zuwanderern von außerhalb der Europäischen Union gibt es noch Probleme bei der Anerkennung von Berufsabschlüssen. Gerade Flüchtlinge sind nicht so schnell in den Arbeitsmarkt zu integrieren, da die Asylverfahren zu lang dauern und sie bis zur Anerkennung nicht arbeiten dürfen. Es fehlt ein sinnvolles, durchdachtes Konzept seitens der Politik, wie Zuwanderung im erforderlichen Maße gelingen kann. Außerdem wird nicht für die schnelle Integration gesorgt, weder beruflich noch kulturell. Und auch für die Kinder von Einwanderern wird nicht genug getan. Die politische Destabilisierung ist dadurch quasi programmiert.

Wir brauchen aber viele junge – kreative und intelligente – Köpfe ganz unbedingt, um wirtschaftlich im Spitzenfeld zu bleiben, um produktiver zu werden. Und auch um die Wirtschaft nach der coronabedingten Rezession wieder auf Wachstumskurs zu bringen.

Mehr Aktien für alle – Vom Mitarbeiter zum Miteigentümer

Was können wir in Zukunft besser machen, wenn es um die Mehrung von Wohlstand in einer veränderten Welt geht? Es kann schlau sein, sich auf Dinge zu besinnen, die in anderen Zeiten mit großen Krisen funktioniert und sich im Laufe der Jahre bewährt haben. Deshalb lohnt es sich, ein Mittel anzusehen, das manchen vielleicht etwas altbacken daherkommt: die Beteiligung der Mitarbeiter*innen an einem Unternehmen zum Beispiel über Aktien oder Aktienoptionen. Gewiss keine neue Idee, aber eine durchaus wirksame, denn durch

Mitarbeiter*innen-Beteiligungen kann viel mehr erreicht werden als durch Vermögensbildung oder zusätzliche Absicherung im Alter. Die Deutschen sind nicht gerade Fans von Mitarbeiteraktien, nur rund eine Million Belegschaftsaktionäre gab es 2019 laut Deutschem Aktien-Institut (DAI). Und nur etwa ein Drittel der börsennotierten Unternehmen in Deutschland boten ihren Mitarbeiter*innen Aktien an und machten sie auf diesem Wege zu Anteilseigner*innen des eigenen Arbeitgebers. Im Rest Europas oder auch in Nordamerika sind es zwei Drittel und mehr. Bei uns sind es hauptsächlich Konzerne aus der ersten Reihe, also der 30 im Deutschen Aktienindex notierten Unternehmen, die ihrer Belegschaft diese Möglichkeit geben.

Auch Start-up-Unternehmen setzen durchaus auf eine Kapitalbeteiligung der Mitarbeiter, weil sie mit diesem zusätzlichen Anreiz, an dem Aufstieg der Firma beteiligt zu sein, leichter gute Arbeitskräfte anlocken. Aber generell sind Mitarbeiteraktien bei kleinen Firmen kaum vertreten, gerade einmal zwei Prozent nutzen sie als Form der Mitarbeiterentlohnung und -bindung. Besonders in der Phase nach der Coronakrise mit der enormen staatlichen Verschuldung auf Generationen wären sie ein probates Mittel, einer weiter wachsenden Rentenlücke zu begegnen, die auf viele zukommen wird, weil zusätzlich der demografische Wandel die staatlichen Ruhestandsgelder schwächt.

Der Ökonom Dr. Hans-Jörg Naumer von Allianz Global Investors sieht darin eine sinnvolle und wichtige Chance, die Sparfähigkeit der Menschen insgesamt zu fördern, sollte die Altersvorsorge stärker auf Kapiteldeckung umgestellt werden. Weniger Beiträge für die gesetzliche Rente – mehr Beiträge für den privaten Kapitalaufbau, heißt die einfache

Rechnung aus seiner Sicht. Insgesamt brauchen wir eine Aktienkultur. Die Mitarbeiterkapitalbeteiligung wäre ein Einstieg dazu.

Das Instrument Mitarbeiter*innen-Beteiligung stärkt auch den Zusammenhalt in einem Unternehmen über die Arbeit hinaus, es hat einen gesellschaftlichen Mehrwert, indem es die Möglichkeit bietet, am Wachstum teilzuhaben. Wer nicht nur Arbeitnehmer*in, sondern auch Eigentümer*in eines Unternehmens ist, identifiziert sich in viel stärkerem Sinn mit dem »eigenen« Unternehmen. Aktionär*in zu sein bedeutet ja nicht nur, Anteile zu haben, sondern auch Gewinne durch Dividenden-Zahlungen zu erhalten und die Chance sowie Verantwortung wahrzunehmen, auf der jährlichen Hauptversammlung des eigenen Unternehmens zu sprechen.

Das DAI hat 2018 errechnet, wie Mitarbeiteraktien abschneiden. Bezogen auf die 30 im DAX gelisteten Unternehmen, bringen sie nach Berechnungen von Daten bis 2017 bereits im ersten Jahr eine Rendite von 9,9 Prozent, bei zehn Jahren liegt sie im Jahresschnitt bei 9,2 Prozent und bei 20 Jahren bei 7,5 Prozent. Geben Mitarbeiter*innen pro Jahr 1200 Euro für den Kauf von Aktien des eigenen Unternehmens aus, liegt der Gewinn nach zehn Jahren bei 8272 Euro, nach 20 Jahren bei 31 971 Euro. Bei 80 Prozent der Unternehmen kommen die Beschäftigten nach zehn Jahren auf eine Rendite von mindestens 50 Prozent. Nur in fünf Prozent der Fälle müssen sie einen Verlust hinnehmen.

Dieses Bild wird sich durch die tiefen Einschnitte bei den Unternehmen und der deutschen Wirtschaft durch Corona sicherlich verändert haben. Wie bei anderen Aktionär*innen haben die Verluste durch den Virus tiefe Furchen in den Depots hinterlassen. Wer durch Kurzarbeit deutliche Einbußen bei Lohn oder Gehalt erlitten hat oder dessen Arbeitsplatz in Gefahr ist, der ist natürlich doppelt getroffen. Daher auch der Ratschlag, den Anteil von Mitarbeiteraktien nicht zu hoch zu wählen – und zusätzlich andere Aktien, Fonds oder ETFs zu kaufen.

Doch es besteht auch die Chance, dass viele Unternehmen diese Krise meistern und wieder erfolgreich sein werden. Deutschlands Wirtschaft und Unternehmen sind stark und in der Lage, Herausforderungen anzunehmen und zu meistern. Zudem sind Aktien vor allem eine Anlage für längere Zeiträume. Es gibt kaum einen Zehnjahres-Zeitraum, in dem die Renditen nicht positiv waren. Wie das DAI ermittelt hat, machte man bei einer Investition in den DAX ab einer Anlagedauer von 13 Jahren immer ein Plus. Auch wenn die Coronakrise mit keiner einzigen vorherigen vergleichbar ist, so sollte die Chance, am Wiederaufstieg teilzuhaben, genutzt werden.

In der Krise zeigt sich, was man mit dem Einsatz der richtigen Instrumente alles bewirken kann. Das gilt für den Staat, seine Wirtschaft und seine Gesellschaft. Auch an dieser Stelle zeigt sich, welchen Wert Mitarbeiter*innen-Beteiligung hat. Denn Arbeitgeber und Arbeitnehmer sind in der Krise nicht nur durch das Band eines Arbeitsverhältnisses miteinander verbunden, sondern auch durch eine Geschäftsbeziehung durch Mitarbeiter*innen-Aktien. Diese doppelte Beziehung hält zusammen, selbst in Krisenzeiten bleibt man einander verbunden. Und diese Geschäftsbeziehung hält die Mitarbeiter*innen auch weiter an Bord, wenn die Krise überwunden ist.

Aber das Instrument Mitarbeiter*innen-Beteiligung hat noch auf einer anderen, höheren Ebene einen Nutzen, der nicht unterschätzt werden sollte. Gerade nach der Coronakrise nicht: das gesellschaftliche Interesse, bei der Entwicklung der deutschen Unternehmen eine Mitsprachemöglichkeit zu bekommen.

In der Vergangenheit hat sich gezeigt, dass vor allem ausländische Investoren Anteile an deutschen Unternehmen halten und dementsprechend von der Leistungsfähigkeit profitiert haben, während die Deutschen nur wenig von Aktien hatten. Schon jetzt ist die Aktionärsstruktur zum Beispiel beim Auto-Hersteller Daimler mit Großaktionären, sogenannten Ankeraktionären, als bemerkenswert anzusehen. Der chinesische Investor Li Shufu hält über die Firma Tenaciou3 Prospect Investment Limited (seit 2018) den größten Aktienanteil von 9,7 Prozent an Daimler. Im Juli 2019 hat sich die BAIC Group mit 5 Prozent der Stimmrechte an Daimler beteiligt, ebenfalls aus China. Daneben zählen der Staatsfonds von Kuwait zu den größten Aktionären mit 6,8 Prozent sowie Renault-Nissan mit 3,1 Prozent.

Je mehr Aktionär*innen aus der Belegschaft stammen, umso geringer wird der Einfluss von außen. Die Belegschaft kann für ein Unternehmen wie im Falle Daimler im Laufe der Zeit die Funktion eines Ankeraktionärs übernehmen, bei dem es ab einer gewissen Größe nicht mehr möglich ist, ihn zu überstimmen.

Das Unternehmen profitiert in mehrfacher Hinsicht: Durch Beteiligung der Mitarbeiter*innen stärkt es seine eigene Kapitalbasis, hält die stark umworbenen Fachkräfte im Unternehmen und hat durch ein attraktives Zusatzangebot zudem die Möglichkeit, neue Fachkräfte zu gewinnen und somit seine Zukunftsfähigkeit zu sichern. Die Mitarbeiter*innen erlangen echte Teilhabe am Unternehmen, erhalten bei Erfolg Renditen und bauen eine weitere Säule Ihrer Altersvorsorge auf. Der Staat sollte die Mitarbeiter*innen-Beteiligung durch höhere Freibeträge fördern.

Mitarbeiter am Unternehmen zu beteiligen, ist längst nicht nur über das Eigenkapital möglich. Es gibt Beteiligungen über das Fremdkapital. Das Mitarbeiterdarlehen ist eine relativ einfache Form. Ein Darlehen an den Arbeitgeber, dessen Zins oftmals deutlich über Marktkonditionen liegt, das viele Unternehmen dazu nutzen, ihre Belegschaft an sich zu binden, weil es eine Wertschätzung ihr gegenüber vermittelt. Auch Genossenschaften beteiligen ihre Mitarbeiter am Stammkapital. Das muss die Satzung der Genossenschaft allerdings zulassen. Mitarbeiter*innen erwerben Anteile, die wieder zurückgegeben werden können und bis dahin Zinsen bringen. Darüber hinaus spricht für die Genossenschaftsbeteiligung auch der solidarische Gedanke, da jeder Genosse unabhängig von der Höhe seiner Einlage über gleiches Stimmrecht verfügt.

Auch in anderen Rechtsformen ist die Beteiligung sinnvoll, mit Einschränkung bei Personengesellschaften: Sie sind steuerlich nachteilig. Ansonsten kann das breite Feld von Möglichkeiten der Beteiligung von Mitarbeiter*innen als immaterielles Asset bezeichnet werden. Ein wichtiger Baustein, damit die deutsche Wirtschaft wieder auf Wachstumskurs kommt.

Ohne Wachstum geht es nicht

Natürlich ist die Frage angebracht: Muss die Wirtschaft eigentlich immer wachsen? Reicht es nicht, wenn sie zum Beispiel stagniert? Zumal Deutschland ja schrumpft, unsere

Bevölkerung wird immer kleiner, weil die Geburtenrate mit 1,5 Kindern pro Frau niedrig ist. Um die Einwohnerzahl konstant zu halten, müssten es zwei sein. Was wäre also so schlimm, wenn es kein Wirtschaftswachstum gäbe? Es geht uns doch einigermaßen gut.

Unsere Wirtschaft muss zwar nicht so exorbitant wachsen wie etwa in China. Aber wir brauchen doch ein Mindestmaß an Wachstum für unsere Weiterentwicklung und für die Stabilität – so wie auch Fahrradfahren nur mit einem Mindestmaß an Geschwindigkeit funktioniert. Das brauchen wir, um im Gleichgewicht zu bleiben. Je langsamer wir Rad fahren, desto stärker schwanken wir und drohen irgendwann zu fallen. Der alternden Gesellschaft geht wie einem alternden Radfahrer die Kraft aus: Er braucht Unterstützung von Jüngeren, und inmitten der demografischen Verschiebungen müssen immer weniger Junge immer mehr Alte stützen. Woher die Kraft nehmen?

Die Alternative wäre: auf Wohlstand verzichten. Doch zur Realität gehört, dass Menschen ständig neue Bedürfnisse haben – sicherlich teils von der Wirtschaft getriggerte und produzierte Bedürfnisse, aber auch durch die stete Veränderung der Lebensumstände.

Wohlstandsverzicht zu verlangen, wäre zudem zynisch: Denn gerade von den unteren Einkommensschichten kann man ein Streben nach weniger Wohlstand wohl kaum verlangen. Eben sowenig von Entwicklungsländern.

Obendrein braucht auch unser Wirtschaftssystem an sich Wachstum, um im Gleichgewicht zu sein. Das liegt am Geldsystem, besser gesagt: an der Erfindung des Zinses. Wenn Geld verzinst wird, muss die Geldmenge regelmäßig steigen, zumindest um den jährlichen Zins. Und wenn die Geldmenge steigt, muss auch die Produktmenge steigen, sonst würde Geld immer knapper – und es käme zu Inflation.

Wir brauchen also Wachstum, um unser Wirtschaftssystem am Laufen zu halten. Da kommt die Politik ins Spiel. Sie muss für die nötige Kraft sorgen, obwohl die Erwerbsbevölkerung kleiner wird. Doch wie soll das aussehen? Sie muss mit allerlei Vitaminspritzen und Fitnesstraining die Gesellschaft und die Wirtschaft stärken. Die arbeitende Bevölkerung muss produktiver gemacht werden, das heißt, sie muss lernen, ihre Kräfte effizienter einzusetzen. Zugleich muss die schnell alternde Gesellschaft besser versorgt werden. Das heißt: Der Staat muss in unser Gesundheitssystem investieren, in Krankenhäuser wie Pflegeeinrichtungen. Er muss das Gesundheitssystem effizienter machen. Wobei Effizienz nicht heißen darf: kranksparen. Die Privatisierungswelle im Gesundheits- und Pflegesektor, die mit Einsparungen einherging, hat diese Bereiche geschwächt. Wir brauchen stattdessen mehr Ärzte und Pfleger. Es bedurfte nicht erst eines Coronavirus, um das zu sehen. Aber der Coronavirus hat den Finger in die Wunde gelegt.

Das Gesundheitssystem muss neu strukturiert werden, es muss größere Abwehrkräfte entwickeln, damit es von künftigen Pandemien nicht mehr aus der Bahn geworfen wird. Das ist umso wichtiger, da die alternde Gesellschaft anfälliger für Pandemien ist – medizinisch wie wirtschaftlich. Und da das Risiko von Pandemien wächst, wie Virologen warnen. Der demografische Wandel scheine Krisen, die durch globale Infektionen ausgelöst werden, wahrscheinlicher zu machen, sagt auch der Vermögensverwalter Jens Ehrhardt.

Um die Wirtschaft produktiver zu machen, muss die Politik zugleich die Unternehmen wie auch die schrumpfende arbeitende Bevölkerung stärken. Übertragen auf das Fahrrad: Es braucht mehr Gänge. Oder im Wirtschaftsjargon: Wir müssen die Arbeitsproduktivität erhöhen. Nicht im Sinne eines »Höher, Schneller, Weiter«, bis der Burn-out unvermeidlich ist. Sondern im Sinne eines nachhaltigen Wachstums. Ein langsames, stetiges Wachstum reicht völlig aus. Die Arbeit jedes Einzelnen muss also mehr Ausstoß bringen, entweder durch mehr Produkte oder besser: durch höherwertige Produkte.

Trends wie die Digitalisierung und die Robotik helfen, die Herausforderungen zu meistern, die der demografische Wandel mit sich bringt. Was als unangenehmer Nebeneffekt des Automatisierungsprozesses vielfach diskutiert wurde – dass nämlich dadurch Arbeitsplätze verloren gehen –, kann der schrumpfenden Erwerbsbevölkerung nur recht sein. Unternehmen tun also gut daran, die Digitalisierung voranzutreiben, eine Fabrik etwa in eine digitale Fabrik zu verwandeln. Die Politik sollte diesen Prozess stimulierend begleiten durch Investitionsprogramme oder Steuersenkungen, die EZB durch Kreditprogramme oder den Aufkauf von Unternehmensanleihen.

Schon jetzt treten wir bei der Produktivität auf der Stelle, wie der Sachverständigenrat zur Begutachtung der gesamtwirtschaftlichen Entwicklung, die sogenannten »Wirtschaftsweisen«, in einem Gutachten im November 2019 feststellten: »In vielen fortgeschrittenen Volkswirtschaften hat sich das Produktivitätswachstum verlangsamt. Deutschland ist dabei keine Ausnahme. Aktuell stagniert die gesamtwirtschaftliche Produktivität hierzulande sogar.« Eine Gefahr für unser bisher Erreichtes. »Die Produktivität ist langfristig der entscheidende Faktor für materiellen Wohlstand«, so die

Wirtschaftsweisen. Ein möglicher Faktor, warum die Produktivitätsentwicklung schon jetzt so schwach ist: die jahrelange Niedrigzins-Politik der EZB. Denn dank billiger Kredite können sich Firmen am Markt halten, die ansonsten keine Chance im Wettbewerb hätten. Die Zombie-Firmen also. Wir brauchen stattdessen innovative, hochkreative Firmen. Um die Arbeitsproduktivität zu erhöhen, braucht es also Innovationskraft – doch die lässt nach, wenn die Bevölkerung immer älter wird.

Junge Menschen sind tendenziell risikofreudiger, kreativer und innovativer. Sie sind beispielsweise eher bereit, sich selbstständig zu machen oder durch Investitionen Risiken einzugehen. Wenn dem Arbeitsmarkt weniger von diesen jungen, hellen und risikofreudigen Köpfen zur Verfügung stehen, geht das zulasten der Innovationskraft einer Volkswirtschaft. Das wiederum beeinträchtigt die Arbeitsproduktivität, und in der Folge geht die Investitionsbereitschaft der Unternehmen zurück. Fatal für das Produkt- und Dienstleistungsangebot des Wirtschaftsstandortes Deutschland.

Große Basisinnovationen, die eine grundlegende, gesellschaftlich verändernde technische Neuerung mit sich bringen, können lange neue Wachstumswellen bewirken, stellte einst der russische Ökonom Nikolai Kondratieff fest. Fünf solcher nach ihm benannter Kondratieff-Zyklen gab es bereits, ausgelöst durch die Erfindung der Dampfmaschine, der Eisenbahn, der Elektrizität, des Automobils oder der IT. Diese Zyklen – mit Auf- und Abschwungphase – haben eine Dauer von rund 50 Jahren. Nun, da sich der etwa 1970 begonnene IT-Zyklus definitionsgemäß dem Ende nähert, wird gerätselt, welche neue Basisinnovation die nächste Wachstumswelle anschiebt. Viele Experten halten die Energiewende für den neuen Treiber. Umwelttechnologien könnten für die deutsche Wirtschaft eine größere Bedeutung erlangen als die Automobilindustrie, prophezeite Allianz Global Investors schon vor einigen Jahren. Zum Beispiel könnten Nano- und Biotechnologie helfen, unsere endlichen Ressourcen oder Energie effizienter zu nutzen, für die Energiespeicherung bedarf es des Aufbaus eines intelligenten Stromnetzes, sogenannter Smart Grids – die wiederum auch Umwelttechnologien schlauer machen können. Vielleicht liegt die größere treibende Kraft auch in der künstlichen Intelligenz. Oder der Gesundheitssektor wird inmitten des demografischen Wandels ein bedeutender Wachstumsmotor.

Jedenfalls wäre es wichtig, die Kreativität junger Leute anzuzapfen, um den Fortschritt voranzutreiben. Ein sinnvolles Aufbaupräparat der Politik wäre, Existenzgründern und Start-ups den Start zu erleichtern, den Gründergeist zu fördern, mehr Wagniskapital anzulocken. In den Bildungsbereich zu investieren, mehr Lehrer und Dozenten an Schulen und Universitäten zu bringen. Um in deutlich kleineren Unterrichtsgruppen das Lernen zu erleichtern, Kreativität und intrinsische Motivation durch mehr Projektarbeit zu fördern. Wir brauchen eine Lernkultur der Zukunft, fordert die Initiative »Schule im Aufbruch«, zu der auch der profilierte Hirnforscher und Schulkritiker Gerald Hüther gehört. Doch für einen so grundlegenden Wandel reicht es wahrscheinlich nicht. Weil die Notwendigkeit (noch) nicht gesellschaftlicher Konsens ist, sitzt das Geld dafür nicht eben locker in der Tasche.

Dabei ließe sich gerade dadurch kreatives Denken fördern und die Motivation der als so gleichgültig beschriebenen *Digital Natives* steigern.

Zudem müssen die Ausgaben für Digitalisierung und Automatisierung dringend gesteigert werden, wie das österreichische Wirtschaftsforschungsinstitut (WIFO) anmahnt. »Verharren die Investitionen auf dem Niveau der Vergangenheit, sind hiervon langfristig keine positiven Effekte auf die Folgen des demografischen Wandels zu erwarten«, sagt WIFO-Forscher Thomas Url. Deutschland brauche eine flächendeckende und moderne digitale Infrastruktur.

Damit Wachstum möglich ist, brauchen Wirtschaft wie Gesellschaft aber auch vertrauensbildende Maßnahmen. Unternehmen müssen an Wachstum glauben, um zu investieren. Und Konsumenten brauchen den Glauben an Aufschwung, um zu konsumieren, statt für schlechte Zeiten zu sparen.

Auch in puncto Konsum ist der demografische Alterungsprozess ein Riesenproblem für die Wirtschaft. Weil die Erwerbstätigenzahlen sinken, dürfte auch das erwirtschaftete Einkommen tendenziell sinken, womit weniger Geld für den Konsum zur Verfügung stünde. Das wird zumindest teilweise kompensiert durch die Rentner, die zu Beginn des Ruhestands auf ihre Ersparnisse zurückgreifen und tendenziell mehr konsumieren. Ausgleich sollte auch – so ist zu hoffen – zumindest zum Teil die höhere Arbeitsproduktivität bringen. Auf die Jüngeren kann man nicht zählen, weil sie in diesem Alter eher in der Ansparphase sind. Sie legen einen Teil ihres Einkommens fürs Alter zur Seite. All das bedeutet: Die Nachfrageseite wird schwächer. Die deutsche Wirtschaft hatte eine Lösung für dieses Problem: den Export. Sie hat ihren Absatzmarkt stetig vergrößert, indem sie Waren und Dienstleistungen in immer mehr Ländern anbot.

Wenn nun als eine Lehre aus der Coronakrise die Deglobalisierung diskutiert wird, muss man dabei auch die Konsumseite bedenken. Unsere Exportwirtschaft wird aus den beschriebenen demografischen Gründen auf den Export nicht verzichten können, sie braucht den Aufschwung der Schwellenländer, in denen die Ansprüche der Menschen an einen höheren Lebensstandard steigen. Die Erhaltung unseres Wohlstands hängt zu einem großen Teil davon ab. Eine Bedingung ist aber, dass diese Länder sich weiterentwickeln, dass sie sich weiterentwickeln können. Den schwachen Ländern – den Nachbarn im Euroraum wie denen außerhalb – müssen wir also auch aus Eigeninteresse helfen. Solidarität hilft uns allen.

Die Grenzen des Wachstums

Viele Schwellenländer befinden sich in einer ganz anderen demografischen Phase. Ihre Bevölkerung wächst, sie kämpfen sogar mit einem rapiden Wachstum wie zum Beispiel viele afrikanische Staaten. Diese Länder sorgen sich eher darum, wie sie für die vielen Menschen Arbeitsplätze schaffen können, wie sie all die Menschen ernähren können. Die Bevölkerungsexplosion geht oft mit einer verstärkten Migration innerhalb eines Landes einher – vom Land in die Stadt – oder zwischen den Schwellen- und Entwicklungsländern. Die zunehmende Verstädterung und die Bildung von Mega-Cities, wie sie bereits in Asien und Lateinamerika entstanden sind, bringt zwar einerseits einen enormen wirtschaftlichen Fortschritt mit sich. Doch zugleich birgt sie enorme Probleme durch immer mehr Elendsviertel. Die Bevölkerung lebt dort in menschenunwürdigen Verhältnissen ohne Kanalisation und Wasserversorgung, für ausreichende Ernährung kann auf diesem engen Raum nicht gesorgt werden, es gibt keine städtische Verwaltung, die Kriminalität steigt, die Kluft zwischen armen und reichen bis mittleren Schichten wächst. In diesem Umfeld werden Pandemien zerstörerisch wüten.

Die Bevölkerungsexplosion ist nicht nur ein Problem einzelner Staaten, es ist ein globales Problem. Zwar wächst die Menschheit nicht mehr ganz so dynamisch wie noch in den 1990er-Jahren. Aber es reicht, um sich ernsthaft zu sorgen über die weltweite Ressourcen- und Nahrungsverknappung. Die Erde muss bereits 7,75 Milliarden Menschen ernähren, Jahr für Jahr kommen 78 Millionen hinzu. Mitte dieses Jahrhunderts dürften es bereits neun bis zehn Milliarden Erdbewohner sein. Was die Knappheitsfrage verschlimmert: Gerade die Ansprüche der Menschen in den schnell wachsenden Schwellenländern steigen. Sie wollen mehr Fleisch statt Gemüse, verbrauchen damit mehr Nahrung, Wasser und Energie. Das Knappheitsproblem, die Endlichkeit unserer Ressourcen, zwingt uns zu einem nachhaltigeren, intelligenteren Wirtschaften. Innovationen können dabei helfen. Konjunkturpakete müssen ebenso intelligent geschnürt werden.

Wie wird Deutschland zukunftsfähig?

Angesichts der aktuellen Lage mag es abwegig sein, über die Zukunftsfähigkeit Deutschlands zu sinnieren. Oder gar eine Vision für Deutschland zu entwerfen. Im Moment geht es für Menschen und manche Branchen in vielen Teilen der Welt nur ums nackte Überleben. Und das bleibt auch so, solange der Coronavirus weiter in allen Teilen der Welt grassiert und es weder Impfstoff noch Medikamente dagegen gibt.

Eine Vision für die Nach-Corona-Zeit

Die Politik muss aus psychologischen Gründen den Menschen eine Perspektive geben. So wie es eines Fahrplans für den Weg der Lockerung bedarf, so sind jetzt Ideen für die Nach-Corona-Zeit wichtig: Wie geht es weiter für Deutschland, für die deutsche Wirtschaft? Wir müssen jetzt bereits überlegen, wie wir den Patienten hinterher wieder fit machen wollen. Wir brauchen eine Vision, wie Deutschland wieder zukunftsfähig wird.

Die Wirtschaft wird nach Corona eine andere sein. Es werden Unternehmen fehlen, die auf der Strecke geblieben sind. Viele kleine, die es nicht geschafft haben oder von Großen aufgekauft sind. Auch von den Großen wird der eine oder andere nicht mehr dabei sein. Erste prominente Opfer gab es schon, die Restaurantketten Vapiano und Maredo sowie das Modeunternehmen Hallhuber haben bereits Insolvenz angemeldet. Laut der Mittelstandsberatung Munich Strategy ist der Mittelstand durch den Virus besonders hart getroffen. 45 Prozent der mittelgroßen Firmen in Deutschland sind demnach existenzbedroht. Dem Mittelstand stehe eine epochale Neuordnung bevor, die mit der umfassendsten Marktbereinigung seit der Weltwirtschaftskrise 1929 einhergehe. Das alles gilt es zwar mit staatlichen Finanzspritzen zu verhindern, aber trotzdem werden viele nicht durchhalten. Es wird danach nicht nur darum gehen, die alte Wirtschaftskraft wiederherzustellen, um auf das alte Niveau des Bruttoinlandsprodukts zu kommen. Tatsächlich braucht es Pläne, wie man sich widerstandsfähiger aufstellen kann. Unternehmen werden ihre Konzepte ebenso wie ihre Lieferketten infrage stellen, grundlegende Vorgaben an Profitmaximierung und Risikoeinschätzung neu überdenken.

Wir werden nach Corona unsere Welt völlig neu gestalten müssen. Dafür brauchen wir eine Vision für Deutschland und auch für ganz Europa. Hierzu ist viel Geld nötig, für Deutschland und für Europa. Ein weit größeres Rettungspaket als die mehr als 1,2 Billionen Euro der Bundesregierung, ein größeres auch als das 540 Milliarden Euro schwere Rettungspaket der EU. Es wird egal sein, ob die Finanzmisere über Eurobonds gelöst wird oder über einen gemeinsamen europäischen Fonds, wie den von der EU-Kommission angestoßenen Marshallplan über vielleicht 1,5 Billionen Euro. Das EU-Parlament legte die Latte zur Coronakrisen-Bewältigung sogar auf 2 Billionen, über die Schaffung eines »Aufbau- und Transformationsfonds«.

Das Wie ist nebensächlich. Hauptsache, es geschieht. Und: Es muss viel, viel Geld sein, und die europäischen Staaten müssen das gemeinsam stemmen. »Wer einen Exitplan nur mit Blick auf Deutschland entwirft, hat die Dimension der Krise nicht verstanden«, sagt der Präsident des Kieler Instituts für Weltwirtschaft (IfW), Gabriel Felbermayr. Es sei im ureigenen Interesse Deutschlands und seiner Industrie, Italien, Spanien und womöglich auch osteuropäischen Ländern finanziell beizustehen – nicht nur mit Krediten, sondern auch mit Transfers.

Eine Rettung Deutschlands muss alle europäischen Länder mit einschließen. Eine Vision für Deutschland muss auch die europäische Vision mit enthalten. Und die Vision muss sogar noch weiter gefasst sein: Sie muss weltumfassend sein. Wenn Entwicklungsländer durch den Coronavirus kollabieren, und danach sieht es aus, wenn es dort zur humanitären und wirtschaftlichen Katastrophe kommt, wird sich die Flüchtlingskrise verschärfen. Die 50 oder 100 Milliarden Dollar, die IWF und Weltbank bereitstellen, reichen nicht aus. Derzeit drängt China in das solidarische Vakuum, die Volksrepublik ist schon seit Längerem einer der größten globalen Kreditgeber vor allem für arme Staaten. Im weltweiten Kampf gegen Covid-19 spielt das Land eine Vorreiterrolle, hat bis Mitte April für 150 Länder medizinische Ausrüstung oder Hilfsgüter gespendet. Wir müssen auch aktiv sein.

Wie könnte also unsere Welt von morgen aussehen? Zukunftsforscher haben ganz unterschiedliche Visionen. Matthias Horx erwartet eine völlige Umkehr der Gesellschaft, wie er in seinem Buch *Die Zukunft nach Corona* schreibt. Der Virus sei eine Tiefenkrise, durch die die Zukunft ihre Richtung ändert. In der kommenden Welt werde Distanz wieder geschätzt. Und sie werde wichtige Erkenntnisse gewinnen: dass die menschliche Zivilisation zu dicht, zu schnell, zu überhitzt geworden ist. »Sie rast zu sehr in eine bestimmte Richtung, in der es keine Zukunft gibt.« Horx erwartet einen Erkenntnisprozess: dass wir nachhaltiger und bewusster leben werden. Dass wir erkennen, wie heilsam Verzicht üben sein kann. Ähnlich sieht es der slowenische Philosoph und Kulturkritiker Slavoj Žižek: »Wir werden durch Corona unsere gesamte Einstellung gegenüber dem Leben anpassen – im Sinne unserer Existenz als Lebewesen inmitten anderer Lebensformen.«

Aber auch das Gegenteil ist denkbar. Die österreichische Philosophin Lisz Hirn glaubt: »Wir werden nicht langsamer, sondern noch schneller leben.« Es werde eher zu einer größeren Beschleunigung kommen, um schnellstmöglich wieder zum Leben vor der Krise zurückzukommen. Selbst wenn wir das langsamere Leben in Coronazeiten schätzen lernten, weil es mehr Lebensqualität biete, werde dieser Lifestyle nicht überdauern. Weil ein sinnerfülltes Leben zwar mehr Zeit braucht, unser früheres Leben aber sehr schnelle Bedürfnisbefriedigung ermöglicht, glaubt Hirn.

Gewissheit werden wir erst in einigen Jahren erlangen. So wie wir auch dann erst werden abschätzen können, wie stark sich die Unsicherheit durch den Coronavirus in unsere Gesellschaft hineinfrisst, wie sehr das Sicherheitsdenken unsere Welt bestimmen wird.

Das von Matthias Horx gegründete Zukunftsinstitut, ein Thinktank der Trend- & Zukunftsforschung, hat verschiedene Szenarien durchgespielt, wie unsere Gesellschaft nach der Pandemie aussehen könnte. Szenario 1 wäre: Der *Shutdown* wird Normalität und *Safety First* eine Art Dauerzustand. Dabei würde die Kontrolle der Gesundheitsdaten am Anfang eines jeden sozialen Kontakts stehen. Großveranstaltungen würden gemieden, Kontakte mehrheitlich in den virtuellen Raum verlegt. Für Reisen ins Ausland wären Genehmigungen nötig. Handelsabkommen von Staaten würden zurückgefahren, so weit, dass nur noch die Grundversorgung gewährleistet wäre.

Bei einem zweiten Szenario würde die Welt ebenfalls in einer Art Krisenmodus feststecken, sie wäre von Angst, Verunsicherung und Nervosität geprägt. Es würde zusätzlich aber noch ein extremes Misstrauen gegenüber anderen Nationen hinzukommen. Jede Nation würde ihre Krise für sich allein regeln, internationale Zusammenarbeit zur Farce verkommen. Jedes Wiederaufflammen des Virus hätte Grenzschließungen zur Folge. Beide Szenarien sind geprägt von einem sehr pessimistischen Denken.

Das Zukunftsinstitut hält aber auch zwei optimistischere Entwicklungen für denkbar, die von positivem Denken begleitet werden. In beiden sind Nachhaltigkeit und Wir-Kultur wichtige Werte. In Szenario drei wird Wir-Kultur lokal – und nicht global – gedacht. Es gibt starke Rückzugstendenzen. Das Misstrauen gegenüber bestimmten Herkunftsländern führt dazu, dass sich die globalisierte Gesellschaft zurück zu lokalen Strukturen bewegt. Die Menschen legen mehr Wert auf regionale Erzeugnisse. »Die Kartoffel vom Bauern nebenan ist die neue Avocado«, so beschreibt es das Zukunftsinstitut. Die Zeit mit der Familie und in kleinen Gemeinschaften werden dem Aufenthalt im Szenelokal vorgezogen. Arbeitskulturen würden sich dauerhaft verändern, Apps im Voraus das Ansteckungsrisiko bei Geschäftsmeetings berechnen. Urlaub in der Ferne würde etwas Besonderes, das sorgfältig geplant werden muss. Stattdessen würden umliegende Regionen oder Nachbarländer bevorzugt. Statt öffentlicher Verkehrsmittel würde das Fahrrad genutzt.

Denkbar ist aus Sicht der Zukunftsforscher aber auch ein viertes Szenario, das eine Heilung beinhaltet. Wie die Horx'sche Vision: Die Welt geht gestärkt aus der Krise hervor. Der Coronavirus stößt eine Art Selbstreinigung an, durch kollektive Reflexion. Jetzt schon beobachtbare gesellschaftliche Trends würden aus der Nische in den Mainstream katapultiert. Trends, die zu einem Leben im Gleichgewicht führen: eine Balance zwischen online und offline, zwischen lokalem und globalem Handel. Ein Leben mit umfassendem Gesundheitsverständnis, in einem gesünderen Wirtschaftssystem. Wobei Gesundheit bedeutet: Gesundheit für alle, weltweit. Künstliche Intelligenz würde eingesetzt, um Risiken zu minimieren, über Landesgrenzen hinweg. Eine resiliente Gesellschaft würde entstehen, in der sich die Menschheit stärker als globale Gemeinschaft wahrnimmt, getragen von einem fundamentalen Wertewandel hin zur Solidarisierung nicht nur mit dem Nächsten, sondern mit der ganzen Welt. Ein globales Wir-Gefühl.

Alle vier Szenarien sind in sich schlüssig und durchaus im Bereich des Wahrscheinlichen. Aber wenn wir nun in uns hineinhorchen, in welcher dieser vier Welten wir würden leben wollen, können wir nicht anders, als Szenario vier auszuwählen. Mit einer Vision, die mit Greta begann und einen *Green Deal* für die ganze Welt zum Ziel hat. Jetzt in der Coronakrise ist die einmalige Gelegenheit, politisch und wirtschaftlich die Weichen in diese Richtung zu stellen.

Die wichtigste Prämisse dabei wird sein, die Balance zu finden. Das ist zugleich die größte Herausforderung, weil sich bei der Zukunftsgestaltung viele Aspekte widersprechen – oder zumindest auszuschließen scheinen. Allein der Aspekt der Sicherheit: Aus der Coronakrise haben wir gelernt, dass wenn nicht Deutschland, so doch Europa in bestimmten Punkten wieder autark werden muss. Dann nämlich, wenn es um unsere Grundversorgung geht, um systemrelevante Bereiche. In der Vor-Corona-Zeit hatte man den Begriff der Systemrelevanz nur im Zusammenhang mit Banken gekannt, geboren in der Zeit der Finanzkrise.

Seit Corona steht außer Frage, dass weit mehr Bereiche und Arbeitskräfte systemrelevant sind: Medikamente und Hygienemittel, Pflegekräfte und medizinisches Personal genauso wie Menschen, die die Versorgung mit Lebensmitteln sichern, von der Spedition und dem Lkw-Fahrer über die Supermarktkassiererin bis zur Aushilfe für die Regalbefüllung. Systemrelevant sind auch unsere Kommunikations-, Energie- und Verkehrsnetze, weshalb wir sie bei unserer Zukunftsgestaltung und -sicherung verstärkt berücksichtigen müssen. Und wenn wir bei alldem vermehrt künstliche Intelligenz einsetzen, werden auch diese zukunftsträchtigen Technologien stärker geschützt werden müssen. In diesem Sinne widerspricht das Bedürfnis nach mehr Sicherheit der Globalisierung. Doch widerstrebt es uns zugleich, einer Abschottung im Trump'schen Sinne zu folgen. Die wenigsten von uns werden komplett auf ausländische Produkte verzichten wollen oder auf Reisen ins Ausland. Nur eine Minderheit wird das Rad der Globalisierung komplett zurückdrehen wollen. Und das nicht nur aus egoistischen oder wirtschaftlichen Gründen, weil es unseren Wohlstand schmälern würde, wenn die Welt keine Produkte »Made in Germany« mehr kaufen würde oder wir diese aus Fachkräftemangel nicht mehr herstellen können. Es ist auch aus solidarischen Gründen angebracht: weil es am anderen Ende der Welt, in Entwicklungsländern, die Wirtschaftskraft und Arbeitsplätze zerstören würde, wenn wir nur noch in Deutschland fertigen. Das können auch Globalisierungsgegner nicht im Sinn haben.

Es gilt, das neue Gleichgewicht zu finden zwischen lokalem und globalem Denken. Zwischen Schutz und Offenheit. Zwischen Zukunftssicherung und Klimaschutz. Dabei ist es wichtig, bei allem nicht nur Deutschland im Blick zu haben, sondern Europa und die ganze Welt. Wir brauchen ein überlegtes Risikomanagement, so wie es in jedem Unternehmen üblich ist oder zumindest sein sollte.

Ein globaler Anti-Virus-Plan

Die Weichen für diese Vision müssen wir jetzt schon stellen. Denn »nach Corona« ist immer auch »vor Corona« bzw. anderen tödlichen Viren. So muss ein wichtiger, wenn nicht der dringendste Teil unseres Zukunftsprogramms sein, widerstandsfähiger zu werden im Fall künftiger Krisen und möglicher Pandemien. Schon jetzt, inmitten der Bekämpfung des Virus, muss ein globaler Pandemie- und Katastrophenschutz aufgebaut werden. Und zwar ein Schutz, der auch wirklich funktioniert. Die Coronakrise hat uns viele Schwachstellen aufgezeigt, die einer wirksamen und schnellen Bekämpfung im Wege standen. Geeignete digitale Instrumente für die globale Pandemie-Bewältigung, für eine koordinierte Steuerung? Fehlanzeige.

Ein ganz wesentlicher Punkt, warum sich der Virus lange unbemerkt ausbreiten konnte, war auch die chinesische Kommunikationspolitik. China hat die Welt zu spät gewarnt. Auf dieser Erfahrung aufbauend, müssen sich globale internationale Organisationen wie die WHO reformieren, um schlagkräftiger zu werden. Gelingen kann das durch das Einbinden künstlicher Intelligenz, wie sie die beschriebene Gesundheitsplattform BlueDot bietet. Auf diese Weise könnte die WHO falsche Informationen einzelner Nationen aufspüren, wenn diese Probleme entweder nicht erkennen, falsch einschätzen oder bewusst verharmlosen. Städte und Gemeinden könnten sich über eine solche Plattform direkt mit globalen Organisationen wie der WHO verbinden. Verwaltungen wie Regierungen könnten so schneller von Krankheitsausbrüchen erfahren und Gegenmaßnahmen einleiten.

Einen solchen globalen Warnmelder durch KI aufbauen, Wissen international und konsequent austauschen – da müssen die Krisenexperten als Erstes ran. Es wäre ein wichtiger Schritt in Richtung einer verstärkten globalen Zusammenarbeit, die es noch zu üben gilt. Globales Teamwork scheitert oft am Geld. Das gilt auch für die WHO. Die Gesundheitsorganisation versucht zum Beispiel schon lange, einen Fonds für globale Notfälle einzurichten. Doch das Geld dafür wollten die 194 Mitgliedsländer der Organisation bislang nicht aufbringen. Das rächte sich, als die Corona-Pandemie losging. Da musste die WHO erst einmal betteln gehen, um der Pandemie überhaupt mit einer wirksamen Strategie begegnen zu können. Das führte zu Verzögerungen und reiht sich ein in die Chronologie der Misserfolge. Vielleicht erkennen die Staaten jetzt die Notwendigkeit, dass die WHO als Erstes mehr Geld in die Hand bekommen muss, um ihrer Funktion gerecht zu werden.

Geldnöte bringen die kuriosesten Ideen hervor. Die Weltbank etwa hat für ihr Katastrophenkonzept private Investoren eingespannt, um für den Fall einer Pandemie gewappnet zu sein. Eine Katastrophen-Anleihe, genannt *Pandemic Emergency Financing Facility* (PEF). Das Geld der Investoren wird dabei reichlich gut verzinst. Im Gegenzug tragen die Investoren das Risiko, ihr Geld komplett zu verlieren, wenn die Katastrophe – eine Pandemie – eintritt. Für die Weltbank war es als eine Art Versicherung gedacht, mit der sie hoffte, Seuchen schon im Keim ersticken zu können. Eine gute Idee? Sie klingt leider nur so. Diese Anleihe ist nämlich so konstruiert, dass erst eine bestimmte Anzahl von Menschen erkrankt sein muss, erst eine bestimmte Zahl von Menschen in einer bestimmten Anzahl von Ländern sterben muss, bis der Versicherungsfall eintritt. Die Pandemie muss erst da sein. Dann erst hat die Weltbank Zugriff auf das Geld. Selbst mit fast 100 000 Toten weltweit, selbst als die WHO Covid-19 zur Pandemie erklärte, reichte das noch nicht, die Pandemie-Anleihe auszuzahlen. Wie es hieß, habe die Krankheit noch nicht die exponentielle Wachstumsrate in bestimmten Ländern erreicht. Auch wenn die Anleihe nun doch ausgezahlt wird, in vielen anderen Fällen geschah dies nicht. Etwa als die Ebola-Epidemie 2018 ein Jahr lang in der Demokratischen Republik Kongo wütete und mehr als 2000 Menschen starben. In sechzig Pandemiefällen wurde die *PEF*-Anleihe nur zweimal aktiv, wie eine Studie der London School of Economics aus dem Jahr 2017 ergab. Es ist ein grundlegender Konstruktionsfehler dieser Anleihe, die einerseits eine Pandemie verhindern soll, aber nur dann ausgezahlt wird, wenn sie bereits seit Wochen grassiert. Zum Verhindern einer Pandemie hat sich eine solche Anleihe also als ungeeignet gezeigt.

Allen Staaten der Welt muss klar werden, dass ihnen ihre

Sicherheit etwas wert sein muss, dass sie einen Teil ihrer Gelder für den Fall der Fälle zur Seite legen müssen.

Eine Krise hat manchmal etwas Gutes: Sie kann helfen, die Augen zu öffnen. In der Not ist man empfänglicher für Ratschläge oder eher bereit, sich an Vorbildern zu orientieren. Ein Vorbild in der Krisenbewältigung ist Südkorea, wo der Ausbruch von Covid-19 schnell eingedämmt werden konnte mithilfe sehr vieler Testungen und indem Erkrankte und deren Kontaktpersonen isoliert wurden. Ein kleiner Ort in Italien ist dem gefolgt und hatte damit riesigen Erfolg. In der Gemeinde Vò in der Nähe von Venedig wurden alle 3300 Einwohner mehrmals auf das Virus getestet. Alle mit positivem Ergebnis mussten in Quarantäne. So wurde das Virus in weniger als 14 Tagen ausgemerzt. Für ganz Italien oder gar Deutschland war das nicht machbar. Es haperte an ausreichenden Test-Kapazitäten.

So hat die Welt inzwischen erkannt, dass ihr Katastrophenplan mehr als ausbaufähig ist. Mitten in der Krisenphase ist die beste Zeit für Erkenntnisse, die beste Zeit auch zu analysieren und zu dokumentieren, was falsch läuft und was wir das nächste Mal besser machen können. So wissen wir jetzt, dass es zu einem wirksamen Pandemieplan gehört, schon in einem frühen Stadium der Epidemie massiv Kapazitäten bei Schutzmasken, Desinfektionsmitteln und Antikörpertests aufzubauen und die heimische Industrie dafür einzuspannen. Die Industrie dabei zu unterstützen, finanziell und indem man ihr das unternehmerische Risiko abnimmt. Das alles geschah zwar, bisweilen innerhalb nur weniger Tage, aber es ging dennoch wertvolle Zeit verloren. Unternehmen forderten zum Beispiel bessere Rahmenbedingungen, damit Produkte auch für andere Staaten produziert werden können – etwa auf rechtlicher Basis: Sie brauchten eine Regelung, damit die jeweilige Notfallzulassung eines Landes für ein Produkt auch für andere Staaten gilt, damit sich die Fertigung für sie wirtschaftlich rechnete. Corona hat viele solcher Schwachstellen in unserem System erbarmungslos offengelegt. Daraus können wir lernen – umso mehr, je frischer die Erfahrungen sind.

Künstliche Intelligenz als Zukunftstreiber

Genauso erwähnenswert ist jedoch: Die Krise hat auch viele Stärken zutage gefördert. Sie hat gezeigt, wie groß die Bereitschaft zur Solidarität ist. Oder wie hilfreich doch die Digitalisierung, selbst technik-scheue Vertreter haben sie schätzen gelernt. Die Krise hat auch offenbart, wie viel mehr unsere Technologie bereits zu leisten vermag durch den Einsatz künstlicher Intelligenz. Wie weit wir schon sind auf dem Weg zu einer digitalisierten und smarten Welt. Dass wir sogar genug KI-Werkzeuge haben, um die Pandemie zu bewältigen: Wissenschaftler können mittels KI zum Beispiel neue Behandlungsmöglichkeiten und Medikamente schneller entwickeln, etwa Computertomografie-Scans auswerten, um Covid-19 zu diagnostizieren. Wissenschaftler und Unternehmen vernetzen sich, um Medikamente zu bewerten, die Wirksamkeit politischer Maßnahmen wie Reisebeschränkungen, Schulschließungen oder das Tragen von Masken abzuschätzen und sogar um wirtschaftliche Entwicklungen zu prognostizieren. So wie der Virus uns vor Augen geführt hat, wie verletzlich wir in der globalen Welt geworden sind durch den hohen Grad der Vernetzung, so holt KI eben genau aus dieser globalen Vernetzung eine große Schlagkraft. Künstliche Intelligenz wird eine der Schlüsseltechnologien sein, internationales Wissen zusammenzubringen und künftige Pandemien zu verhindern.

KI ist auch eine der Schlüsselindustrien, die eine jede Wirtschaft braucht, um zukunftsfähig zu werden oder zu bleiben. Das ist der Bereich, in den Deutschland und auch ganz Europa massiv investieren muss. Wirtschaftsforscher Clemens Fuest befürwortet für die ökonomische Erholung nach Corona zusätzliche finanzielle Impulse durch die Politik. Impulse durch öffentliche Investitionen für den Ausbau von Verkehrs-, Kommunikations- und Energienetzen. Diese Netze sind die Lebensadern der Wirtschaft, sie müssen gut ausgebaut sein, damit die Wirtschaft ihre volle Leistungskraft entfalten kann. Damit das Potenzial der KI überhaupt genutzt werden kann. Und gerade in der Infrastruktur hat Deutschland enormen Aufholbedarf. Wenn man bedenkt, wie schlecht die Internetversorgung und der Mobilfunkempfang in vielen Teilen Deutschlands noch sind, gerade im Osten, muss man sich nicht wundern, dass diese Regionen wirtschaftlich nicht auf die Beine kommen. Ein massiver Ausbau und eine Modernisierung der Infrastruktur ist nicht nur für die Ansiedelung von Technologiezentren wichtig, es würde auch eine Existenzgrundlage für viele Kleinstfirmen und Solo-Selbstständige sowie Freiberufler schaffen. Ein Exportland, das im Technologiebereich nicht abgehängt werden will, muss einen Gang höher schalten bei der Digitalisierung, bei smarten Technologien, beim Wandel zur Industrie 4.0. Sonst verliert beispielsweise die Autoindustrie den Anschluss beim autonomen Fahren. Schon jetzt muss sie für chinesische Käufer weit mehr Technik ins Auto bauen als für europäische. Deshalb ist es sinnvoll, staatliche Gelder in Richtung Infrastruktur zu lenken.

Ein Konjunkturprogramm muss mit der Modernisierung des Landes einhergehen, fordert auch Professor Markus Karp von der Technischen Hochschule Wildau. Massive Infrastrukturinvestitionen sind da unabdingbar, vor allem in den Ausbau des 5G-Netzes, das auch Voraussetzung ist fürs autonome Fahren. »Wenn der Streit über die Zulassung ausländischer Netzausrüster auch eine Geldfrage ist, dann wäre hier die Gelegenheit, genügend monetäre Mittel in die Hand zu nehmen, um eine souveräne Entscheidung treffen zu können«, so Karp. Um den Entwicklungsprozess in die richtige Richtung zu bewegen, muss die Politik schon jetzt die Weichen dafür stellen und Planungsprozesse mit Hochdruck vorantreiben. Staatliche Investitionen reichen dabei nicht. Auch Unternehmen muss durch steuerliche Erleichterungen der Weg geebnet werden.

Der Ausbau der Infrastruktur ist auch eine wichtige Voraussetzung, um die ganzen Schätze der künstlichen Intelligenz heben zu können. Und auch die KI selbst gehört unabdingbar zu den Wirtschaftsbereichen, die gefördert werden müssen. Man ist bereits auf gutem Wege, bis 2025 werden 100 neue Professuren im Forschungsbereich KI ausgeschrieben. Und was für Deutschland gilt, muss für ganz Europa gelten. Gerade in den südlichen Euroländern kann eine wirtschaftliche Zukunft nicht unter Sparzwängen aufgebaut werden – sie kann nur gelingen durch massive Investitionen: in Infrastruktur, in Digitalisierung, KI ebenso wie grünen Wandel und Nachhaltigkeit.

Ein Pakt für digitale Bildung

Wenn Deutschland wirtschaftlich vorn bleiben will, muss es sich auch fragen: Wo sollen die vielen hoch qualifizierten Arbeitskräfte denn herkommen? Wenn immer mehr Arbeitsprozesse durch Maschinen und Computer übernommen werden, brauchen wir besser ausgebildete Beschäftigte. In einem unter extremem Lehrermangel leidenden Industrieland kann man da leicht die Hoffnung verlieren. Auch für die fortschreitende Digitalisierung ist Deutschland noch nicht voll gewappnet, das hat die Coronakrise doppelt und dreifach unterstrichen. Als die Schulen geschlossen wurden, stellte Fernunterricht die überwiegende Mehrheit der Lehrer vor ein schier unlösbares Problem. Nicht nur weil die digitale Ausstattung in vielen Schulen immer noch mangelhaft ist, IT-Kenntnisse ebenso. Die Klassenzimmer sehen teilweise aus wie in den 1980er-Jahren. Es war vielfach schon eine Herausforderung, die entsprechende Software für die Einrichtung eines Online-Klassenzimmers zu installieren oder diesen virtuellen Klassenraum überhaupt adäquat nutzen zu können, weil die Server unter der Last zusammenbrachen oder das Internet vielerorts zu schwach war.

Eine Umfrage des Verbandes für Bildung und Erziehung (VBE) im Januar und Februar 2020 unter gut 1300 Schulleitern hat ergeben, dass viele Schulen auf internetbasiertes Lernen nicht vorbereitet sind. Zwei Drittel haben keine Klassensätze an Tablet-PCs und Smartphones, auch WLAN und Breitbandinternet fehlen in vielen Klassenräumen. Zwar ist der Bund das Problem angegangen. Über den sogenannten »Digitalpakt« stellt er einen Sondertopf über 5,5 Milliarden Euro bis 2024 bereit: für Laptops und Lernsoftware. Doch die Schulen rufen das Geld bislang nur zögerlich ab. Weil es an IT-Fachkräften mangelt oder die Schulen zu überlastet sind, um ein vernünftiges Medienbildungskonzept zu erstellen. Es fehlt auch an guten Lehrern, die grundlegende Medien- und Informatikkompetenzen vermitteln können. Die Not ist besonders groß in Schulformen für die Bildungsschwachen, in Grundschulen und auch an Schulen in ländlichen oder abgehängten Regionen.

Laut der Bertelsmann-Stiftung fehlen allein in den Grundschulen mindestens 26 000 Lehrer im Jahr 2025. Es gibt durchaus Bundesländer wie Bayern, die weniger unter Lehrermangel leiden, von dort könnten also Lösungsansätze herkommen. Aber viele andere Bundesländer bekommen das Problem seit Jahren nicht in den Griff.

An den Schulen hat die Coronakrise aber noch einen weiteren Missstand belegt: dass breite Teile der Bevölkerung erheblich benachteiligt sind. Fernunterricht scheiterte oft auch daran, dass längst nicht alle Kinder in ein virtuelles Klassenzimmer zu bekommen waren. Es gab etliche, die PC oder Laptop zu Hause nicht zur Verfügung oder deren Eltern nicht einmal eine E-Mail-Adresse hatten, um Arbeitsblätter zu empfangen. Ein Bildungssystem, das allen gleiche Chancen ermöglichen will, hat noch einiges aufzuholen.

Die Streitfrage, ob die Vermögensschere in Deutschland nun weiter auf- oder zugeht, wurde durch unterschiedlichste Studien mal bejaht, mal verneint. Jenseits dieser Statistiken hat die Coronakrise eine eindeutige Antwort geliefert: Die Schere ist weit geöffnet. Auch die OECD hat bereits festgestellt, dass die Bundesrepublik in Sachen Chancengleichheit schlechter abschneidet als andere Industrienationen. Wie erfolgreich ein Kind in der Schule ist, hängt deutlich stärker vom sozioökonomischen Hintergrund ab als in vielen anderen Ländern.

Wenn sich Deutschland wirklich als soziale Marktwirtschaft verstehen will, muss sich das Land wieder stärker des Sozialen besinnen. Erst recht, wenn wir in puncto wirtschaftlicher Stärke vorn bleiben wollen. Die Geldfrage darf sich hier nicht stellen. Investitionen in Bildung, in Schulen und andere Bildungseinrichtungen zahlen sich irgendwann aus. Nicht sofort, nicht unmittelbar messbar – aber es dürfte unbestritten sein, dass nur Bildung die Zukunftsfähigkeit eines Landes sichert.

Heilung für das Gesundheitssystem

Zu den Lektionen aus der Coronakrise gehört auch, dass es in unserem Gesundheitssystem einiges zu überdenken gibt. Zwar hat es sich in der Krise als widerstandsfähiger herausgestellt als viele andere im internationalen Vergleich. In der *Washington Post* und der *New York Times* wurde es angesichts der US-amerikanischen Verhältnisse außerordentlich gelobt, und unbestritten leisten alle in diesem System Beschäftigten eine Arbeit, die nicht hoch genug geschätzt und gelobt werden kann. Es lief bei uns nämlich deutlich besser als in Ländern wie Italien, Spanien oder gar den USA. Aber: Wir haben in Deutschland auch Glück gehabt. Wir haben den Virus gerade noch rechtzeitig so weit eingedämmt, dass wir keine Engpässe bei Beatmungsgeräten bekamen, dass wir keine Entscheidungsfragen stellen mussten, wer mehr Anspruch auf medizinische Intensivversorgung hat: der Patient über 70 oder die junge Mutter. In Italien und den USA war die Lage beschämend und zum Verzweifeln. Es gab Fälle, da wurden Patienten mangels Apparatemedizin aufgegeben oder mussten sich zu zweit ein Atemgerät teilen.

Auch wenn Deutschland um einiges besser dastand, hat doch der Coronavirus unserem Gesundheitssystem die Note »nicht ausreichend« erteilt. Und das liegt keineswegs an den Medizinern oder den Pflegekräften. Sie machen einen hervorragenden Job – soweit es unser Gesundheitssystem zulässt. Der Personalmangel bei Ärzten und Pflegekräften hat dazu geführt, dass sie auch ohne Pandemie am Limit sind, dass Mitarbeiter zunehmend an Burn-out leiden. Das ist nicht hinnehmbar. Effizientes Wirtschaften im Gesundheitssystem ist genauso wie in jedem anderen Wirtschaftsbereich selbstverständlich. Dazu gehört eine genaue Kontrolle der Abläufe unter Kostengesichtspunkten genauso wie der Abbau von Bürokratie und Doppelarbeit. Doch es liegt weiter vieles im Argen. Hauptsächlich, weil das Vergütungssystem der Krankenkassen Fehlanreize gibt, solange die Kliniken pro Patient nach den sogenannten Fallpauschalen bezahlt werden und Krankenhäuser zu wenig Gelder von den Bundesländern für nötige Investitionen erhalten. Zudem schafft es die Politik seit Jahren nicht, Praxiszulassungen bedarfsgerecht zu verteilen, sodass Ballungsgebiete überversorgt sind, während es in strukturschwachen Räumen an Ärzten fehlt.

Noch ist die Krise frisch, noch ist die Einsicht da, dass etwas geschehen muss. SPD-Chef Norbert Walter-Borjans fordert eine bessere Bezahlung »der wahren Helden in der Coronakrise«. Aber ist das ausreichend? Was notwendig ist, hat der Sachverständigenrat zur Begutachtung der Entwicklung im Gesundheitswesen schon vor Längerem gefordert: dass der Bund in Krankenhäuser gezielter und bedarfsgerechter investieren muss, weil es im deutschen Gesundheitssystem trotz Reformen nebeneinander Über-, Unter- und Fehlversorgung gibt. Um Deutschlands Stärke zu erhalten, braucht das Gesundheitssystem aber wenn nicht Reform, so doch eine Reha. Medizinische Versorgung gehört zu den unabdingbaren Standards. Es darf dabei die Frage gestellt werden, ob Krankenhäuser in private Hände gehören. Die Feuerwehr wird auch nicht danach bezahlt, wie viele Einsätze sie fährt. Wie sinnvoll ist es also, dass Krankenhäuser nach der Zahl der OPs bezahlt werden?

Um die schlimmste Not der Gesundheitssysteme im Kampf gegen den Virus zu lindern, hat die EU drei Milliarden Euro aus dem Notfallfonds zur Verfügung gestellt. 300 Millionen Euro davon sind für gemeinsame Vorräte an Ausrüstung von Beatmungsgeräten bis zu Schutzkleidung für die europäischen Mitgliedsländer gedacht. Viel Geld wird auch für das generelle Umsteuern des Gesundheitssystems benötigt. Diese Reha-Maßnahme wird der wohl anspruchsvollste Teil unserer Neuorientierung.

Um das Gesundheitssystem zu entlasten, kann auch wieder der stärkere Einsatz von künstlicher Intelligenz helfen: ob bei der Diagnose wie der Früherkennung von Krebs oder im Alltag bei betrieblichen Abläufen, bei digitalen Patientenakten. So schlummern beispielsweise in den Archiven der medizinischen Einrichtungen gewaltige unstrukturierte Datenmengen, deren Auswertung eine bessere Therapie für einzelne Patienten aufzeigen könnte. Die Bedeutung von Medizintechnik, Medizininformatik und interdisziplinärer Forschung hat der Bund bereits erkannt und fördert alles entsprechend.

Das Ende von Fressen und Gefressen werden

KI ist ein wichtiger Treiber der Digitalisierung ganz Deutschlands. Viele Unternehmen sind hier im Hintertreffen, der Staat hat die Entwicklung sträflich vernachlässigt, und zwar auch innerhalb der eigenen Strukturen: Die digitale Verwaltung – wann kommt die eigentlich? Vielleicht gibt die Coronakrise den entscheidenden Anschub.

Für viele Branchen stellt die Digitalisierung eine riesige Herausforderung dar. Es ist ein Umbruch, der die Bedingungen für alle Branchen grundlegend ändert. Der auch viele Ängste schürt, weil Arbeitsplätze verloren gehen. Der Wandel ist für die Unternehmen vor allem kostenintensiv. Für die Industrie, die an der digitalen Fabrik arbeitet. Für die Autobranche, die neben dem autonomen Fahren auch die E-Mobilität zu stemmen hat und an den Lasten des Dieselskandals noch schwer trägt. Nicht erst durch die Coronakrise hat es vielen Konzernen gedämmert, dass sie die irrsinnigen Kosten nicht allein stemmen können, dass Zusammenschlüsse und Partnerschaften der einzig machbare Weg sind. In der Coronakrise wird aber klar, dass sie sich ohne Staatshilfe – vielleicht wieder über eine Abwrackprämie – kaum auf den Beinen werden halten können.

Der Einzelhandel befindet sich in einer ähnlich bedrohlichen Lage. Ohne finanzielle Amphetamine vom Staat würden viele die Coronakrise nicht überleben. Teils hatten sie aber bereits davor zu kämpfen, unter anderem, weil sie sich der digitalen Revolution widersetzt haben. Amazon und Co. haben uns zu digitalen Käufern erzogen, sie haben unsere Konsumgewohnheiten verändert, doch viele stationäre Händler blieben in der digitalen Steinzeit. Selbst große Händlerketten haben es nicht geschafft, der Macht von Amazon, Zalando und eBay auf Augenhöhe zu begegnen. Sogar ein Konzern wie Ikea wurde für seine Digital-Strategie lange belächelt. Doch ohne Online-Geschäft kann kein größerer Händler mehr überleben. In der Coronakrise dürften viele das letzte bisschen Leben aushauchen.

Gerade den kleinen Lädchen könnte das Geld ausgehen, selbst wenn das Lokale eine Renaissance erfährt. Aber auch einige bekannte Größen werden es nicht schaffen. Ist der Untergang selbst verschuldet, kann der Staat es nicht richten. Aber vielfach tragen die Regulierungsbehörden auch eine Mitschuld, weil sie den in die Breite wachsenden Konzernen wie Amazon zu große Freiheiten gewährt haben.

Nur um von vornherein einem möglichen Missverständnis zu begegnen: Es geht gar nicht darum, dass der Staat alle vor dem Untergang bewahren sollte. Im Sinne der bereits beschriebenen Schumpeter'schen Kraft der Zerstörung kommt es der Wirtschaftskraft zugute, wenn veraltete, überholte Technologien untergehen und ihre Branchen und Unternehmen mit. Insofern liegt darin eine bereinigende Kraft. Der Erhalt schwacher Unternehmen durch den Staat wäre kontraproduktiv. Aber monopolistische Marktdominanz gilt es zu beschränken.

Amazon gräbt mittlerweile auch den großen Logistikunternehmen wie dem Paketdienst DHL das Wasser ab. Denn der Internetkonzern bringt inzwischen einen Großteil seiner Pakete selbst zum Kunden, momentan noch hauptsächlich dort, wo es sich für ihn lohnt, in den dicht besiedelten Regionen. Rosinenpicken. Die ländlichen Gegenden überlässt er DHL. Eine Folge auch der Liberalisierung der Post- und Paketdienste. Ein Markt wurde dem Wettbewerb ausgesetzt, der nicht für den Wettbewerb gemacht ist, sagt der Politikwissenschaftler Tim Engartner von der Uni Frankfurt. Mit zerstörerischer Wirkung. Ausgetragen wird der Verteilungskampf auf den Schultern der Mitarbeiter, die mit existenzbedrohlich niedrigen Löhnen abgespeist werden.

»So viel Markt wie möglich«, sagte einst Wirtschaftsminister Karl Schiller (SPD, 1966–1972), »und so viel Staat wie nötig.« Man fragt sich, ob der deutsche Staat den zweiten Teil des Satzes bei Amazon vergessen hat. Amazon dürfte seine Marktmacht in der Coronakrise noch ausbauen, schätzt das Institut der deutschen Wirtschaft (IW). Vor allem wegen seines Bekanntheitsgrades und der Breite des Angebots. Das IW appelliert daher an die Wettbewerbsbehörden, nun ein besonderes Auge auf den Internetgiganten zu werfen. Es gelte »umso mehr, die konsequente Anwendung des bestehenden Wettbewerbsrechts im Auge zu behalten, damit ein fairer Wettbewerb mit kleineren Onlinehändlern gewährleistet ist«. Wie fair sich Amazon in der Coronakrise verhält, davon zeugt dieses Beispiel. Der Konzern versuchte, sich vorsorglich als systemrelevant einstufen zu lassen, um während der Coronakrise nicht schließen zu müssen, für den Fall eines Lieferstopps für nicht essenzielle Produkte. Dafür hatte der Internetriese sein Sortiment umgestellt auf Haushaltsgegenstände und Hygieneprodukte. Die Produkte vieler Tausend angestammter Händler, für die Amazon der Hauptvertriebsweg ist und deren Waren im Amazon-Lager festgesetzt sind, so zum Beispiel auch Bücher, wurden dagegen nicht verschickt. »Amazon ist tatsächlich systemrelevant – aber nicht für die Grundversorgung Deutschlands, sondern für weite Teile des deutschen E-Commerce«, bringt es Journalistin Ingrid Lommer vom Fachmagazin *Internetworld* auf den

Punkt. Die Behörden scheinen von Amazon wie überrollt. In den USA gibt es zwar einen Vorstoß, die Marktmacht der großen Tech-Konzerne Alphabet (Google), Amazon, Apple und Facebook zu beschneiden, sie zu zerschlagen. In Europa hat die EU immerhin vereinzelt den Konzernen auf die Finger geklopft und Milliardenstrafen verhängt. Aber gelingt es, durchzugreifen?

Grundsätzlich muss man sich in Europa zudem fragen, ob man wirklich so abhängig sein will, vor allem wenn es um die beiden großen Cloud-Anbieter Google und Amazon geht. Ob wir unsere Internetstruktur wirklich ausschließlich in die Hände dieser beiden Firmen legen wollen, zumal wenn das Internet der Dinge, über das Objekte intelligent gemacht und vernetzt werden, immer mehr Bereiche unserer Wirtschaft bestimmt. Für die Zukunftsfähigkeit Deutschlands wäre es wichtig, eigene Anbieter zu stärken – auch zum Schutz der Verbraucher. Dazu bedarf es mehr Mut und weniger Zauderns der Deutschen, was international auch gern als »German Angst« bezeichnet wird. Die Übermacht der US-Internetkonzerne darf die EU nicht ohnmächtig werden lassen.

Im Prinzip geht es um nachhaltiges Handeln in jeder Hinsicht. Nicht auf Kosten anderer Menschen, nicht auf Kosten kommender Generationen. Eine umfassende Rücksichtnahme. So wie sich einige Unternehmen vorbildlich zeigen, ein Parfümhersteller auf Desinfektionsmittel umschwenkt, ein Automobilzulieferer auf Beatmungsgeräte. Selbst in der Welt des großen Geldes, bei den Investoren, wird das honoriert: »Diese flexiblen Anpassungen sind richtig und wichtig. Wir bewerten gerade diese Unternehmen noch ein Stück besser als zuvor unter Nachhaltigkeitsaspekten«, betont der Vermögensverwalter DJE Kapital. Es zahlt sich für Unternehmen langfristig aus, nachhaltig und ethisch korrekt zu wirtschaften. Es geht momentan zulasten der Gewinne, aber langfristig profitieren Unternehmen davon.

Wer soll das bezahlen?

So sind auch die enormen Summen, die der Staat jetzt in die Hand nimmt, zu verstehen: als eine Investition in die Zukunft. Wir wollen nicht kleckern, sondern klotzen, sagt Bundesfinanzminister Olaf Scholz über die Notfallhilfen für die Wirtschaft. Für die Zeit nach Corona muss die Devise heißen: noch mehr klotzen. Wir brauchen ein Konjunkturpaket für ein zukunftsfähiges Deutschland und Europa, vor allem in den Bereichen Digitalisierung, Bildung und Gesundheit. Finanzminister Scholz hat durchblicken lassen, dass über ein gezieltes Konjunkturprogramm für die Nach-Corona-Zeit nachgedacht wird. Wichtig wäre, das früh genug zu kommunizieren. Dass Geldtöpfe bereitgestellt werden für Modernisierung und Digitalisierung, für den demografischen Wandel wie den Klimawandel. Für alles, was grün und nachhaltig ist, sauberes Wasser, gesunde Wälder, Energie der Zukunft. Der *Green Deal* der EU darf durch Corona nicht ins Hintertreffen geraten. Auch hier gilt wieder: Das Wie ist nachrangig. Ob über Klimafonds oder Klimaanleihen, Marshallplan oder Corona-Bonds, Demografiefonds oder Staatsfonds. Einigkeit muss darüber herrschen, dass es viel Geld sein muss, damit nicht später im Ernstfall Notfallpakete mit noch größeren Summen hermüssen.

Wo aber soll das ganze Geld herkommen? Eine berechtigte Frage. Natürlich gibt es in der Politik, wie immer bei dieser Frage, den Reflex, das benötigte Geld über höhere Steuern und Abgaben hereinzubekommen. Bei denen, die es sich leisten können, kann man sicher über eine einmalige Corona-Abgabe nachdenken. Vielleicht bei Unternehmen, die jetzt Profit aus der Coronakrise schlagen. Doch weil viele Menschen und auch Firmen momentan unter Existenzängsten leiden, wäre eine generelle Erhöhung der Steuern das falsche Signal. Im Gegenteil: Der Konsum muss beizeiten angeregt werden, etwa durch zeitweise niedrigere Steuern. All das wird zunächst nur durch Schulden zu stemmen sein. Viele neue Schulden.

Die Stabilität des Euro muss darunter nicht leiden. Denn Schuldenmachen ist derzeit weltweit die einhellige Devise. Und wenn sich alle großen Länder gleichmäßig hoch verschulden, wird es für den Außenwert der Währung nicht so belastend. De facto sind die Schulden in Europa bislang auch gut bezahlbar, weil das Zinsniveau so niedrig ist. Und über eine gewisse Inflationierung, also Geldentwertung, entschuldet sich der Staat allmählich. Im Wirtschaftsjargon spricht man von finanzieller Repression, wenn durch staatlichen Einfluss mithilfe der Notenbanken die Sparer einen schleichenden Verlust zugunsten des Staates erleiden. Experten warnen bereits, Investoren drohe ein Jahrzehnt verschärfter Finanzrepression.

Das heißt: Am Ende zahlen wir alle dafür, wir Steuerzahler. Aber was der Staat in unsere Wirtschaft steckt, kommt am Ende ja auch uns allen zugute. Oder sagen wir: Es sollte uns zugutekommen. Der Staat muss für eine gerechte Verteilung von Wohlstand und Wohlstandsgewinnen sorgen. Später kann man dann auch wieder an höhere Abgaben denken: eine höhere Besteuerung von Transportkosten zum Beispiel, nicht nur der Umwelt zuliebe, sondern – weil Menschen wegen des höheren Preises das Fliegen einschränken würden – auch als Schutz vor neuen Epidemien.

Der Staat wird von vielen Unternehmen Anteile übernehmen, um sie zu retten. Finanzminister Scholz hat vor, die Anteile später wieder mit Gewinn zu verkaufen. So ein Plan geht nicht immer auf, auf den Anteilen der Commerzbank sitzt er immer noch, und momentan sieht es nicht danach aus, als könne er sie irgendwann mit Gewinn veräußern. Doch es kann erstens auch anders kommen: In den USA konnte sich der Staat nach der Gesundung der Banken mit einem Plus von seinen Anteilen trennen, ein Gewinn also auch für die Steuerzahler. Und zweitens muss der Staat Unternehmen retten, die unverschuldet in die Krise geraten sind. Erst recht Konzerne, die systemrelevant sind oder die Daseinsvorsorge und kritische Infrastrukturen absichern, wie Grünen-Vorsitzender Robert Habeck betont. Die Lufthansa zum Beispiel. Finanzexperten teilen diese Ansicht. Die Alternative wäre, dass Firmen zerstört würden, die Deutschlands wirtschaftliches Rückgrat bilden: Autobranche sowie Maschinenbau oder Elektro- und Chemiebranche. Die Rettung dieser Firmen hilft dem gesamten Wirtschaftssystem – es profitieren also alle davon. Genauso kommen spätere Konjunkturpakete der ganzen Bevölkerung zugute. Wenn der Staat damit Probleme angeht, die unsere Gesellschaft ohnehin zu spalten drohen – Chancengleichheit, Bildungsnotstand, Infrastruktur –, könnte er so auch die Nation wieder einen. Oder zumindest den Populisten Wind aus den Segeln nehmen. Modernisierungen im Land vermitteln Aufbruchstimmung, wenn sie richtig kommuniziert werden, und das gräbt den Nörglern das Wasser ab. Wer da meckert über die riesigen Summen, die sich Deutschland nicht leisten kann, dem muss immer wieder klargemacht werden: Solidarität ist nicht pure Nächstenliebe. Sie folgt auch der Logik der Ökonomie. Solidarität hilft Deutschland auch wirtschaftlich und ist selbst für uns überlebensnotwendig. Im Großen wie im Kleinen. In der Krise liegt die Chance, dass alle das begreifen.

Vor dem Coronavirus sind wir alle gleich. Es unterscheidet nicht zwischen Nationen oder Religionen. Es kann seine volle Kraft entfalten, weil es Grenzen überwindet. Die Welt dagegen nennt sich zwar globalisiert, ist aber gefangen in ihren Grenzen, wie sich in den Anfängen der Krise zeigte, als jede Nation sich als Einzelkämpfer verstand. Die Staaten haben nicht gelernt, was echte Solidarität heißt. Jede politische oder wirtschaftliche Annäherung war lange darauf ausgelegt, für sich das Beste herauszuholen. Bemühungen um Solidarität wurden entweder aus einem Schuldbewusstsein geboren oder aus Machtkalkül. Corona hat die Macht zu zeigen: Nur gemeinsam ist man stark, nur solidarisch funktioniert unsere Welt(wirtschaft). Deshalb müssen wir alle gemeinsam sagen: Wir schaffen das.

FAQ – Was bedeutet Corona für Sparer, Rentner, Arbeitnehmer, Häuslebauer, Anleger, Staatsbürger?

Sicherheit ist ein hohes Gut. Wie hoch wir es schätzen müssen, zeigt uns die Coronakrise jeden Tag aufs Neue. Gemeint ist gar nicht rechtsstaatliche Sicherheit, sondern das elementare Vertrauen, dass unsere Gesellschaft funktioniert. Diese Sicherheit ist selbst in unseren hoch entwickelten Industrienationen keine Selbstverständlichkeit mehr. Seit Corona in unser Leben trat, ist dieses Urvertrauen angeknackst. Es wirft uns zurück auf existenzielle Fragen des Lebens. Wird der Virus uns treffen und werden wir das überleben? Werden wir unseren Arbeitsplatz behalten oder ist unser Wohlstand in Gefahr? Diesen Fragen zu entkommen, ist schwierig? Zu viele in unserem Umfeld waren oder sind existenziell von der Coronakrise betroffen. Gar nicht einmal, weil sie infiziert wurden, sondern weil sie plötzlich kein Einkommen mehr hatten oder ihr Betrieb Kurzarbeit anmelden musste. Weil Friseur, Fußpflege und Physiotherapie-Praxis Miete zahlen mussten, aber nichts mehr verdienten. Es gibt zu viele Beiträge in den Medien, die von den wirtschaftlichen Gefahren der Coronakrise berichten, als dass wir die Bedrohungen ausblenden könnten, wie wir es vielfach bei anderen Krisen oder Gefahren tun konnten. Wir konnten die Folgen des Klimawandels leugnen, Katastrophen auf anderen Kontinenten ignorieren, Diskussionen über Rassismus oder Rentenlücke aus der Distanz betrachten. Es gab bei vielen von uns diesen Abstand, sei es aus Selbstschutz, Egoismus oder Ignoranz. Seit der Coronakrise ist Abschotten von den Sorgen nicht mehr möglich. Und mit jedem Tag drängt die Krise weiter in unseren Alltag vor. Sie ist allgegenwärtig und lässt dadurch unsere Gedanken unaufhörlich um Fragen und Sorgen kreisen. Habe ich eigentlich genug Geld in Reserve? Schaffen wir das? Schafft Deutschland das? Und noch viel konkreter: Bekomme ich morgen das, was ich brauche, im Supermarkt? Und zu einem bezahlbaren Preis? Ich habe folgenden Wortwechsel von zwei Seniorinnen vor dem leeren Mehlregal verfolgt: »Das ist ja fast wie im Krieg!«, sagte die eine entsetzt. – »Nein«, entgegnete die andere, »das ist Krieg!« Kriegsrhetorik ist verbreitet in diesen Tagen, und beileibe nicht nur bei denen, die unmittelbare Erinnerungen daran haben wie die Kriegs- und Nachkriegsgenerationen. Die martialische Sprache symbolisiert, als wie bedrohlich wir den Virus empfinden.

Auch die Hamsterkäufe waren Ausdruck von ganz elementaren Ängsten: dem mangelnden Vertrauen auf Nachschub, aber auch dem mangelnden Vertrauen auf Solidarität. Könnten wir uns darauf verlassen, dass alle vernünftig handeln, darauf vertrauen, dass niemand in unserem Umfeld egoistisch handelt und die Regale leer kauft, und würden wir uns sicher wähnen: wir wären nicht egoistisch. Aber das Vertrauen ist abhandengekommen. Stattdessen regieren Wettbewerbsdenken und Überlebenstrieb. Keine gesunde Entwicklung! Vertrauen zurückzugewinnen tut not. Das heißt nicht, Gefahren und Risiken auszublenden. Im Gegenteil, wir sollten sie nüchtern analysieren und Antworten finden auf Fragen, wie sicher unser Geld, unsere Wirtschaft, unser Finanzsystem sind. Wir müssen uns bewusst sein, dass nichts 100-prozentig sicher ist, weder unser Arbeitsplatz noch unser Geld oder gar unser Land. 100 Prozent Sicherheit gibt es nicht. Aber wir dürfen uns nicht verrückt machen lassen. Nicht das Vertrauen verlieren. Das gehört auch zu den lebenswichtigen Ratschlägen in der Coronakrise.

Es reicht nicht allein, das zu befolgen, was wir den Kindern sagen: Händewaschen, Abstand halten. Wir müssen uns ständig informieren, handlungsfähig bleiben. Das Gefühl zurückgewinnen, aktiv zu sein, statt ohnmächtig zu erstarren. Das ist wichtig für unser Grundvertrauen – und damit zentral für die Zukunftsfähigkeit unserer Gesellschaft.

Wir wollen dazu beitragen, indem wir Antworten geben auf zumindest einige Ihrer Fragen und Sorgen. Allerdings eine Einschränkung gleich vorweg: Alle Antworten können nur relative Antworten sein – begrenzt durch die Frage: Finden wir alle unser Vertrauen wieder, Vertrauen in unsere Gesellschaft und Politik, Vertrauen auf unsere Solidarität untereinander, innerhalb unseres Landes und gegenüber anderen Ländern? Nur das Vertrauen hält das Immunsystem unserer Gesellschaft aufrecht.

Wie sicher ist mein Geld?

Was bedeutet Corona für mich als Sparer?

Es gab schon mal bessere Zeiten für Sparer. Das galt schon vor Corona, und es gilt seit Corona erst recht. Seit Jahren gibt es wenig bis nichts auf Sparkonto, Tagesgeld, Festgeld & Co. Je nach Bank bekommt man einen Mini-Zins oder Null-

Zins – die Betuchteren müssen ihrer Bank sogar etwas dafür bezahlen, wenn sie Geld anlegen. Minuszinsen. Die Bank bestraft uns quasi dafür, dass wir etwas sparen wollen oder bereits angespart haben. Deshalb sagt man dazu auch: Strafzinsen. Für die breite Masse der Kleinanleger gilt das zwar noch nicht. Es dürfte jedoch nur eine Frage der Zeit sein, bis Strafzinsen bei mehr und mehr Banken üblich werden. Das Schlimme ist: Sparen ist sogar dann ein Minusgeschäft, selbst wenn es noch einen Mini-Zins gibt. Das hängt mit der Inflationsrate zusammen. Inflation bedeutet, Geld wird über die Zeit weniger wert. Für unsere Zinseinnahmen lautet die Rechnung, die wir anstellen müssen: Zinsen minus Inflationsrate. Und nach dieser Rechnung sind wohl die meisten Sparformen im Minusbereich. De facto schmilzt unser aller Erspartes. Die Negativzinsen erreichen also so oder so uns alle, auch uns Kleinsparer.

Wie schlimm wird es für mich als Sparer?

In den Sorgenzeiten von Corona fragt man sich: Wo führt das noch hin? Die Antwort ist kurz: Es wird eher schlimmer als besser. Denn die wirtschaftlichen Aussichten sind jetzt mehr als bescheiden, eine Rezession ist unvermeidlich. Die Europäische Zentralbank wird ihre Mühe haben, die Wirtschaft am Laufen zu halten. Sie wird es aber mit aller Macht versuchen. Wie macht sie das? Richtig, mit niedrigen Zinsen. Sie wird versuchen, das ohnehin schon tiefe Zinsniveau noch weiter zu drücken. Dadurch können sich Staat, Unternehmen und auch wir Verbraucher zu günstigen Zinsen Kredite besorgen. Sie werden quasi animiert, Schulden zu machen und das Geld entweder zu investieren oder zu verkonsumieren. Die Hoffnung der EZB: dass die Wirtschaft dadurch wieder anspringt. Und Die Lehr' aus der Geschicht? Sparer sein lohnt heut nicht.

Gibt es je wieder Zinsen?

Im Moment ist es so schlecht um die Wirtschaft bestellt, dass es fraglich ist, wann die Zinsen wieder steigen. Alles hängt davon ab, wie schnell unsere Wirtschaft gesundet. Ökonomen sprechen von zwei bis fünf Jahren. Danach könnten die Zinsen anspringen. Allerdings: Für die vielen Konjunkturpakete müssen sich alle Staaten stark verschulden. Damit die Staaten die Zinslast tragen können, dürften die Notenbanken die Zinsen daher noch viel länger tief halten.

Soll ich noch sparen?

Zugegeben, Sparen zahlt sich nicht aus. Festgeld, Tagesgeld und Co. lohnen aber sehr wohl: zum Geld parken. Natürlich ist das unterm Strich ein Verlustgeschäft. Aber vielleicht hilft es als Trost: Fürs Parken zahlt man schließlich auch Parkgebühr. Warum Geld parken trotzdem sinnvoll sein kann? Eine gewisse Summe sollte jeder jederzeit sicher zur freien Verfügung haben. Als Faustregel gilt: drei bis sechs Monatsgehälter. Für unvorhersehbare Ereignisse. Sei es nun, dass das Auto repariert werden muss oder, viel existenzieller, man seinen Job verliert. Gerade in diesen unsicheren, stürmischen Zeiten geht Sicherheit vor. So wie wir unser Auto bei Sturm und Hagel auch besser in der Garage oder im Parkhaus abstellen, so parken Sie besser einen Teil Ihres Geldes auf Tagesgeld- oder Festgeldkonten. Schlucken wir den Ärger über die Parkgebühren lieber herunter, auch wenn unser mühsam Erspartes dadurch angeknabbert wird.

Ist mein Erspartes sicher bei einer Bankpleite?

Sagen wir, es ist relativ sicher, selbst wenn eine Bank in Folge der Coronakrise pleitegehen sollte. Es gibt nämlich eine gesetzliche Einlagensicherung, die gilt bis zu 100 000 Euro pro Person und Bank, bei Ehepaaren sind es 200 000 Euro. Bis zu dieser Höhe sind sowohl Guthaben auf Girokonten als auch Spareinlagen wie Tages- oder Festgeld geschützt. Wenn Sie mehr als 100 000 Euro parken müssen, dann empfiehlt es sich, diese Summe auf mehrere Banken zu verteilen.

Es gibt nicht die eine Einlagensicherung, sondern drei, die Sicherungssysteme der Privatbanken sowie der Sparkassen und Genossenschaftsbanken. Darüber sind Einlagen oft in Millionenhöhe oder sogar unbegrenzt abgesichert, zumindest theoretisch. Einen rechtlichen Anspruch darauf hat man aber nur bis 100 000 Euro. Ihr Geld ist also relativ sicher – es sei denn, es kommt zu einer Pleitewelle unter den Banken.

Ist mein Erspartes sicher bei einer Pleitewelle?

Sollte die Coronakrise viele Unternehmen und Privatpersonen in die Pleite befördern, könnte diese Pleitewelle auch die Banken in Bedrängnis bringen. Käme es im Bankensektor zu einer Pleitewelle, dann wäre die Sicherheit dahin. Dann ist die Frage berechtigt, ob das Geld im Sicherungstopf, in den Banken regelmäßig einzahlen, noch reicht. Auch für einen Zusammenbruch des gesamten deutschen Bankensektors ist keines der Sicherungssysteme der Banken ausgelegt. Skeptische Stimmen sagen, die Töpfe würden schon dann nicht reichen, wenn nur eine etwas größere Bank Konkurs anmelden müsste. Allerdings würde der Staat dann wohl eingreifen, wie er es auch bei der Commerzbank getan hat. In Lehman-Zeiten wurde auch das Geld im Einlagensicherungstopf knapp, und er musste sich Geld am Kapitalmarkt besorgen. Das ging nur mit Garantien des Staates. Also: Noch gilt das Wort von Angela Merkel anno 2008: Ihre Einlagen sind sicher. Aber ob wir die Kanzlerin beim Wort nehmen können, wenn die Coronakrise noch viel schlimmer wird? Experten sehen die Gefahr einer Bankenkrise als noch lange nicht gebannt. Und auch die Banken selbst wappnen sich für einen Sturm.

Ist mein Geld auch sicher, wenn Deutschland pleite wäre?

Daran wollen wir gar nicht denken! Bei einer Staatspleite ist nämlich nichts mehr sicher. Weder Spareinlagen noch Banken, weder die Renten noch die Währung. Nur eine der vielen möglichen Kettenreaktionen: Deutsche Kreditinstitute haben in der Regel viele deutsche Staatsanleihen erworben. Sollte Deutschland pleitegehen, sind diese Anleihen nichts mehr wert – und die Banken machen Verluste. Und wenn viele Banken pleitegehen, ist nicht genug Geld im Rettungstopf. Der Staat kann dann natürlich nicht mehr rettend einspringen.

Soll ich hohe Zinsen im Ausland mitnehmen?

Das birgt ein gewisses Risiko. Angebote ausländischer Banken sind zwar verlockend, weil sie bessere Zinsen bieten. Aber man sollte genau prüfen, wie das Sicherungssystem des jeweiligen Landes aussieht. In der EU ist die Einlagensicherung zwar einheitlich geregelt, wie in Deutschland sind Einlagen bei einer Bank bis zu 100 000 Euro je Sparer geschützt. Aber wenn der Rettungstopf nicht reicht, obliegt die Sicherung letztlich dem jeweiligen Land. Die Frage ist also, wie viel Sicherheit Länder bieten, die am Rande des Bankrotts stehen. Gut möglich, dass die Einlagen am Ende futsch sind. Andererseits: Ebenfalls gut möglich, dass die EU aushilft. Aber darauf zu wetten, hat etwas von Glücksspiel.

Wie finde ich sichere Einlagen?

Vergleichsportale wie FMH-Finanzberatung oder Biallo geben einen guten Überblick, welche Bank bei welcher Summe über welchen Zeitraum die besten Konditionen bietet. Dabei kann man die Suche auch eingrenzen auf Banken, die durch das deutsche Einlagensicherungssystem geschützt sind. Dazu gehören durchaus auch einige ausländische Banken.

Wie sicher ist meine Rente?

Kann meine Rente gekürzt werden?

Auch wenn der Staat finanziell schwer zu kämpfen hat mit der Coronakrise: Die Rentenbezüge darf er nicht antasten. Bis 2025 sind Rentenkürzungen gesetzlich ausgeschlossen. Im Corona-Krisenjahr 2020 gibt es sogar eine Rentenerhöhung – weil sich Renten an den Löhnen orientieren, und die sind im Jahr zuvor noch deutlich gestiegen. Doch weil viele Firmen coronabedingt eine Vollbremsung hingelegt haben, und die Wirtschaft auf Rezessionskurs ist, sind große Lohnsteigerungen nicht drin. Stattdessen schicken viele Firmen ihre Mitarbeiter in Kurzarbeit, die Rezession dürfte massenhafte Entlassungen nach sich ziehen und Firmen in die Pleite treiben. Unterm Strich heißt das: Das Geld fließt nicht mehr so üppig in die Rentenkasse. Die Allianz schätzt, dass dem Rentensystem ein Defizit von mindestens 8 Milliarden Euro droht. Folglich sieht es für eine Rentenerhöhung 2021 schlecht aus. Sollte das Geld in der Rentenkasse nicht reichen für die Renten, müssen Steuergelder zugeschossen werden. Die Frage aber ist, wie lange sich Deutschland im Fall einer sehr schweren Rezession eine Rentengarantie über 2025 hinaus würde leisten können.

Hat Corona unserem Rentensystem geschadet?

Nein, bislang nicht. Unser Umlagesystem wird zwar viel kritisiert. Aber in der Coronakrise hat es sich bewährt. Kursstürze an der Börse, welche die Staatsfonds etwa in Norwegen dezimiert haben, tangieren die Rentenkasse daher nicht. Unser Umlagesystem wird aber die Coronakrise noch empfindlich zu spüren bekommen, weil die Zahl der Arbeitslosen und Kurzarbeiter steigt. Das belastet die Staatskassen noch mal mehr. Der Staat hatte in der Vergangenheit den Rentenkassen bereits Geld zuschießen müssen, zeitweise zwischen 5,6 und 19 Milliarden Euro im Jahr.

Ist meine Betriebsrente sicher?

Leider nein. Betriebsrenten können gekürzt werden. Das Problematische ist: Schon vor der Coronakrise hatte fast jede vierte Rentenkasse Finanzprobleme, Corona könnte sie noch mehr in Bedrängnis bringen. Nehmen Pensionskassen Kürzungen vor, muss der ehemalige Arbeitgeber einspringen. Wenn auch er wegen Pleite ausfällt, kommen in einigen Fällen Sicherungsvereine dafür auf. Nicht jede Pensionskasse steht unter so einem Schutz. Daher mussten viele Rentner bislang Kürzungen hinnehmen. Geplant ist ein Gesetz, das diese Lücke schließen soll.

Wie sicher ist meine private Altersvorsorge?

Es kommt auf die Art der privaten Altersvorsorge an. In der Regel haben die klassischen Riester-Verträge und Lebensversicherungen eine Beitrags- oder Zinsgarantie. Herbe Einbußen gibt es aber bei Vorsorgeprodukten, die an der Börse investieren, zum Beispiel beim Fondssparen oder bei Fondsgebundenen Lebensversicherungen. Ist noch Zeit bis zur Rente, könnten die Kursverluste wieder aufgeholt werden. Wer direkt vor der Rente steht, sollte prüfen, ob er den Vertrag verlängern kann, in der Hoffnung auf eine Kurserholung. Wer jetzt schon Geld braucht, sollte prüfen, ob er lediglich Teilbeträge abheben kann. Den Rest sollte er liegen lassen.

Wie sicher ist mein Job?

Übersteht mein Arbeitgeber die Krise?

Viele Branchen und Firmen leiden sehr in der Coronakrise. Der Staat hilft zwar mit Krediten und/oder Direktzuschüssen. Doch es gibt viele Fälle, in denen das nicht ausreicht. Einige fallen auch durchs Auffangnetz. Selbst wenn die erste Krise ausgestanden ist, ist die Gefahr nicht vorüber. Nicht nur weil eine neue Infektionswelle wieder hereinbrechen kann. Lieferketten können noch lange gestört sein. Wichtige Kunden können wegfallen. Sei es, dass andere Länder unter der starken Rezession leiden oder dass Zulieferer bzw. Kunden pleitegehen. Wie lange ein Unternehmen die Schwächephase durchhält, hängt auch entscheidend davon ab, wie gut die betriebswirtschaftliche Verfassung vorher war, und wie hoch die finanziellen Reserven waren.

Kann mein Arbeitgeber mir kündigen?

Die Frage ist, ob Kündigungsschutz besteht. In Kleinunternehmen mit weniger als zehn Mitarbeitern gilt dieser allgemeine gesetzliche Schutz für Arbeitnehmer (mit Ausnahme von Auszubildenden) nicht. Auch nicht, wenn Sie weniger als ein halbes Jahr im Betrieb sind. Dann kann der Arbeitgeber ohne Weiteres kündigen, muss dabei jedoch die Kündigungsfrist einhalten. In größeren Betrieben ab zehn Mitarbeitern aber gilt der Kündigungsschutz. In dem Fall wird eine Kündigung schwer. Die Coronakrise ist kein besonderer Kündigungsgrund.

Wie funktioniert das mit der Kurzarbeit?

Wenn der Arbeitgeber Kurzarbeit anordnet, meldet er dies bei der Bundesagentur für Arbeit an. Zudem stellt er einen Antrag auf Kurzarbeitergeld. Er kann den Umfang der Stundenminderung wählen, ob 50 Prozent, 75 Prozent oder sogar 100 Prozent. Die Angestellten arbeiten dann entsprechend verkürzt oder gar nicht. Den Verdienstausfall übernimmt das Arbeitsamt zu 60 Prozent für Kinderlose und zu 67 Prozent mit Kindern – bezogen auf das Nettogehalt. Ab dem vierten Monat wird es auf 70 Prozent (77 Prozent für Eltern) und ab dem siebten Monat auf 80 Prozent (87 Prozent für Eltern) erhöht. Diese Regelung soll bis zum Jahresende gelten.

Muss mein Arbeitgeber die Betriebsrente weiterzahlen?

Es kommt auf den Fall an. Wenn ein Arbeitgeber vorübergehend in Kurzarbeit geht, kann er nicht automatisch die Beiträge kürzen – es sei denn, die Beiträge sind vom Lohn abhängig. Anders sieht es aus, wenn der Arbeitgeber wirtschaftlich in Not gerät und die Beiträge nicht mehr zahlen kann, weil er sonst pleitegehen würde. Dann könnte er die Beiträge kürzen.

Wie sicher ist mein Eigenheim?

Fallen die Immobilienpreise?

Das ist durchaus denkbar. Es ist zu erwarten, dass die Zahl der Arbeitslosen stark steigt, viele Firmen pleitegehen. Die Unsicherheit dämpft die Bereitschaft, eine Immobilie zu erwerben und senkt den Preis wegen verminderter Nachfrage. Mieter oder Hypothekenzahler könnten in Zahlungsschwierigkeiten kommen, sowohl private als auch gewerbliche Mieter oder Kreditnehmer. Viele haben am Aktienmarkt starke Kursverluste erlitten. Auch das kann einige in Zahlungsnöte bringen. Oder es fehlt nun das Eigenkapital bzw. die Bonität, um Immobilien zu erwerben.

Bricht der Immobilienmarkt zusammen?

Auch das ist denkbar. Vor einer Blasenbildung wurde schon lange gewarnt. Die Lage am Immobilienmarkt muss genau beobachtet werden, in der Regel hinkt er Konjunkturschwankungen hinterher. Wenn die Wirtschaft stark und lange einbricht, dürfte das die Nachfrage nach Immobilien erheblich mindern. Es könnte verstärkt Zwangsversteigerungen geben. Die Frage ist, ob gewerbliche Mieter wie Cafés, Restaurants und Bekleidungsgeschäfte die Krise überleben. Neue Mietverträge können vielleicht nicht zu alten Konditionen abgeschlossen werden. Wenn die Stimmung kippt, können die Immobilienpreise fallen. Schon vor der Krise waren für manchen

Kaufwilligen die Preise gerade in Städten zu hoch und die Schmerzgrenze erreicht.

Könnten die Immobilienpreise auch weiter steigen?
Möglich ist auch das. Die Zinsen dürften niedrig bleiben, der Aktienmarkt unruhig. Da könnten viele auf der Suche nach einer alternativen und vergleichsweise sicheren Anlagemöglichkeit auf den Immobilienmarkt springen. Eine Immobilie ist ein Sachwert und in Krisenzeiten gefragt. Alles hängt davon ab, wie lange und wie schwer die Rezession wird.

Ist es eine gute Idee, jetzt eine Immobilie zu kaufen?
Das hängt von der eigenen Erwartung ab, wie sich die Preise entwickeln. Will man selbst darin wohnen, ist die Wertentwicklung aber nicht so wichtig. Die Zinsen sind sehr günstig, sodass man den Kauf vergleichsweise günstig finanzieren kann. Entscheidend ist dann aber, für wie sicher man seinen Arbeitsplatz hält.

Ist mein Eigenheim in Gefahr?
In der Coronakrise machen sich viele Eigenheimbesitzer Sorgen. Denn meist gehört das eigene Heim ja der Bank. Wer seinen Job verliert oder weniger verdient, sorgt sich, dass er die Raten nicht mehr zahlen kann. Ist das der Fall, sollte man sich in der Bank beraten lassen. Es gibt manchmal die Möglichkeit, die Kreditrate zu stunden, die Tilgung auszusetzen oder zu reduzieren. Das muss man schriftlich festhalten.

Wie sicher sind (meine) Aktien?

Hilfe, mein Depot ist geschrumpft! Soll ich jetzt verkaufen?

Nein. Jedenfalls nicht, wenn Sie das Geld nicht unbedingt brauchen. Je nachdem, in welche Aktien oder Börsenindizes, in welche Fonds oder ETFs Sie investiert hatten, dürften die Kursverluste zwischen 10 und 40 Prozent gelegen haben. Das wird zwar so schnell nicht wieder aufgeholt sein. Denn wegen der anstehenden Rezession dürfte sich der Aktienmarkt so schnell nicht erholen. Aber wenn Sie jetzt verkaufen, realisieren Sie die Verluste. Wenn Sie dabeibleiben, besteht die Chance, dass sich die Aktienmärkte wieder erholen. Früher oder später. Einzelne Aktien sollten Sie dennoch genau prüfen. Bevor eine Insolvenz droht, sollte man sich lieber von der Aktie trennen – ein zweites Vapiano braucht kein Mensch.

Rutschen die Kurse noch weiter ab?

Die Gefahr ist nach wie vor nicht gebannt. Zwar gilt eine Rezession nach dem heftigen Kurssturz im Februar/März 2020 erst einmal als eingepreist, wie es im Börsenjargon heißt. Aber die Rezession birgt weiteres Abwärtspotenzial: Zunächst einmal, weil mehr und mehr Unternehmen ihre Gewinnschätzungen revidieren oder von ernsthaften Problemen berichten dürften. Dann könnten einige Länder in Schwierigkeiten geraten, weil ihre Schulden steigen. Italien ist bereits in Nöten. Auch die USA als größte Volkswirtschaft der Welt könnten viele andere Länder in Mitleidenschaft ziehen. Für Verkaufsdruck könnten auch Unternehmen sorgen, die in der Rezession dringend Liquidität brauchen und sich deshalb von größeren Aktienpaketen trennen müssten.

Die Rente fängt an, das Depot ist im Minus – was tun?

Das ist sehr ärgerlich und kann auch existenzbedrohend sein. Trotzdem ist es wichtig, Ruhe zu bewahren. Prüfen Sie, wie viel Geld Sie aktuell benötigen – und verkaufen Sie dann nur genau so viel aus Ihrem Depot. Vielleicht haben Sie Glück, und in den nächsten Wochen erholen sich die Kurse. Nutzen Sie Kurserholungen dann zu Teilverkäufen.

Sollte ich jetzt Aktien kaufen?

Wann es wieder nachhaltig aufwärtsgeht, kann niemand sagen. Das hängt von vielen Faktoren ab, und bislang zeigt sich der Coronavirus noch unberechenbar. Viele Experten raten aber, die günstigen Kurse zu nutzen, um schrittweise weitere Aktien zu erwerben. Für die zart besaiteten Anlegerseelen hilft ein Blick auf die Volatilität der Kurse. Für den deutschen Markt ist sie im V-DAX abgebildet. Der erreichte im März 2020 einen Rekordstand von über 80. Ist die Volatilität hoch, ist auch die Unsicherheit der Anleger noch hoch und ein erneuter Absturz umso wahrscheinlicher. Der V-DAX gilt daher als eine Art Angstbarometer. Wem das starke Auf und Ab der Kurse zu nervenaufreibend ist, der sollte abwarten.

Langfristig lohnen sich Aktien immer. Stimmt das?

Es ist kein Gesetz, aber die Wahrscheinlichkeit ist groß. Das Deutsche Aktien-Institut hat nachgewiesen, dass Aktien langfristig die höchsten Renditen abwerfen. Wenn die Papiere breit gestreut sind und man früh beginnt, eignen sie sich daher für die Altersvorsorge. Im Schnitt waren bei einer Anlage im DAX rund acht Prozent Gewinn im Jahr drin. Je länger die Anlagedauer, desto geringer das Risiko. Ab einer Anlagedauer von 13 Jahren hat man beim DAX immer Gewinn gemacht.

Allerdings sollte man sich der Risiken auch bewusst sein: Ein Blick zurück bedeutet keine Garantie für die Zukunft. Es gibt durchaus auch Gegenbeispiele. In Japan etwa kam es nach einem jahrzehntelangen Boom 1990 zu einer Wirtschaftskrise. Das japanische Börsenbarometer Nikkei verlor binnen eines Jahres über 40 Prozent und kam mehr als 20 Jahre nicht wieder auf die Beine, trotz Hilfen der Notenbank, trotz umfangreicher Konjunkturpakete. Die Verluste hätte man bis heute noch nicht wieder ausgeglichen.

Aktien sollten dennoch beim Vermögensaufbau mit dabei sein. Denn 100-prozentige Sicherheit gibt es bei der Geldanlage nie. Zinsanlagen können durch eine Hyperinflation komplett zunichtegemacht werden. Eine Immobilie kann so drastisch an Wert verlieren, dass Kredite wackeln. Oder man kann seinen Job verlieren und dann die Hypothekenraten nicht mehr bezahlen. Selbst Gold, das immer wieder als sicherer Hafen bezeichnet wird, ist keineswegs sicher. Auch der Goldpreis hat schon kräftige Preisstürze erlebt und ist längst nicht in jeder Krise wieder gestiegen.

Das Risiko von Aktien wird allerdings überbewertet. So wie manche Menschen Angst vor dem Fliegen haben – aber der Weg zum Flughafen der gefährlichere Teil der Reise war.

Risiken sind gleichwohl da, und die gilt es zu minimieren, indem man ein paar Regeln bei der Geldanlage beachtet. Wichtig ist vor allem die Börsenregel »Lege nie alle Eier in einen Korb« – Anleger sollten ihre Geldanlage breit streuen. Aufteilen auf verschiedene Asset-Klassen, also verschiedene Anlageformen: Aktien, Anleihen/Festgeld, Gold, Immobilien. Und innerhalb der Anlageform Aktien ebenfalls breit streuen – am besten über einen Index wie den DAX. Es gibt beispielsweise ETFs, börsennotierte Fonds, die darauf setzen. Dann sollte man einen langen Zeithorizont von mehreren Jahren für die Anlage haben, alles andere wäre Zocken. Wichtig ist vor allem: sich gut informieren.

Kann Deutschland pleitegehen?

Bei einem möglichen Staatsbankrott denkt man eher an Italien, Spanien oder Griechenland. Aber Deutschland? Nein. Zwar war Deutschland durchaus schon pleite, sieben Mal in zwei Jahrhunderten – damals war es noch Preußen. Aber heute scheint die Frage absurd. Deutschland gilt als absolut kreditwürdig. Die Bundesrepublik kann sich sogar Geld leihen, und bekommt dafür noch Geld geschenkt. Dank Minuszinsen. Kann Corona das ändern? Im Prinzip wäre auch das möglich. Wenn ein Staat überschuldet ist, die Zinsen für seine Staatsanleihen nicht mehr zahlen kann, dann leiht ihm auch niemand mehr Geld. Der Staatshaushalt bricht zusammen. In der Regel kommt dann eine Währungsreform. Deutschland ist von solchen Szenarien aber meilenweit entfernt. Zwar steigen Deutschlands Schulden durch die Corona-Hilfspakete exorbitant, und das schadet auch der Bonität. Das war direkt ablesbar Mitte März, als die Renditen für deutsche Staatsanleihen stiegen. Aber sie stiegen nur kurzzeitig, von Minus auf null Prozent. Vertrauensverlust sieht anders aus.

Wie viele Schulden können wir uns leisten?

Die Corona-Pandemie verlangt dem deutschen Staat das Äußerste ab. Allein für das erste Hilfspaket muss er 156 Milliarden Euro neue Schulden machen. Dadurch wird die Staatsschuldenquote massiv steigen. Schuldenquote heißt: Die

Schulden werden ins Verhältnis zur Wirtschaftsleistung gesetzt, um abzuschätzen, wie viel Schulden ein Land verkraften kann. So wie es die Bank macht, wenn sie einen Kredit vergibt. Sagen wir einen Kredit über 20 000 Euro. Die Bank legt an einen Kreditsuchenden, der 2000 Euro im Monat verdient, andere Maßstäbe an als an jemanden mit 5000 Euro Gehalt. Wie viel Schulden kann Deutschland demnach also machen? Volkswirte halten einen Anstieg der Schuldenquote auf 80 oder 90 Prozent für vertretbar – ausgehend von 59,8 Prozent im Jahr 2019. 60 Prozent erlaubt die EU eigentlich nur. Doch in der Coronakrise sind diese Regeln vorübergehend ausgesetzt. Wie hoch die Schuldenquote wird, hängt nicht nur von den Schulden ab – sondern auch davon, wie stark die Wirtschaftsleistung abfällt. Übertragen auf unser Beispiel: Wer seinen 5000-Euro-Job verliert, für den werden plötzlich auch 20 000 Euro Kredit zum Problem.

Schulden überall – ist das nicht gefährlich?

Es ist das einzig Richtige. Ohne Schulden sind die wirtschaftlichen Folgen der Pandemie nicht einzudämmen. Natürlich sind die weltweiten Schulden beängstigend. Aber solange die Zinsen niedrig sind und es immer noch Investoren gibt, die Staatsanleihen kaufen, ist die Welt in Ordnung. Viele Staaten wie Deutschland profitieren auch davon, dass ihre Zinszahlungen beständig weiter sinken. Das kommt dadurch, dass immer noch alte, hoch verzinste Staatsanleihen auslaufen. Und der Staat sie durch neue, viel niedriger verzinste Staatsanleihen tauschen kann. Deshalb kann sich Deutschland heute auch viel mehr Schulden leisten als früher, als das Zinsniveau höher war. Aber natürlich tauchen inmitten der Coronakrise Zweifel auf, ob sich andere Staaten die Milliarden für die Rettung der Wirtschaft leisten können. Die öffentlichen Finanzen in der ganzen Eurozone verschlechtern sich. Einige Bankanalysten rechnen sogar mit Staatspleiten, selbst in der Eurozone gibt es Wackelkandidaten.

Wer soll das alles bezahlen? Woher kommen die Milliarden?

Ganz platt gesagt: Die Notenbanken drucken das Geld. Über ihre geldpolitischen Instrumente schaffen sie neues Geld, das sie dem Bund leihen. Der verleiht es weiter oder verschenkt es gar. Geschenke – oder Direkthilfen – gibt es zum Beispiel für Kleinunternehmer in Höhe von 50 Milliarden Euro. Oder als Unterstützungen für Krankenhäuser. All das bekommt der Bund nicht zurück. Dafür zahlen also letztlich wir alle: die Steuerzahler. Anders sieht es aus bei den Geldern für Mittelstand und Großkonzerne. Das sind vor allem Kredite – Geld also, das irgendwann zurückfließt. Denkbar ist auch der Staatseinstieg, zum Beispiel über Aktien. Dann wird der Staat Miteigentümer, er kann später die Aktien verkaufen, beispielsweise über die Börse. Wenn er Glück hat, mit Gewinn.

Bekommen wir (Hyper)inflation?

Das viele Gelddrucken klingt alarmierend. Führt das nicht zu einer Hyperinflation? In der Finanzkrise wurden die Gelddruckmaschinen auch angeworfen. Doch die Inflation blieb aus. Skeptiker warnten dann noch, die Inflation könnte schlagartig kommen. Eine Art Ketchup-Effekt: Man klopft und klopft auf die Flasche, nichts passiert, bis sich plötzlich der Inhalt der halben Flasche auf den Teller ergießt. Doch das blieb damals aus. Weil der Geldfluss verstopft war. Der

Kreditmarkt war ausgetrocknet, Banken liehen sich kein Geld. Sie kamen schließlich selbst in Bedrängnis, und waren deshalb sehr vorsichtig mit dem Geldverleihen, weshalb die Kredite nicht in der Wirtschaft ankamen. Einige europäische Länder hatten deshalb sogar mit dem Gegenteil zu kämpfen, mit beginnender Deflation.

Angesichts der steigenden Geldmengen zur Bewältigung der Coronakrise kehrt die Angst vor der Inflation wieder zurück. Sie könnte sich genau wie damals als unbegründet erweisen. Inflation könnte aber durchaus entstehen, wenn zu viel Geld kursiert, es aber nichts zu kaufen gibt. Bei einem Angebotsschock also.

Besteht die Gefahr einer Deflation?

Durchaus. Alles steht und fällt mit der Frage: Schaffen es die Regierungen, Zuversicht zu verbreiten. Durch Taten – sprich Konjunkturhilfen – und durch Worte. Damit Unternehmen wie Verbraucher das Geld aus Angst vor schlechteren Zeiten nicht horten. Wenn die Wirtschaft wieder in Gang kommt, ist die größte Gefahr gebannt. Aus der Coronakrise darf keine Vertrauenskrise werden.

Bekommen wir eine neue Eurokrise?

Falsche Frage. Wir sind schon mittendrin in der Eurokrise. Und eigentlich war sie nie richtig weg. Jetzt aber verschärft sie sich durch die extrem hohen Belastungen für die Bekämpfung des Coronavirus. Alle müssen sich noch mehr verschulden. Für die südlichen Euroländer wie Italien wird es schwierig, diese Kosten zu stemmen. Nur mit den Hilfen der EU-Gemeinschaft und der EZB kann das gelingen.

Wird der Euro überleben?

Er ist in großer Gefahr. Die Diskussion um Eurobonds hat gezeigt, dass es um die Solidarität nicht gut bestellt ist. Allerdings hat die EZB den Euro wieder mal gerettet, zumindest vorerst. Sie erklärte, dass sie bereitstehe, unbegrenzt Anleihen der Eurozone zu kaufen. Neu ist, dass sie diesmal von jedem Land unbegrenzt Staatsanleihen kaufen kann. Bisher galt eine Grenze von maximal einem Drittel der Anleihen eines Eurolandes. De facto hat sie damit Eurobonds durch die Hintertür geschaffen.

Danksagung

An einem Buch arbeiten nicht nur die beiden Autor*innen, sondern viele mehr. Ihnen Dank zu sagen, ist uns wichtig, denn ohne sie wäre das Buch nicht möglich gewesen und nicht entstanden. Wir beide danken dem Econ Verlag und Jürgen Diessl für das in uns gesetzte Vertrauen. Silvie Horch für das Lektorat und den sanften Druck, sich von manch lieb gewonnenen, aber nicht zielführenden Sätzen zu verabschieden.

Markus Gürne
Mithra dafür, dass sie mir komplett den Rücken freigehalten hat und mir die Möglichkeit gab, zusätzlich zu den langen Arbeitstagen, an Wochenenden und Feiertagen über Stunden hinweg am Schreibtisch sitzen zu können – ihr widme ich in Liebe dieses Buch. Lenda und Liv für grandiose Fragen, die nur ihnen einfallen konnten. Meiner Mutter für ein erstes geheimes Lesen der Rohfassung, absolutes Dichthalten und dafür, dass sie mich immer unterstützt hat.

Harald für großartiges Bestärken, Matthias für schwäbisches Verstehen, Joachim für badische Leichtigkeit, Rüdiger für hanseatische Klarheit.

Dr. Hans-Jörg Naumer für sagenhaft schnelles Redigieren und wertvolle Hinweise, vor allem dem einen, mein Lieblingsthema zu lieben, aber im Buch einfach wegzulassen. Dr. Claus Kleber für einen ausgesprochen wichtigen Tipp. Isabel Funke dafür, Jürgen Diessl den Kontakt zu uns gegeben zu haben.

Und besonders Bettina für die Bereitschaft, mit mir gemeinsam dieses Abenteuer in nur sechs Wochen durchzustehen, für Nachtschichten und das Streichen inflationärer Satzteile wie »seit geraumer Zeit« und »Frieden, Freiheit, Sicherheit«.

Bettina Seidl
Mein größter Dank gilt meinen Eltern. Meiner Mutter, die mich und meine Schwester auf jede erdenkliche Art und Weise unterstützt, stets an uns geglaubt hat und die trotz vieler Rückschläge unglaublich viel geleistet hat. Meinem Vater, der einen kleinen Bücherwurm beständig mit neuer Nahrung versorgte, und dessen Intellektualität und Humor mir Vorbild sind.

Patricia für ihre Liebe, ihren familiären Einsatz und viele aufheiternde Gespräche – kurz: dass sie die beste Schwester der Welt ist.

Karin, deren Bücher mir bis heute heilig sind – genauso wie meine Zeit bei ihr und ihrer Familie in Plön.

Ümit für seine Unterstützung in diesen Wochen des Rückzugs und steten Schreibens, der mir bei abendlichen Küchentisch-Gesprächen zu kurios-heiteren neuen Einsichten verholfen hat, von Marx bis Inflation.

All meinen Freunden, die über Jahre und Jahrzehnte meinen Horizont erweitert haben.

Und schließlich Markus für das Vertrauen, das er in mich gesetzt hat, mit mir dieses Buch anzugehen. Meine Wertschätzung für seinen kritischen Geist und mein Dank für viele rege Debatten nebst Lachern – zwischen Kaschmir-Sozi und Luxus-Bolschewik.

Felix Plötz

Das 4-Stunden-Startup

Wie Sie Ihre Träume verwirklichen ohne zu kündigen

Klappenbroschur.
Auch als E-Book erhältlich.
www.econ.de

Mach Dein eigenes Ding! Nebenher!

Neben der Arbeit sein eigenes Ding machen – geht das? Ja! Ein 4-Stunden-Startup bietet mehr Geld, mehr Freiheit und mehr Platz für Träume. Vor allem aber: die Sicherheit einer Festanstellung. Felix Plötz hat bereits mehrfach »nebenbei« gegründet. Er kennt die wichtigen Tipps und Tricks, um aus einer Leidenschaft eine Geschäftsidee zu machen. Authentische Beispiele zeigen, welche Ideen andere umgesetzt haben – und wie ihr Leben aufregender, selbstbestimmter und finanziell unabhängiger wurde.

Felix Plötz »wird als Mutmacher in Sachen Selbständigkeit gefeiert«. Berner Zeitung, 15.03.2016

Econ